GOTTESDIENST PRAXIS SERIE A

Arbeitshilfen für die Gestaltung
der Gottesdienste im Kirchenjahr

Herausgegeben von Erhard Domay

Gütersloher Verlagshaus

GOTTESDIENST PRAXIS

III. Perikopenreihe

Band 2: Sexagesimae bis Rogate

Gütersloher Verlagshaus

Die Deutsche Bibliothek - CIP-Einheitsaufnahme

Gottesdienstpraxis. - Gütersloh : Gütersloher Verl.-Haus.

Ser. A, Arbeitshilfen für die Gestaltung
der Gottesdienste im Kirchenjahr.
Perikopenreihe 3. hrsg. von Erhard Domay.

Bd. 2. Sexagesimae bis Rogate - 1999
ISBN 3-579-02945-2

ISBN 3-579-02945-2

Umschlagentwurf: Franz Wollzenmüller, Oberhaching
Umschlagbild: © Johannes Schreiter, Langen, Fazit 21/1984/FB
Die hier wiedergegebene Reproduktion entspricht dem Original: Ausschnitt aus einem Fenster der Friedenskirche in Wörth a. Rhein.
Satz: Fotosetzerei Steggemann, Herford
Druck und Bindung: Westermann Druck Zwickau GmbH

Gedruckt auf chlorfrei gebleichtem Werkdruckpapier

Printed in Germany

Inhalt

Sexagesimae

Annäherungen an den Predigttext Markus 4,26–29

Sabine Bäuerle

Die folgenden Denkanstöße sind Resultat eines Gespräches mit jüngeren Frauen aus der Kirchengemeinde Frankfurt-Hausen, die sich zum Austausch über diesen Bibeltext einen Abend lang trafen.

1. Das Vertrauen in die schöpferischen Kräfte
Der Text läßt schon beim ersten Lesen ein Bild vor unserem inneren Auge entstehen: Ein Bauer geht frühmorgens aufs Feld, pflügt es und wirft seine Samenkörner aus. Am Abend begibt er sich zufrieden nach Hause und ruht sich aus. Die Arbeit ist getan, nun kann er warten, bis sein Saatgut aufgegangen und reif geworden ist. Wir spüren die Ruhe und Gelassenheit des Sämanns, die aus seiner Lebenshaltung resultieren. Er vertraut auf die Kräfte der Natur. Er weiß, daß es nun nicht mehr an ihm liegt, was geschieht. Er hat keine Garantie, daß seine Samen auch tatsächlich aufgehen. Und vielleicht hat er im Laufe seines Lebens schon Mißernten erleben müssen. Dennoch kann er gelassen warten, weil er weiß, daß das Wachsen nicht in seiner Hand liegt.
Es ist eine Haltung, die wir beneiden und die wir uns für uns selbst wünschen. Doch wir verhalten uns meist umgekehrt: Auch wir säen, bringen in unserem Leben Projekte auf den Weg und stecken uns Ziele, aber dann überlassen wir nichts dem Zufall. Im Gegenteil. Wir gießen und düngen, um das Wachstum unserer Vorhaben zu beschleunigen. Ungeplanten und unerwünschten Begleiterscheinungen beugen wir durch den Einsatz von Pestiziden vor. Schließlich soll am Ende nur das herauskommen, was wir gesät haben.
Es fällt uns schwer, das Vertrauen des Sämanns zu leben. Zum einen, weil wir in einer Großstadt leben und den Rhythmen der Natur sehr entfremdet sind. Zum anderen, weil uns täglich eingetrichtert wird, alles sei machbar, es brauche keine Mißernten oder Unfruchtbarkeit (ein für Frauen besonders schmerzhaftes und schwieriges Thema) zu geben. Wir wollen die Dinge nicht aus der Hand geben und weigern uns zu akzeptieren, daß nicht alles nur an unserem Wollen und Tun liegt. Etwa bei der Erziehung unserer Kinder. Wir können ihr Wachstum begleiten und unterstützend eingreifen,

aber letztendlich liegt es nicht in unserer Hand, wie sie sich entwickeln und was eines Tages aus ihnen werden wird.
Das Bild des Sämanns verhilft zur Einsicht im Hinblick auf die Grenzen der eigenen Kraft und Macht. Es ermutigt, sich dem Kreislauf des Lebens anzuvertrauen und geschehen zu lassen – manches wächst auch ohne unser Zutun. Und es kann helfen anzunehmen, daß wir nicht immer ernten können, auch wenn wir es gerne würden.
Nach der Aussaat beginnen im Dunkel der Erde Kräfte zu wirken, ohne daß äußerlich etwas sichtbar wird. Die Samen reifen im Verborgenen. Erst wenn sie im Innern des Erdbodens genug Kräfte gesammelt haben, kommen sie ans Tageslicht und setzen sich mit ihrer Umwelt auseinander. »Der Same geht auf und wächst, ohne daß es die Säfrau weiß.« Diese Erfahrung machen auch wir, zwar selten, aber immerhin. Da ist eine Frau vor Jahren aus der Kirche ausgetreten. Religion, Glaube und die Institution Kirche sind für sie kein Thema mehr. Und dann plötzlich, von einer Woche auf die andere, beginnt sie, über einen Wiedereintritt nachzudenken und entscheidet sich zu diesem Schritt. »Ich kann nicht nachvollziehen, was da innerlich bei mir abgelaufen ist«, sagt sie, »es ist einfach passiert und in mir gereift, ohne daß ich was davon mitbekommen habe.« Ähnliches erzählt eine andere. Sie arbeitet mit einem langjährigen Freund in derselben Bank. »Wir waren prima Kumpels, und auf einmal hat's gefunkt. Jetzt sind wir verheiratet.« Auch sie kann es nur so sagen: »Es ist einfach passiert und hat sich nicht lange angebahnt.«
Das Heranreifen im Verborgenen läßt uns auch an psychische Prozesse denken, die wir durchleben. In unserem Inneren reifen bestimmte Einsichten, Einstellungen, Gefühle heran, zunächst noch unbemerkt von unseren Mitmenschen, oft sogar von uns selbst. Da mag es einen Traum geben, an den wir uns am Morgen noch erinnern können und der uns aufmerken läßt. Oder wir spüren, daß irgend etwas in uns arbeitet. Aber wir haben keine Erklärung dafür. Und dann plötzlich wird offenbar, was uns die ganze Zeit innerlich in Anspruch genommen hat. Uns wird bewußt, was sich im Unterbewußtsein geformt hat und wir können mit dieser neuen Erkenntnis umgehen.

2. Die Ernte als ersehntes Ziel und notwendiges Ende

Das Bild von der Ernte, die mit der Sichel eingebracht wird, weckt unterschiedliche Assoziationen. Für die einen ist die Ernte das Ziel und der Höhepunkt eines Prozesses, auf den sie hingelebt und den sie freudig herbeigesehnt haben. Endlich darf ich ernten, was ich gesät habe und mich an meinen Erträgen freuen. Jetzt ist erst mal Zeit zum Nichtstun. Die Ernte ist eingebracht, und ich lebe für eine Weile ganz nach Lust und Laune.
Die anderen empfinden die Ernte als schmerzhaften Schlußpunkt. Ein harmonisch verlaufener Prozeß wird abgeschnitten. Die Kinder, deren Wachsen und Gedeihen man gefördert und begleitet hat, gehen aus dem Haus,

das ist ein tiefgreifender Ein-Schnitt. Es drängt sich der Gedanke an den Tod auf, der als Schnitter mit seiner Sichel kommt und den Lebensfaden durchtrennt. Auch wenn es weh tun kann, einen Prozeß durch einen Schnitt zu beenden - die Ernte ist ein notwendiger Schritt, der sein muß, damit wieder Neues entstehen kann. Die Frucht müßte verderben, würde man sie nicht ernten. Ohne Ernte gäbe es kein neues Saatgut. Aus jedem Ende kann wieder ein neuer Anfang entstehen.

3. Frauen und Ernte - ein schwieriges Verhältnis

Wichtig war in unserem Gespräch die Frage nach dem Umgang mit unserer Ernte. Wenn wir ernten, stehen uns viele Wege und Möglichkeiten offen. Einen Teil unserer Ernte wollen wir zu unserer Stärkung sofort verzehren, einen anderen Teil werden wir als neues Saatgut wieder pflanzen. Wir können von unseren Erträgen anderen etwas abgeben und Vorräte für harte Zeiten anlegen. Aber: Dafür müssen wir erst einmal bereit sein zu ernten. Und das fällt Frauen schwer. Eine Freundin schreibt lange Jahre mit viel Engagement an ihrer Doktorarbeit. Doch dann, als die Arbeit fertig ist, beschließt sie, ihr Werk nicht als Buch zu veröffentlichen. »Das interessiert doch ohnehin niemanden, mir bedeutet der Doktortitel nichts, ich will sowieso keine wissenschaftliche Laufbahn einschlagen.« Eine andere macht eine Ausbildung in ihrem Wunschberuf. Doch als sie schwanger wird, ist klar, daß sie und nicht ihr Mann drei Jahre Erziehungsurlaub nehmen wird. Unklar ist, ob sie danach auf dem Arbeitsmarkt noch eine Chance haben wird. Frauen säen, sie arbeiten lange auf ein Ziel hin, überwinden innere und äußere Widerstände, setzen sich ein. Und wenn sie dann an ihrem Ziel angelangt sind, können sie sich nicht über das Erreichte freuen. Dann fallen Bemerkungen wie: »Es war Zufall, daß das geklappt hat, es hätte genauso gut schiefgehen können. Ein anderer hätte das bestimmt viel schneller und besser geschafft. Ich habe einfach Glück gehabt.« Sie ernten nicht. Sie freuen sich nicht an ihren Erträgen, sie nutzen Erfolge nicht zum Aufbau ihres Selbstbewußtseins, um dann beim nächsten Mal aufrechter und selbstverständlicher Projekte anzupacken: »Ich habe es beim letzten Mal so gut geschafft, dieses Mal wird es bestimmt noch besser gehen.«

Eine Predigt über diesen Text sollte Frauen ermutigen, nicht nur fleißig zu säen, sondern auch alles zu ernten und für sich in Anspruch zu nehmen. Denn erst dort, wo Frauen ein realistisches Verhältnis zu ihren Fähigkeiten und Erfolgen haben, kann etwas davon deutlich werden, was mit dem Begriff des Reiches Gottes intendiert ist.

Zum Gottesdienst

Frank Niemann

Exegetisch-homiletische Skizze

Ich lebe in einer ländlichen Gegend. Saat und Ernte sind den Menschen nicht fremd. Die Zeit um Sexagesimae herum ist für die Landwirtschaft eine gelassene Ruhezeit. Im Herbst wurde das Wintergetreide gesät, nun heißt es warten und Kraft schöpfen, bis die Frühjahrsbestellung beginnen kann. Der Rhythmus von Saat und Ernte ist noch nicht ganz aus unserem Ort verschwunden.

Im Frühjahr allerdings ist die Zeit zwischen Saat und Ernte alles andere, nur nicht Wartezeit: Düngen, Unkraut vernichten, Pflanzenkrankheiten vorbeugen, den Boden bearbeiten erfordern ganzen Einsatz, oft bis an die Grenze der Kraft. Es gibt auch keine »Sämänner« mehr. Große Maschinen ersetzen die menschliche Arbeitskraft und arbeiten wesentlich genauer und effektiver. Die Landwirte sind oft »Agrikultur-Manager« mit engem Zeitplan und ständigen Sorgen um ihre Zukunft.

Was ich eben schildere, reizt zum Vergleich. Wie sieht es bei uns in Gemeinde und Kirche aus? Managertum oder gelassenes Warten, Arbeit bis an die Grenze der Kraft, Sorge um die Zukunft der Kirche oder Vertrauen in die selbstwachsende Saat - sollten das die Alternativen sein? Auch daraufhin möchte ich den Text befragen.

Die »Annäherungen« helfen mir, Brücken zu schlagen von den Bildern in unsere Gegenwart und zeigen mit ihren Assoziationen Wege auch zu den Hörerinnen und Hörern auf, die nicht in einem ländlichen Bereich leben. Einiges davon kann ich für Gottesdienst und Predigt nutzen. Allerdings möchte ich auch das Gleichnis selbst noch einmal auf seinen Ertrag hin befragen; denn es geht für mich über die verwendeten Bilder hinaus und fragt nach dem Reich Gottes.

Das Gleichnis steht in einer Reihe von Reich-Gottes-Gleichnissen, die ebenfalls vom Themenfeld »Saat und Ernte« bestimmt sind. In Markus 4,1–9 wird die Gefährdung der Saat betont. Eine Gleichnistheorie schließt an. In 4,30–32 wird der Kontrast hervorgehoben. Was also ist das Spezifische von 4,26–29?

Adressaten sind die »Zwölf« *und* die Menge am Ufer, die Ohren haben zu hören (V. 9). Das Gleichnis ist eng mit dem Vorhergehenden verknüpft, wie die sehr kurze Einleitung zeigt. Jesus erzählt ein Reich-Gottes-Gleichnis (»wie wenn«), was folgt ist Metapher. Mit genau gegliederten Sätzen wird zusammenfassend erzählt. Subjekt ist zunächst der Mensch, der wie achtlos Samenkörner auswirft. Die Saat liegt zurück, die Erntezeit steht noch aus. Im Moment kann er nichts tun, nur im (orientalischen) Rhythmus von Nacht und Tag warten. Darauf liegt ein Akzent des Gleichnisses. Hervorgehoben wird dies durch den folgenden Subjektwechsel: Zunächst ist es die Saat, darauf die Erde, die das ihre vollbringen. Die Bedrohung der Saat spielt hier keine Rolle. In zahlreichen Auslegungen wird das anschließende »automáte« sehr betont, z. T. wird ihm antizelotischer oder antipharisäischer Inhalt zugeschrieben. Ich lese es als Verstärkung des verborgenen Wachstums und als Hinweis auf das Wunder Gottes in seiner Schöpfung. Nicht die absolute Untätigkeit des Menschen soll hervorgehoben werden, sondern Gottes verborgenes Handeln. V. 29 enthält das Spezificum des Gleichnisses. Er schließt den Bogen zum Beginn und kann nicht vom »eigentlichen Gleichnis« getrennt werden. Die Saat wird mit der Ernte abgeschlossen. Hier wird im Bild wieder der »Sämann« zum handelnden Subjekt. »Ernte« ist Vollendung, ist eher Freudenfest als im Anklang an Joel 4,13 Weltgericht, das genaugenommen nicht mit der Ernte, sondern erst mit dem Worfeln (Lohmeyer, Das Evangelium des Markus, KEKNT, Göttingen 1959, Seite 86) beginnt.

»Normalerweise denkt man sich Dinge wie Gottesherrschaft oder Gott als eine Art für sich existierender Größen, die dann in einem bestimmten Augenblick auch noch etwas tun. In unserem Falle: Man denkt sich die Gottesherrschaft als eine für sich existierende künftige Zeit, die im Augenblick des Gleichnisses in unsere Nähe kommt, also an uns tätig wird. Dieses Denkmodell ist unangemessen, wenn man von der *wesentlichen* Offenbarung der Gottesherrschaft im Gleichnis ausgehen will. Denn wenn die Nähe (besser: das Ereignis des Nahekommens) das Wesen der Gottesherrschaft ist, dann ist sie in diesem Ereignis restlos gegenwärtig. Dann ist sie in diesem Gleichnis Jesu vollendet da. Die Gottesherrschaft ist demnach nicht als eine Substanz vorzustellen, mit der in einem bestimmten Augenblick (auch noch) etwas geschieht. Sie hat vielmehr ihre Substanz in der Näherung: Sie ist im Ereignis, wo sie der Welt nahe kommt, *restlos* gegenwärtig. Anders gesagt: Die Gottesherrschaft ist ganz aus ihren Wirkungen zu begreifen.« (Hans Weder, Neutestamentliche Hermeneutik, Zürich ^{2}1989, Seite 195)

Jesus erzählt von der Herrschaft Gottes, und diese kommt den Hörenden im Erzählen nahe. Das Geheimnis des Reiches Gottes, das sich den Hörenden im Erzählen durch den Erzähler selbst erschließt, ist sicher das Geheimnis seines Wachstums, aber ebenso die Zeit, die den Hörenden im Erzählen durch Jesus selbst geschenkt wird. Diese geschenkte Zeit, der Segen der geschenkten Zeit zwischen »Saat und Ernte«, wird zur Ermutigung in den Stürmen, die im Anschluß an die Gleichnisse von Saat und Ernte in Markus 4,35–41 geschildert werden.

Dem korrespondiert die Zeit im Kirchenjahr um Sexagesimae herum. Für das Kirchenjahr ist Zwischenzeit zwischen Weihnachtsfestkreis und Osterkreis mit der bevorstehenden Passionszeit. Ich möchte die Gemeinde zu einem ganz gelassenen, ruhigen Gottesdienst einladen, der sich im Hören, Beten, Singen und in der Stille bewußt Zeit nimmt für die segensreiche Nähe des Reiches Gottes.

Gerade die engagierten Gemeindeglieder werden oft mutlos – ich auch –, weil christlicher Glaube keinen Widerhall findet, Kirche nicht genug Beachtung findet, zu wenig für die Verbreitung des Glaubens getan wird, die richtigen Fragen der Christinnen und Christen nicht aufgenommen werden. Vielfach resultieren daraus Unruhe und Aktionismus, die in einem Teufelskreis nur zum Kollaps führen können. Dem möchte ich die Ruhe und Gelassenheit des Gleichnisses anbieten und zum Vertrauen ermuntern, daß das Reich Gottes seit der Aussaat durch Jesus sich selbst Bahn bricht. Dazu angeregt hat mich der 42. Psalm. Oft schon hatte ich ihn in der letzten Zeit im Auto gehört in einer Vertonung durch Felix Mendelssohn Bartholdy. Jetzt hat sich für mich eine fruchtbare Verbindung ergeben aus Psalm und Predigttext. Das Lesen und Beten des Psalms läßt mich den geschilderten Weg gehen und so teilhaben am Segen der Zeit zwischen Saat und Ernte, in der das Reich Gottes nahe ist. Anhaltspunkte für die Nähe des Reiches Gottes aus meiner Sicht möchte ich in der Predigt ebenfalls erzählen, um die Zuhörenden zu ermutigen.

Vorschläge zur Liturgie

Schwierig finde ich zu Beginn eines Gottesdienstes mit diesem Predigttext das reguläre *Votum* für Sexagesimae (Hebräer 3,15) mit dem Stichwort »verstocken«. Statt dessen schlage ich vor (aus der alttestamentlichen Lesung Jesaja 55,11): »Das Wort, das aus meinem Munde ausgeht, wird nicht leer zu mir zurückkommen, sondern wird tun, was mir gefällt, und ihm wird gelingen, wozu ich es sende.«

Auf den schon angesprochenen *Psalm* 42,2–6.9–12 möchte ich nicht verzichten. Da er vermutlich in den meisten Ausgaben des EG abgedruckt ist, kann er anstelle einer anderen Lesung gemeinsam gesprochen werden.

Lieder: Danke für diesen guten Morgen (EG 334), Gott liebt diese Welt (EG 409, insbes. 4–7), Erd und Himmel sollen singen (EG 499), Nun preiset alle Gottes Barmherzigkeit (EG 502), vielleicht auch »Wir pflügen und wir streuen« (EG 508), Vertrauen wagen dürfen wir getrost (EG, Anhang Niedersachsen/Bremen, 607), Ins Wasser fällt ein Stein (EG, Anhang Niedersachsen/Bremen, 603), Alles muß klein beginnen (Gerhard Schöne, Lebenszeichen, Ost-West-Musik, [2]1991) könnte gut im Anschluß an die Predigt gesungen werden.

Eingangsgebet

Zu dir, Gott, kommen wir.
In dein Haus, um zu hören, zu beten, um Ruhe zu finden in der Gemeinschaft untereinander und mit dir.
Wir bitten dich: Sprich uns an bei dem, was uns bewegt.
Laß uns Kraft schöpfen in deiner Nähe, ermutige unser Vertrauen in dich.
Amen.

Fürbittengebet

Gott der Güte und der Barmherzgkeit,
Gott des Himmels und der Erde,
wir beten für deinen Himmel und deine Erde
und bitten dich für unsere Erde unter deinem Himmel:
Laß uns durch die Nähe deines Reiches zur Erhaltung dessen beitragen, was du geschaffen hast, damit wir auch weiterhin auf unserer Erde deine Nähe erfahren können.

Das bitten wir, wenn wir gemeinsam singen: Kyrie (EG 178.9)

Gott, du sendest Jesus Christus;
wir bitten dich für unsere Geschwister, für die Menschen unserer Welt: Laß uns in der Nähe deines Reiches dazu beitragen, daß viele Menschen deine Nähe erfahren können. Deshalb laß die Gewalt nicht immer das letzte Wort behalten, stärke alles, was dem Frieden und einem menschenwürdigen Miteinander dient. Sende uns dorthin, wo Not ist.

Das bitten wir, wenn wir gemeinsam singen: Kyrie (EG 178.9)

Gott, du gute heilige Geisteskraft,
belebe du uns in deiner Kirche weltweit immer wieder durch deine Nähe
mit neuen Gedanken und neuem Mut,
damit wir einladend wirken mit weit geöffneten Türen und Herzen
für eine Welt, die deine und unsere Nähe nötig hat.

Das bitten wir, wenn wir gemeinsam singen: Kyrie (EG 178.9)

Vorschlag zur Predigt

Möglicher Anfang
Liebe Gemeinde,
Winterzeit ist Wartezeit, ist Ruhezeit. Die Erde läßt sich Zeit. Und im Frühling bricht wieder alles heraus. Jetzt aber ist die Zeit, in der die Pflanzen Kraft sammeln, die Wurzeln sich regenerieren. Erholsame Zeit im Rhythmus zwischen Wachsen und Warten, Winter und Frühling. Auf den Feldern ist die Saat wie eingefroren und wartet. Die Frühjahrssonne wird sie zum Leben erwecken.
Vielleicht finden wir diese Ruhe auch in einem Gleichnis wieder, das Jesus erzählt. Er erzählt von Saat und Ernte und vom Reich Gottes. (Textlesung)

Alternativer Einstieg
Anstatt an das jahreszeitliche Warten anzuknüpfen, bietet sich vielleicht das bekannte Bild von Vincent van Gogh, Der Sämann, an. Über diverse Verlage kann es leicht als farbige Vorlage besorgt werden. Das Bild wird am Eingang verteilt. So können die Besucherinnen und Besucher es in Ruhe betrachten. Nach einer Beschreibung des Bildes wird der Predigttext gelesen.

Fortführung
Vor Beginn der Frühjahrsaussaat bei uns, liebe Gemeinde, hören wir von dem Sämann im Gleichnis. Vielleicht ist es wie ein Hinweis für die kommende Zeit. Ich denke, wir können nachempfinden, was Jesus meint. Wie ruhig und gelassen der Sämann seine Arbeit tut. Dann schläft er und steht auf, Nacht und Tag vergehen, und er weiß: Es wächst. Unter der Erde wächst die neue Ernte heran. Bald wird sie aufsprießen und danach Frucht tragen.
Keine Rede ist an dieser Stelle von der vielen Arbeit, die sich bei uns anschließt: Das Unkraut muß bekämpft werden, es wird gespritzt und gedüngt. Einiges ist zu tun, bis die Ernte da ist. Keiner kann in der Landwirtschaft die Hände in den Schoß legen und warten, bis alles reif ist. Die Zeit zwischen Saat und Ernte ist auch eine unruhige Zeit.

Ich selbst kenne eher diese Unruhe. Auch die innere Unruhe, die damit verbunden ist. Ich kann nach dem Gottesdienst nicht einfach nach Hause gehen und dann für den Rest der Woche die Füße hochlegen. Dazu sind die Zeiten für uns als Kirche für mich zu unruhig. Gerade in einer Zeit, in der der Kirche der Wind ins Gesicht bläst, muß genau und kraftvoll gesteuert werden. Die Saat, die Jesus einmal ausgebracht hat, ist bedroht. An vielen Stellen wird bei uns gefragt, wie wir als Kirche, als Gemeinde weiterleben wollen und sollen. Die Zeiten haben sich verändert, wie gehen wir als Kirche damit um? Die Gelder werden spürbar knapper, was heißt das für die Kirche? Wie können wir dem Auftrag Jesu, der mit dem Säen begonnen hat, weiter nachkommen? Viel Arbeit, viele Besuche, viele Gespräche, viele Gedanken sind nötig, um den Weg zu suchen, die richtige Richtung einzuschlagen.

Zum weiteren Verlauf
Ich denke, in dieser Situation können wir als einzelne Christin, als einzelner Christ, als Gemeinde, als Kirche nicht die Hände in den Schoß legen. Mir geht es jedenfalls so, ich möchte so vieles tun, ich arbeite, damit die Saat auch aufgehen kann. Ich kann nicht still sitzen und zuwarten, bis das Reich Gottes kommt.

Ob ich eher einem Landwirt gleiche, von dem in China erzählt wurde?

»Ein Mann hatte seinen kleinen Acker gut vorbereitet, gepflügt und gesät. Er wunderte sich nur nach ein paar Wochen, daß die Saat so langsam aufging. Bei seinem Nachbarn sah er schon kräftigen grünen Wuchs! Von Tag zu Tag wurde seine Geduld geringer. Er konnte vor Sorge nicht mehr schlafen. Schließlich hatte er eine Idee. Er lief zu seinem Feld und begann, die kleinen Zarten Halme etwas in die Höhe zu ziehen. Das war natürlich eine mühsame Arbeit; aber schließlich war er fertig. Er traf unterwegs seinen Nachbarn und sagte ihm, daß er seinem Korn beim Wachsen geholfen habe. Neugierig geworden, liefen sie zu seinem Feld ...« (Nach Wolfgang Longardt, Neue Kindergottesdienstformen, Gütersloh/Freiburg 1973, Seite 171 f., gekürzt gefunden bei: Willi Hoffsümmer, 255 Kurzgeschichten, Grünewald-Verlag, Mainz 1983)

Was sie vorfanden, ahnen wir: Alles verwelkt und verdorrt. So muß es ja nicht gleich sein. Aber ein wenig nachhelfen möchte ich manchmal schon. Aber es gibt auch noch eine andere Möglichkeit.

Der 42. Psalm eröffnet mir einen anderen Weg. »Was betrübst du dich, meine Seele, und bist so unruhig in mir?« Das spricht mich an in meiner Unruhe. Könnte es sein, daß es eine Unruhe des Wartens ist? Eine Unruhe, die auf das Reich Gottes wartet? »Harre auf Gott«, auch das höre ich ganz deutlich. Und der Psalm geht bei mir eine Verbindung mit dem Gleichnis ein.

Jesus erzählt vom Reich Gottes. Es steht noch aus. Er erzählt von dem, der ausgeht, die Samenkörner auf das Land wirft und auf die Ernte wartet Nacht und Tag. Nichts ist zu sehen, aber der gesät hat, weiß: Es geschieht etwas. Verborgen im Erdreich wächst etwas heran. Es wird sprießen, es wird aufgehen und bald werden wir das Erntefest feiern können. Das Erntedankfest, weil Gott es so gut mit seiner Schöpfung eingerichtet hat. Natürlich geht er ab und an hinaus auf seinen Acker. Aber er wühlt den Boden nicht auf, um zu sehen, ob sich schon Keime gebildet haben. Und er zupft nicht an den kleinen Halmen, um nachzuhelfen. Er kann bis zur Ernte warten. In der Zwischenzeit hat er auf seinen anderen Äckern und mit dem Vieh genug zu tun. Und seine Erfahrung sagt ihm: Die Erntezeit wird kommen.

So zu warten, liebe Gemeinde, will gelernt sein. Es gehört auch Erfahrung dazu. Auch auf das Reich Gottes zu warten, will gelernt sein. Auch hier gehört Erfahrung dazu. Erfahrung, die mich ab und an aus der Hektik herausholt. Die mich daran erinnert, daß ich nicht allein am Werk bin, sondern Gott sein Reich wachsen läßt - und viele helfen mit. Gott wird die Zeit heraufführen, in der das große Fest gefeiert wird wie ein schönes Erntefest: Alle feiern mit, sind fröhlich beieinander, weil alle Plage der Ernte von ihnen abgefallen ist. Menschen aus allen Himmelsrichtungen, die ganze Tierwelt, die jetzt aufatmen kann, die ganze Erde feiert mit in ihrem prächtigsten Kleid. Auf dieses Fest können sich alle freuen.

Die Menschen in der Nähe Jesu sind froh geworden, als er ihnen davon erzählt hat. Sie haben Gottes Nähe erfahren - im Zuhören schon, als er ihre Zeit zur gesegneten Zeit werden ließ. Als er ihnen erfüllte und gefüllte Zeit schenkte.

Es gibt auch für mich Erfahrungen, die mich an die Nähe des Reiches Gottes erinnern. Es sind Erfahrungen, in denen ich erkenne, wie die Saat mit einem Mal den Boden durchbricht, in dem sie verborgen war.

Manchmal grübele ich an einer Sache herum, manchmal ist es eine Predigt, nichts will weitergehen. Aber dann reift doch etwas innendrin heran und plötzlich durchbricht es die Oberfläche und wird zu einem guten Gedanken (vgl. auch die »Annäherungen«).

Auch dieses: Gottesdienst in Arpke. Fünf Minuten vor Beginn sind wir zu dritt. Küsterin, Organistin und ich. Aber dann geht die Tür immer wieder auf und zu und auf und zu. Die Kirche füllt sich. Wieder haben viele sich ansprechen lassen am Sonntagmorgen.

Am stärksten: In einer unserer schwarzen Partnergemeinden in Johannesburg/Südafrika. Während eines Besuches fuhren wir durch Alexandra. Ein schwarzes Township. Auf einer Quadratmeile leben eine Million Menschen, in einer Turnhalle seit fünf Jahren 700. Wir sehen viele Wellblech- und Papphütten. Diese »Squattercamps« breiten sich aus, das neueste ist auf einem Friedhof entstanden. Wir fahren weiter zur Kirche. Sie ist ziemlich heruntergekommen. Wir gehen hinein. Innen trifft sich eine Gruppe Jugendlicher, 12-15 Jahre alt sind sie. Als sie zu singen beginnen, ist es für mich wie ein Stück Himmel auf Erden. Mitten im Elend ist etwas gewachsen, in dem ich Gottes Nähe begreife.

Möglicher Schluß

Jesus, liebe Gemeinde, erzählt ein Gleichnis vom Reich Gottes. Er ist der Sämann. Die Saat ist ausgebracht und wird Frucht bringen. Während dieser Zeit feiern wir Gottesdienst. Wir singen und beten und hören von dem Sämann. Mittendrin wird uns Zeit geschenkt, in der uns Gott nahe ist. Gesegnete Zeit. Mittendrin lassen wir uns erinnern an die Augenblicke, in denen Gottes Reich die Kruste unseres Lebens berührt. Es ist nahe und wächst.

Mir hilft das, liebe Gemeinde, für die kommenden Tage, wenn die Hektik überhand nehmen will oder sich wieder einmal zu vieles auftürmt. Ich werde manchmal an den Sämann denken, an Jesus, der meine Zeit, auch meine unruhige Wartezeit zum Segen werden läßt.

»Was bist du, meine Seele, so unruhig in mir?« Gott ist dir nahe, so gewiß auf die Saat die Ernte kommen wird. Amen.

Kontexte

Dietrich Bonhoeffer zur Stelle: 1 ... Neulich hatten wir Synode. Wie sah das aus? Unruhe, Hast, in zwei Tagen mußte alles getan sein! Muß das so sein? Etwas stimmt nicht ...

3. Der Text: ... Der Same wächst von selbst. Wir können nichts dazu tun.

5. Das ist zuerst etwas sehr Anstößiges. Heißt das nicht die Hände in den Schoß legen?

6. Wer so redet, zeigt, daß er noch nie wahrhaft etwas getan hat; noch nie an eine Grenze gestoßen ist, an der er zusammenbrach. Wer aber an diese Grenze gestoßen ist, dem verkündigt dieses Evangelium Frieden für sein Leben: Tu, was du kannst, schlaf und wache, gehorche, sei fromm; aber wisse, das Reich Gottes wächst, ohne daß du es weißt. Das demütigt dich. Aber es tröstet dich auch. Gott tut es in der Stille für dich. Er allein hat Macht, es zu tun.

7. Verstehen kann das nur das Kind. Es ist ein Wunder von Gott. Es ist das Wunder Gottes, der alles selbst und alles allein tut; der von uns nur will, daß wir das glauben, uns wundern, staunen, anbeten. (in: Predigten, Auslegungen, Meditationen, Band 2, Chr. Kaiser Verlag, München 1985, Seite 163 f.)

Vielleicht beschreibt Hanns Dieter Hüsch in: Du kommst auch drin vor, ©1990 Kindler Verlag, München, das Reich Gottes:

»Ich sehe ein Land mit neuen Bäumen. Ich sehe ein Haus aus grünem Strauch. Und einen Fluß mit flinken Fischen und einen Himmel aus Hortensien sehe ich auch.

Ich sehe ein Licht von Unschuld weiß. Und einen Berg, der unberührt.
Im Tal des Friedens geht ein junger Schäfer, der alle Tiere in die Freiheit führt. -

Ich hör ein Herz, das tapfer schlägt - in einem Menschen, den es noch nicht gibt, doch dessen Ankunft mich schon jetzt bewegt, weil er erscheint und seine Feinde liebt.

Das ist die Zeit, die ich nicht mehr erlebe. Das ist die Welt, die nicht von unserer Welt.
Sie ist aus feinstgesponnenem Gewebe und Freunde, seht und glaubt: Sie hält.

Das ist das Land, nach dem ich mich so sehne, das mir durch Kopf und Körper schwimmt.
Mein Sterbenswort und meine Lebenskantilene, daß jeder jeden in die Arme nimmt.«

Estomihi

Annäherungen an den Predigttext Lukas 10,38-42

Hartmut Wenzel

Wir besprechen den Text im Bibelstundenkreis, dem überwiegend ältere Frauen angehören.
Die Erzählung des Lukas 10,38 ff. ist den Teilnehmerinnen bekannt und verständlich. Schnell sind sie sich darüber einig, daß die Hauptaussage des Textes darin besteht, daß das Hören auf Jesus Vorrang habe vor unserem Handeln. »Zuerst muß ich auf Gottes Wort hören. Das Wort Gottes sagt mir dann auch, was ich zu tun habe.« Übereinstimmung herrscht aber auch darüber, daß ChristInnen dem Hören sehr oft nicht den Vorrang einräumen. Fast alle erklären, daß sie sich selber wie Martha verhalten hätten. »Ich wäre bei einem so hohen Besuch gleich in die Küche gerannt, von der Küche aus aber kann ich nicht hören.«
Hier folgt ein längeres Gespräch der in der Betreuung von Gästen erfahrenen Frauen über die mißliche Situation, einerseits die zufriedenstellende Bewirtung der Gäste zu bewerkstelligen, andererseits sich dem Gespräch mit den Gästen zu widmen. Beiden Forderungen zugleich kann man nicht gerecht werden. Nur wenn man früh genug weiß, welche Gäste zu welcher Zeit kommen, kann man sich vorher so darauf einstellen, daß genügend Zeit zum Gespräch und zum Hören auf die Gäste bleibt.
Von daher wird die Frage aufgeworfen, ob Jesus Martha schon gekannt habe. Wußte Martha, wer Jesus ist, als sie ihn in ihr Haus aufnahm? Wohl bei Jesus, der das Evangelium verkündigt, aber nicht bei jedem Gast hat das Hören den Vorrang. Hätte die aktive Martha Jesus nicht eingeladen, hätte Maria gar nicht auf ihn hören können. Aus den Aussagen der Teilnehmerinnen wird deutlich, daß sie gegen eine Abwertung der Martha sind. Eine Teilnehmerin sagt: »Wenn bei uns überraschend Besuch kommt, muß ich die Martha spielen. Mein Mann bleibt nämlich sitzen und läßt sich von mir mit den Gästen bedienen.« »Martha sorgt sich, Maria profitiert davon.«
Eine junge Frau weist darauf hin, daß die Kirche traditionell den Frauen die Rolle der Martha zugewiesen habe. Die Frau soll dienen und sich sorgen, die Männer diskutieren. Eine andere Teilnehmerin widerspricht: »Wir Frauen hören doch hier in der Bibelstunde auf Gottes Wort, wir stellen die

meisten Gottesdienstbesucher! Die meisten Männer hören weder zu, noch bedienen sie andere oder packen etwas an.« Man kommt zu der Folgerung, daß in der Kirche die Frauen längst beide Rollen, die der Martha und die der Maria, übernommen haben. Das führt zu der Frage: Welche Rolle spielen die Männer überhaupt in der Kirche? Warum sind die meisten Menschen im Gottesdienst Frauen? Warum beteiligen sich relativ wenige Männer am Gemeindeleben?
Eine Witwe versucht, eine Antwort zu geben: »Mein Mann war nicht gegen die Kirche, aber er ist kaum in den Gottesdienst gegangen. Er hat immer gesagt: Du brauchst den Trost, ich nicht. Ich denke, es geht in unserer Geschichte letztlich um das Problem von Geben und Nehmen.« Die Gesprächsrunde wendet sich nun diesem Problem zu. »Es fällt uns so schwer, zu nehmen und zu empfangen. Wir möchten so gerne die Gebenden sein. Wir sind aber immer Gebende und Nehmende zugleich. Es geht um den richtigen Maßstab.
Das Verhalten der Martha wird nicht kritisiert. Die Teilnehmerinnen hören in der Antwort Jesu auch keinen Vorwurf an Martha heraus, eher eine Bestätigung: »Martha, Martha, du hast viele Mühe und Sorge.« Gerade deshalb braucht sie Zuwendung und Trost. Weil Maria dieser Zuwendung, diesem Trost den Vorzug gewährt, wird sie gelobt. Offensichtlich, so ist es die Meinung des Bibelstundenkreises, fällt es den Männern schwerer zuzugestehen, daß auch sie Trost brauchen. Sie finden oft so schwer einen Zugang zum Evangelium, weil wir darin zuerst als die Empfangenden, die Nehmenden angesprochen werden. Es braucht Mut, sein Leben so zu verstehen, daß wir darin auf das Hören des Wortes Gottes angewiesen sind. Deshalb sollte die Predigt über diesen Text, sagen die Frauen, zuerst einmal die Männer anreden, die oft so rastlos, so überfordert und müde sind. »Auch wenn sie in der Kirche nicht da sind und also nicht zuhören, wir werden es ihnen schon erzählen.«

Zum Gottesdienst

Helga Trösken

Exegetisch-homiletische Skizze

Meine exegetische und damit verbunden die hermeneutische Vorentscheidung: Ich betrachte die in sich geschlossene Perikope im Kontext, und zwar sowohl des Lukas-Evangeliums als auch des Johannes-Evangeliums, vor allem Johannes 11. Daraus ergeben sich systematisch-theologische Folgerungen, die für die Predigt wichtig sind.

Die Perikope bei Lukas steht zwischen der Geschichte vom »Barmherzigen Samariter« (»So gehe hin und *tue* desgleichen«) und der Bitte der Jünger: »Herr, lehre uns *beten*«.
In der Geschichte von Maria und Martha geht es um beides, um Tun und Hören, um Aktion und Kontemplation, scheinbar verteilt auf zwei Frauentypen, scheinbar in einer Hierarchie der Werte. So jedenfalls haben es die Ausleger immer wieder gesehen. Der Kontext gibt diese Hierarchie nicht her, wie auch die Perikope selber nicht. Dennoch war die Auslegungstradition prägend für das Frauenbild der Kirche, das Selbstverständnis von Frauen in der Kirche wie auch für die Verhältnisbestimmung von Diakonie und Kirche, Diakonie und Gottesdienst (vgl. auch die »Annäherungen«).

Einige Beispiele:
Martin Luther: »Denn das ganze tätige Leben macht Martha viel Mühe ..., damit Muße geschaffen wird für Maria, d. h. für das innere Leben« (Luther - Deutsch, Band 1, Stuttgart-Göttingen 1969, Seite 268).
»Eins aber ist not, nämlich, daß Maria zu Christi Füßen sitze und höre sein Wort täglich, das ist das beste Teil, das zu erwählen ist und nimmer weggenommen wird. Es ist ein ewiges Wort, das andere muß alles vergehen, wieviel es auch der Martha zu schaffen gibt.«
(Dto. Band 6, Seite 64 ff.) »Martha, dein Werk muß bestraft und für nichts geachtet werden ... Ich will kein Werk haben, denn das Werk Marias, das ist der Glaube.«

Adolf Schlatter: Das Evangelium des Lukas, Stuttgart 1960^2.
Es geht um einfache Bewirtung: »Nicht vieles, nur weniges ist nötig, kein Festmahl, kein Überfluß, keine die Wirtin belastende Arbeit« (Seite 293).

Christa Mulack: Die Weiblichkeit Gottes, Kreuz Verlag Stuttgart 1983, Seite 298 ff.
»Beide Schwestern repräsentieren einen bestimmten Frauentyp, wie er wohl am gängigsten mit den Begriffen ›gute Hausfrau‹ und ›Blaustrumpf‹ lange Zeit beschrieben wurde, wobei die darin zum Ausdruck kommende Wertung auch gleich die Absicht verrät, die geistigen Gaben des weiblichen Geschlechts von vornherein abzuwerten. So war eine Ausbildung für sie gar nicht erst vorgesehen. Ihr Platz war im Haus und dort primär in der Küche. Diesen Frauentyp stellt Martha dar ... Doch Jesus hat inzwischen gelernt, die Frau auch als geistige Partnerin anzuerkennen. Er hat durchschaut, wie sehr man sie dazu abgerichtet hatte, ihre Rezeptivität ausschließlich auf Männerfreuden und Kinderkriegen einzuschränken ... Jesus reinstituiert die Frau in ihre geistige Position; denn allzu lange hatte man vergessen, daß die Stärke der Frau nicht ausschließlich in ihrer Gebärfähigkeit, sondern in ihrer geistigen Empfangsbereitschaft lag ... Es geht gar nicht darum, wie leider vielfach angenommen wird, daß Jesus hier die Frau in einem Klischee der Passivität festhalten will, sondern um ihre Befreiung zur Geistigkeit aus der tüchtigen Hausfrauenrolle ...«

Therese von Avila: »Glaubt mir, Martha und Maria müssen beisammen sein, um den Herrn beherbergen zu können und ihn immer bei sich behalten zu können, sonst wird er schlecht bewirtet sein und ohne Speise bleiben. Wie hätte Maria, die immer zu seinen Füßen saß, ihm etwas zu essen gegeben, wenn die Schwester ihr nicht beigesprungen wäre? Seine Speise aber ist es, daß wir auf jede Weise Seelen sammeln, damit sie errettet werden und ihn loben in Ewigkeit« (zitiert bei Dorothee Sölle, in »Frauen entdecken die Bibel«, Freiburg 1986).

Sozialgeschichtliche Auslegung und Exegese lassen uns erkennen, welch »revolutionäre« Tat allein schon der Besuch Jesu bei den beiden Schwestern ist. Ihr Familienstand wird nicht überliefert. Das Verhältnis Jesu zu den beiden Schwestern fügt sich in sein sonstiges Verhalten Frauen gegenüber. Martha wird vermutlich eine Grundbesitzerin gewesen sein. Ihr Name »Herrin« könnte darauf hinweisen, daß sie das Familienerbe verwaltet. In der Tradition ist sie z. B. im Mittelalter das Ideal religiöser Frauenbewegungen. Der Martha-Altar in der St. Lorenz-Kirche in Nürnberg zeigt sie als Drachenbesiegerin: Nur mit Kreuz und Weihwasser »bewaffnet« begegnet sie dem Ungeheuer. Wie ein Lamm läßt es sich von ihr mit dem Gürtel binden. Martha muß den Drachen nicht töten, um ihn zu unterwerfen. Die Legende erzählt: »Von den Bewohnern der Landschaft zwischen Arles und Avignon wird Martha um Hilfe gebeten. Ein menschenfressender Drache, Tarascus genannt, ›halb Tier, halb Fisch, dicker als ein Rind und länger als ein Pferd, mit Zähnen wie Schwerter und spitz wie Hörner‹, läge in der Rhône verborgen, töte alle, die vorüberkommen und versänke die Schiffe. Wider den Drachen zog Sankta Martha, denn das Volk bat sie. Sie fand ihn im Wald, wie er einen Menschen aß. Alsbald goß sie geweihtes Wasser über ihn und hielt ihm ein Kreuz vor, da war er besiegt und stund wie ein zahmes Lamm. Martha band ihn mit ihrem Gürtel, danach kam das Volk und schlug ihn mit Steinen und Speeren tot« (aus Elisabeth Moltmann-Wendel, Ein eigener Mensch werden, Gütersloh 1991, Seite 50 ff.).

Wie wenig die Auslegungstraditionen – Martha als ein bißchen naives Hausmütterchen, Maria die bescheidene Intellektuelle und Kontemplative – den Texten gerecht wird, zeigt ein Blick auf Johannes 11. Dort erscheint Martha als selbstbewußte, aktive und realistische Frau. »Er stinkt«, sagt sie von dem schon Tage im Grab liegenden Bruder Lazarus. Sie tröstet die fassungslose Schwester Maria und bekennt sich zu Jesus in der Form, wie sich Petrus zu Jesus bekennt. Dies Bekenntnis steht exakt in der Mitte des Johannes-Evangeliums. Martha hat keine Kirche gegründet. Auf Petrus, als dem Felsen, und seinem Bekenntnis wird die Kirche gegründet. Was wäre, wenn dies »Martha-Bekenntnis« zumindest die Anerkennung fände, die es verdiente? Und was würde das für das Frauenbild in der Kirche ergeben?
Fazit: Maria und Martha gehören zusammen. In der Begegnung mit Jesus erfahren beide Befreiung, wie auch ihr Bruder Lazarus. Geben und Neh-

men, Hören und Tun, Beten und Handeln machen erst zusammen das Christsein und Menschsein aus. Dazu müssen Frauen und Männer gemeinsam ermutigt werden.

Vorschläge zur Liturgie

Psalm

Hilf uns, Gott unseres Heils, und laß ab von deiner Ungnade über uns!

Könnte ich doch hören,
  was Gott redet,
daß Gott Frieden zusagte dem Gottesvolk und den Heiligen,
  damit sie nicht in Torheit geraten.
Doch ist ja Gottes Hilfe nahe denen, die Gott fürchten,
  daß in unserem Lande Ehre wohne;
daß Güte und Treue einander begegnen,
  Gerechtigkeit und Friede sich küssen;
daß Treue auf der Erde wachse
  und Gerechtigkeit vom Himmel schaue;
daß uns auch Gott Gutes tue,
  und unser Land Gottes Frucht gebe;
daß Gerechtigkeit vor Gott her gehe
  und Gottes Schritten folge.

Hilf uns, Gott unseres Heils, und laß ab von deiner Ungnade über uns!
Ps 85,5; 9–14

Sündenbekenntnis, Kyrie

Liturg: Da ist eine Frau, die es leid ist, die Schwache zu spielen,
wenn sie weiß, daß sie stark ist,
Liturgin: und ein Mann, der nicht mehr stark erscheinen möchte,
wenn er sich verletzlich fühlt.
Kyrie: Vorschlag z. B. EG 178.9
Liturg: Da ist eine Frau,
die nicht mehr »emotional« oder »feministisch« genannt werden will,
Liturgin: und ein Mann, dem man das Recht abspricht,
zu weinen und sanft zu sein.
Kyrie
Liturg: Da ist eine Frau,
die sich von ihren Kindern total in Anspruch nehmen läßt,
Liturgin: und ein Mann,
der gern mehr Zeit mit seinen Kindern verbringen würde.
Kyrie

Liturg: Da ist eine Frau, die unweiblich genannt wird,
wenn sie Karriere machen will,
Liturgin: und ein Mann, der seine Männlichkeit nur beweisen kann,
wenn er sich gegen Konkurrenten durchsetzt.
Kyrie

Gnadenzusage

»Ihr seid alle durch den Glauben Gottes Kinder in Christus Jesus.
Hier ist nicht Jude, nicht Grieche,
hier ist nicht Sklave noch Freier,
hier ist nicht Mann noch Frau;
denn ihr seid allesamt eins in Christus Jesus.«

Eingangsgebet

Du sendest deinen Geist in die Welt, Gott,
und läßt Vielfalt und Gemeinschaft unter uns entstehen.
Wir danken dir für diesen Reichtum
und bitten dich:
Lehre uns, in deinem Geist zu leben,
daß wir Frauen und Männer als gleichberechtigt achten,
ohne die Verschiedenheit zu unterdrücken.
Durch Jesus Christus,
der in der Einheit des Heiligen Geistes
mit dir lebt und regiert
von Ewigkeit zu Ewigkeit.

Fürbittengebet

Gott, du bist die Kraft der Liebe, die uns berührt,
die uns Wärme und Mut gibt zur Veränderung:

Wir bitten dich für alle:
Gott, hilf uns, damit wir uns nicht verschließen,
sondern offen bleiben für die Sorgen derer,
denen es nicht so gut geht wie uns.

Gib uns Kraft und Phantasie, für eine Ordnung zu kämpfen,
in der alle das zum Leben haben, was nötig ist.
Laß uns eintreten für Strukturen, die Nähe und Partnerschaft ermöglichen.

Wir bitten dich für Frauen und Männer,
daß sie sich nicht im Kampf gegeneinander erschöpfen,
sondern mit ihrer erotischen Kraft dem Leben dienen
und gemeinsam Verantwortung tragen für ihre Kinder.

Wir bitten dich für die Armen,
die glauben, daß es keine Zukunft mehr für sie gibt:

Schenk ihnen Hoffnung und laß sie Gerechtigkeit erfahren
und teilhaben an den Gütern, die du, Gott, allen Menschen gegeben hast.

Laß es nicht zu, daß wir die Verantwortung ablehnen
für die Ungerechtigkeit, die unter uns herrscht,
sondern hilf uns arbeiten an der Lösung der Probleme,
so daß Menschen ein Leben in Würde führen können.

Schenke uns Erfahrungen der Solidarität,
damit Frauen und Männer
ihre persönlichen und gesellschaftlichen Grenzen überwinden lernen.

Gott, gib uns überall auf der Welt Hände,
die heilen und helfen und Leben behüten;
hilf uns, geschwisterlich zu teilen und zu leben.

Gebete aus: Agende der Ev. Kirche in Kurhessen-Waldeck, Kassel 1996, Bd. 1, Seite 560–564

Liedvorschläge
EG 240, Du hast uns, Herr, in dir verbunden
EG 628, hess. Anhang, Herr, gib mir Mut zum Brückenbauen
EG 633, hess. Anhang, Sanftmut den Männern

Zur Predigt

Möglicher Anfang
Wir kennen die Geschichte: Zwei Frauen werden uns vorgestellt, zwei typische Frauen. Da gibt es die Schafferin und die Verträumte. Die eine rackert sich ab, die andere macht es sich gemütlich. Vielleicht eine Geschichte der eigenen Erfahrung, bitter genug! Die ältere Schwester ist die Dominierende. Sie führt das Wort und das Haus. Sie ist die tüchtige Hausfrau. Hat die jüngere überhaupt eine Chance neben ihr? Zwei Schwestern in einem Haushalt, die eine immer tätig, die andere macht nichts. Und dann dieser schlimme, gleichsam petzende Ton: »Herr, kümmert es dich gar nicht, daß sie nichts tut? Sage ihr, sie soll mir helfen!«
Alte Verletzungen kommen zutage. Zwei Schwestern leben unter einem Dach. Von der Vorgeschichte wird nichts erzählt, aber daß da alte Wunden aufgehen, scheint deutlich. Was ärgert Martha so an ihrer Schwester Maria? So wie die Häuser damals waren, hätte sie doch auch beim Kochen zuhören können. Alle waren in einem Raum.
Zwei Werte stehen gegeneinander: Das Gastrecht war heilig. Dem Gast die Füße zu waschen, ihn zu bewirten mit allem, was zur Verfügung stand, das war Ehrensache. Und einem berühmten Rabbi, einem Freund mußte man zuhören, auch wenn man als Frau nicht mit ihm diskutieren konnte.

Martha beklagt sich. Sie will nicht ständig in der Rolle der Tüchtigen sein. Es wird ihr zuviel. Sie sieht nicht ein, daß sie immer schaffen muß. Und Jesu Antwort kränkt sie. Jesu Antwort setzt sie herab, wertet das Zuhören der Maria höher. Davon ist das Frauenbild in der abendländischen Auslegungs- und Predigttradition geprägt. Maria verkörpert das kontemplative, das geistige und geistliche Leben, das Hören auf das Wort. Sie hat das bessere Teil erwählt gegenüber dem aktiven Leben, dem praktischen Sorgen um die Nöte des Leibes. Martin Luther sagt einmal: »Martha, dein Werk muß bestraft und für nichts geachtet werden. Ich will kein Werk haben, denn das Werk Marias, das ist der Glaube.«
Es ist ein einseitiges, klischeehaftes Bild, in das die beiden Schwestern gepreßt werden.

Weiterführende Gedanken
Ich würde dann Johannes 11 in kurzen Zügen erzählen als die Geschichte der Geschwister Martha, Lazarus und Maria. Ich muß sie zusammen lesen und bedenken, anders als wir es in der theologischen Ausbildung, der Exegese gelernt haben. So wird mir verständlich, was ich anders nicht verstehe. So kommen mir die fernen Schwestern und der ferne Bruder nahe. So werden Fragen beantwortet, die sonst offen bleiben. Ich möchte die beiden Schwestern zusammenbringen. Sie sind zwar sehr gegensätzlich beschrieben. Auch bei Johannes ist Martha die Aktivere und dann auch noch theologisch Versiertere, während Maria sich von Gefühlen leiten läßt, hemmungslos weint und von dem, was sie gehört hat, nichts in ihr Leben übertragen kann. Martha dagegen, die Resolute und Praktische, kann ihren Glauben umsetzen in theologische Gedanken. Sie spricht ein Bekenntnis, das die Wahrheit sagt. Martha, die lächerlich gemacht wurde, weil so dargestellt ist, wie viele Frauen ihre Rollen ausfüllen zu Gunsten der Männer. Martha, eine Frau mit Kraft und Stärke, selbstbewußt, nüchtern und klar. Sie wird aufgewertet von Jesus. Ihr Bekenntnis steht da mit denselben Worten wie Petrus den Christus bekennt. Und ich frage mich, warum dieses Martha-Bekenntnis so unbekannt ist, auch unter frommen Christinnen und Christen. Warum Martha so abgewertet wird, so karrikiert, so für dumm verkauft? Die Schafferin, bei der es aber nicht für Kontemplation und Geistliches langt. Und Maria, die Schwester, die hörende, die zwar unpraktische, aber sanfte und liebe, die das bessere Teil erwählt hat für Zeit und Ewigkeit. Nein, Jesus bringt die beiden Schwestern zusammen. Genau das ist es, was mich fasziniert. Wir müssen nicht wählen zwischen aktivem Tun und Kontemplation, zwischen Aktion und Spiritualität. Schon Therese von Avila hat in einer Auslegung darauf aufmerksam gemacht: »Glaubt mir, Martha und Maria müßten beisammen sein, um den Herrn beherbergen zu können und ihn immer wieder bei sich behalten zu können, sonst wird er schlecht bewirtet sein und ohne Speise bleiben. Wie hätte Maria, die immer zu seinen Füßen saß, ihm etwas zu essen gegeben, wenn die Schwester ihr nicht beigesprungen wäre?«

Ich würde dann analog den »Annäherungen« auf die Situation von Maria-Frauen und Martha-Frauen in unseren Gemeinden und auf Lazarus-Männer eingehen.

Schluß

Und dann sehe ich sie vor mir – Martha aus Bethanien, die vor Jesus steht und gegen allen Augenschein ihren Glauben bekennt, die Befreiung erfährt und sofort zu ihrer kleinen Schwester geht, um sie daran teilhaben zu lassen, die die kleine Schwester holt und mit ihr das Grab öffnet, obwohl der Leichnam stinkt. Für alle Zeiten ein Zeichen der Hoffnung, Ermutigung angesichts des Todes, Bekenntnis zu dem, der stärker ist als der Tod. Zu ihm gehören wir alle, die ungleichen Schwestern und die ungleichen Brüder in den unterschiedlichen Rollen.

Invokavit

Annäherungen an den Predigttext 1. Mose 3,1 ff.

Jobst v. Stuckrad-Barre

»Adam ist nichts besser als Eva.« Und: »Die Frau ist die aktive - sie gibt dem Mann ab!« Vielleicht lag es daran, daß dieser Gesprächskreis vorwiegend aus Frauen besteht, jedenfalls nahmen die Teilnehmerinnen die Rollenverteilung in der Erzählung Gen 3 auf ihre Weise wahr. Gerade weil die Beziehung Adam=Mensch störend wirkte, wurde die aktive Haltung der ›Mutter alles Lebendigen‹ offenbar besonders geschätzt: Adam fragt nicht nur *nicht* nach; »erst fällt er aus, dann fällt er um!« Das Weib dagegen, die ›verführbare‹ Frau, nimmt Gott in Schutz (VV. 1/2 f.), indem sie das Verbot präzisierend wiederholt (vgl. 1,16 f.). Auch Gott hat weibliche Züge: »Er näht dem Paar Röcke und zieht sie ihnen an, als ob er Kinder für das ›Rausgehen‹ fertigmacht.«
Allmählich tritt die poetische Struktur der Erzählung deutlicher hervor. Es fängt an mit der Schlange am Boden. »Wieso war die Schlange listiger als alle anderen Tiere?« Mit der Rückkehr zum Boden schließt die Verfluchung: Erde sollst du fressen dein Leben lang. Und Adam: Erde bist du und sollst zu Erde werden. »Krebsgang« nennt eine Teilnehmerin diese Entwicklung, die einen Teufelskreis andeutet: »Es landet alles wieder bei der Erde.« - beruhigend oder ängstigend?
Daß es um Grundgeschichte geht, wird sichtbar. Die Schlange als Symbol - raffiniert und voller Hybris, Teil der Kette, in der einer die Schuld auf den andern schiebt. Die ›Struktur des Bösen‹ wird so greifbar. Der Blick auf die Fortsetzung befestigt diese Grundsätzlichkeit: Kain als Nachkomme wird zum Mörder, das steigert sich zur Flutgeschichte und gibt einen weltweiten Horizont mit der Begrenzung im Noah-Segen.
Mehrfach kreisen die Gedanken um das Gottesbild und die darin liegende Erfahrung - V. 8 schildere Gott wie eine menschliche Person, die noch nicht alles weiß und traurig wirkt. Gott erhält die Schuld (V. 10.12), und in diesen Anwürfen (Projektionen) taucht erneut die Frage nach der Freiheit und den Grenzen auf: Erklärung des Bösen, die uns nicht gelingen will, auch der Mühseligkeit des Lebens. »Ist Gott die Sache passiert, hat er sie gewollt oder zugelassen?« Immerhin - schon im Garten gibt es Grenzen statt Ewigkeit, auf die der Mensch offenbar immer wieder aus ist. Dazu zwei Einzel-

beobachtungen, die auch die Freude an der »Re-lektüre« zeigen: »Das Verbot gilt nur dem *einen* Baum.« Und: »Hier steht ja nichts von einem Apfel.« Das Gebot zu halten, könnte heißen, das Gute überhaupt erst wahrzunehmen (all die anderen Früchte und Bäume!). Die Erkenntnis von Gut und Böse rührt an Gott und begrenzt und kennzeichnet den Menschen.
Die Veränderung am Schluß wirkt tröstlich: Nicht Tod, sondern (nur!) Vertreibung, also Menschsein in seinen Grenzen.

Zum Gottesdienst

Dietrich Zeilinger

Theologisch-homiletische Skizze

Genesis 3 ist eine immer neue Herausforderung! Gerade deshalb, weil folgende Problem-Hürden zu nehmen sind: Da ist die große Bekanntheit der Geschichte; da ist das historisierende Mißverständnis: Adam und Eva real als die ersten Menschen; da ist die fatale Wirkungsgeschichte, vor allem zu Lasten Evas und der Frauen; und da ist die Überschätzung im Vergleich zu anderen biblischen Versuchungs- und »Sündenfall«-Geschichten mit anderer Tendenz (vgl. die Gleichnisse von den anvertrauten Pfunden und vom verlorenen Sohn).

Wichtige Erkenntnisse aus der Exegese:
Es handelt sich in Genesis 3 um eine Ätiologie des Jahwisten, ausgehend von der menschlichen Erfahrung mit der Zweideutigkeit des Lebens und der Frage nach Ursprung und Sinn des Ganzen. Wie ist die Spannung erklärbar zwischen dem menschlichen Elend und der göttlichen Verheißung?
Historisch-politischer Hintergrund zur Abfassungszeit ist Salomos Großmacht-Hybris, verbunden mit kultischem Synkretismus (Schlangengottheit!).
Jedenfalls, ob sozialgeschichtlich oder existentiell betrachtet, Genesis 3 ist das Dokument einer Störung in den Beziehungen Mensch–Gott und Mensch–Mitmensch, ausgelöst durch Mißtrauen und Versuchung und gipfelnd in Grenz-Übergriff und tiefem Fall.
Und doch bleiben Genesis 2 und 3 Kontraste, die sich gegenseitig ergänzen und auslegen: Wir bleiben als »Erdlinge« von Gottes Geist belebt. Und Gottes Gnade umgreift sein Gericht.
Für diese »aufgeklärte« Deutung des Erzählten stellt sich die Alternative: Sündenfall oder Akt der Mündigkeit? Vertreibung oder Befreiung? Aber

sind es notwendig Alternativen oder spiegeln solche unterschiedlichen Deutungen nicht die Ambivalenz menschlicher Grunderfahrung?

Von daher ergab sich meine homiletische Schlüsselidee:
Predigt als »Revisionsverhandlung in Sachen Adam und Eva«, vorgetragen mit mindestens 2, höchstens 7 Stimmen. Leitende Intentionen sind
a) die Polarität der Deutungsmuster vorstellen - zwischen Sündenfall und Erwachsenwerden, politischer Diagnose und psychologischer Perspektive;
b) dabei gesamtbiblische Bezüge herstellen;
c) zur Erkenntnis führen: tua res agitur!
Ein Gottesdienstnachgespräch wäre sehr empfehlenswert!

Vorschläge zur Liturgie

Lieder
EG 449,1.4.8 Die güldne Sonne
EG 320,1 Nun laßt uns Gott dem Herren
EG 382 Ich steh vor dir mit leeren Händen
EG 66,1.2.7f. Jesus ist kommen
EG 171 Bewahre uns Gott

Kyriegebet
von Eugen Eckert (»Aus Liebe zum Menschen«, Lahn-Verlag)
Meine engen Grenzen, meine kurze Sicht, bringe ich vor dich.
Wandle sie in Weite. Gott, erbarme dich!
Meine ganze Ohnmacht, was mich beugt und lähmt, bringe ich vor dich.
Wandle sie in Stärke. Gott, erbarme dich!
Mein verlornes Zutraun, meine Ängstlichkeit, bringe ich vor dich.
Wandle sie in Wärme. Gott, erbarme dich!
Meine tiefe Sehnsucht nach Geborgenheit bringe ich vor dich.
Wandle sie in Heimat. Gott, erbarme dich!

Schriftlesung
Lukas 15,11-32

Schluß
nach: EMW, Von allen Seiten umgibst du mich, Hamburg 1985
Eine Frau und ein Mann teilten das erste Paradies, und heute teilen Frauen und Männer die Freude und die Sorge, den Mut und die Angst, den Glauben und die Unsicherheit, die Hoffnung und die Verzweiflung. Beide in Gemeinsamkeit teilen sie die Menschlichkeit. Darum laß keinen Mann sich selbst für vollkommen halten. Laß keine Frau vor Verantwortung zurückschrecken. Hilf zur Ganzheit der Gemeinschaft. Mit klarem Verstand und Einigkeit, nicht aus Furcht und Feindschaft, aber mit Freude und Lebenskraft.

Predigt

Revision in der Sache Adam und Eva

Gerichtsreporter

Wertes Publikum! Heute beobachten Sie eine Verhandlung von großer Tragweite: Im sogenannten Sündenfall-Verfahren hat die Verteidigung Revision beantragt zugunsten von Adam und Eva. Begründet wurde der Antrag unter Hinweis auf den offenkundigen Mißbrauch, den viele lange Zeit mit dem Urteil Gottes trieben, indem sie vor allem Frauen als Töchter Evas diskriminiert, ihnen alles Schlechte angehängt und so ihre Unterdrükkung gerechtfertigt hätten. Auch die historische Auslegung des Textes als Delikt der ersten Menschen sei verhängnisvoll gewesen. Wie dem auch sei, wir alle waren bisher Mitbetroffene und werden vom Ausgang der Revisionsverhandlung berührt sein in unserem Selbstbewußtsein als Menschen. Zunächst hören wir die Vertreter von Anklage und Verteidigung. Dann werden insgesamt vier Zeugen und Zeuginnen aufgerufen. Schließlich werden die beiden Schlußplädoyers gehalten, und ganz am Ende sind wir natürlich auf den Urteilsspruch gespannt.

Anklage

Hohes Gericht! Die Anklage kann heute nicht anders lauten als damals: Eva und Adam haben das klare Gebot Gottes, nicht zu essen von dem Baum in der Mitte des Paradiesgartens, übertreten. Und das ohne Not, aus purem Übermut, natürlich angestiftet von der Schlange.

Im Verhör haben sie versucht, einander die Schuld zuzuschieben, an der sie offenkundig gemeinsam teilhatten. Deshalb mußte der Urteilsspruch auf »schuldig« lauten. Und eigentlich hätte, wie angekündigt, die Todesstrafe verhängt werden können. Aber der Richter wandelte die Höchststrafe in das bekannte »lebenslänglich, jenseits von Eden«. Daß damit Auflagen verbunden waren in Form von allerlei Mühen und Plagen des Lebens und Arbeitens, Gebärens und Zusammenlebens, das gehört nun einmal unausweichlich zum Dasein des Paradieses. Doch das haben sich Eva und Adam selbst zuzuschreiben! Ich beantrage die Bestätigung von Urteil und Strafmaß.

Verteidigung

Hohes Gericht! Die Sachlage ist ganz anders, als es uns die Anklage aufgrund jenes tendenziösen Berichtes glauben machen will: Eva und Adam sind in ihrer Entwicklung über sich und die Enge des Paradiesgartens hinausgewachsen. Sie haben sich als Menschen entdeckt, die schließlich vom Schöpfer nicht als Marionetten gedacht waren, sondern als intelligent und kreativ handelnde Lebewesen. Sie haben von der süßen Frucht »Freiheit« gekostet und dabei natürlich auch schmerzliche Erfahrungen gemacht, wie jeder Mensch beim Erwachsenwerden. Aber all das war doch notwendig!

Wo gibt es denn mündiges, verantwortliches Leben ohne die Schatten von Versagen, Mißtrauen, Zweifel und Mühen? Was vorhin als Strafe ausgegeben wurde, das gehört doch zum reifen Erwachsensein dazu, weil und damit niemand allmächtig ist auf Erden! Und Gott hat ja auch weiter für die Menschen gesorgt. Ich beantrage wegen nicht erwiesener Schuld Freispruch und Rehabilitierung.

Zeugin der Anklage
Ich bezeuge, daß die Handlungsweise von Eva und Adam im Paradies sich millionenfach durch die ganze Menschheitsgeschichte wiederholt und fortgesetzt hat: Überall und immer wieder haben die Menschen die ihnen gegebene Grenze verletzt und das Maß des Menschlichen gesprengt: Mißtrauen und Habsucht, Übermut und Aggression blieben das Grundmuster im Zusammenleben. Was mit Kain und Abel geschah, für dieses Verhängnis kennt schon die Bibel über hundert weitere Beispiele. So sind die Menschen eben vor Gott und untereinander: von Sünde bestimmt und deshalb zutiefst der Erlösung bedürftig!

Zeuge der Verteidigung
Wer sich nur ein wenig in der Psychologie auskennt, also im komplizierten Zusammenspiel der seelischen Kräfte und Motive, die Gott den Menschen mitgegeben hat, der und die wird mir zustimmen und bestätigen: So sind die Menschen in ihrer Entwicklung – nicht der Macht der Sünde ausgeliefert, wie die Vorrednerin es darstellt, wohl aber dem Risiko von Versuch und Irrtum ausgesetzt. Und ihr Tun ist stets doppelgesichtig, Hingabe mischt sich mit Selbstbehauptung, Angst vor dem Zukurzkommen mit Angst vor der eigenen Courage. Wenn Sie so wollen, ist das Sich-Verstekken, das Unter-den-eigenen-Möglichkeiten-Bleiben die größere Sünde, wie sich später gerade in der Kirchengeschichte gezeigt hat. Dabei hat Jesus im Gleichnis von den anvertrauten Pfunden deutlich darauf hingewiesen. Ich kann nur bestätigen: Die Evas und Adams jeder Zeit müssen geradezu in die Fremde, ins Ungeschützte gehen, um erwachsen zu werden, um ihre volle Verantwortung übernehmen zu können. Dazu gehört auch die Fähigkeit, zu eigener Schuld stehen zu können, aber zu allererst die Fähigkeit, sich zu erproben auf den vielfältigen Wegen, um dann wählen und entscheiden zu können, welche Früchte des Lebens gut tun und welche nicht. Was kann Besseres geschehen, als daß die Augen aufgehen und Größe und Elend des Menschseins erkennen!

Zeuge der Anklage
Als moderner Mensch muß ich leider Zeugnis ablegen von einem solchen Ausmaß an Hybris, an Frevel und Grenzverletzung des Menschen, wie es die Geschichte noch nicht gesehen hat, wie in der Geschichte vom Turmbau zu Babel: Der Mensch hat in seinem Drang, das gesetzte Maß zu spren-

gen, nach den Bausteinen des Lebens und der Welt gegriffen, hat begonnen, Atome zu spalten und zu schmelzen, hat sich daran gemacht, die Gene von Lebewesen zu verändern, ja sogar neue zu schaffen nach eigenem Ermessen. Nichts ist mehr heilig: Der Mensch, der ohne Gott leben will, hat sich nun wirklich die Rolle des Schöpfers angemaßt und ist dabei, das Grab der Menschheit zu graben. Die Folgen atomarer Vernichtung und Verseuchung sind unsagbar schrecklich und die Folgen der Manipulation am Erbgut unabsehbar verhängnisvoll, obwohl die moderne »Schlange« immer nur Vorteile verspricht. Der Griff nach der Frucht vom Baum der Erkenntnis hat den Allmachts-Wahn erzeugt. Wer setzt noch Grenzen?

Zeugin der Verteidigung

Es mag ja sein, daß Adam immer schon und heute erst recht so beschaffen ist, keine Grenzen zu akzeptieren und aggressiv Amok zu laufen noch gegen die Grundlagen des Lebens. Ich möchte Eva in Schutz nehmen und alle Töchter Evas, die schon Jahrtausende unter dem Patriarchat, unter der Männerherrschaft leiden. Daß Eva als Verführerin dargestellt wird, das halte ich bereits für eine patriarchale Verdrehung und Verleumdung der Männer, die diese Geschichte gestaltet und aufgeschrieben haben. Nein, das Thema kann nicht sein »Vertreibung wegen Sünde«, sondern Befreiung aus Abhängigkeit und Unterdrückung, Freiraum gewinnen für aufrechten Gang und Heilung der Verletzungen. Dazu stiftet die Bibel selbst an, etwa mit dem Siegeslied der Miriam, dem Magnifikat der Maria und den ermutigenden Begegnungen Jesu mit Frauen. Im übrigen müssen wir die Bibel kritisch lesen und anwenden, gerade im Blick auf die Rolle Evas und die Rolle dieser sogenannten Sündenfallgeschichte. Wir sollten nicht mehr dahinter zurück, daß Jesus das Paradies wieder aufgeschlossen hat wie wir an Weihnachten singen, d. h. Liebe und Freiheit können sich wieder küssen!

Schlußplädoyer der Anklage

Hohes Gericht! Die Zeugen der Verteidigung konnten, wie zu erwarten, nicht davon überzeugen, daß das Urteil zu revidieren ist. Im Gegenteil, ich denke, wer unvoreingenommen zugehört hat, kann sich der erdrückenden Beweislast nicht verschließen, die meine Zeugen vorgelegt haben: Fakten, Erfahrungswerte, die beweisen, daß Adam und Eva sich nicht nur nicht ändern konnten, sondern dabei sind, in einem unglaublichen Ausmaß das sündhafte Handeln zu erweitern und zu überbieten. Es ist die große Verantwortung des hohen Gerichtes, dafür zu sorgen, daß nicht alle Maßstäbe ins Rutschen kommen, daß nicht alle Gebote ins Beliebige aufgelöst werden. Das Chaos droht, aus dem die Schlange gekrochen ist. Und als Warnungszeichen vor diesem Chaos, gerade zum Schutz der Menschen, plädiere ich nachdrücklich dafür, das biblische Urteil zu bestätigen mitsamt dem dazugehörenden Strafmaß. Sonst wehe der Menschheit!

Schlußplädoyer der Verteidigung
Hohes Gericht! Ganz im Gegensatz zu der Einschätzung des Anklägers möchte ich feststellen: Zeuge und Zeugin der Verteidigung haben eindrücklich belegt, daß Eva und Adam freizusprechen sind. Sie haben im Grunde damals und immer wieder nach dem Schöpfungsauftrag gehandelt, sich die Erde mit allen Gütern nutzbar zu machen, als Ebenbilder Gottes. Und diese Stellung haben sie nicht verloren dadurch, daß sie bereit waren, die Risiken der Freiheit auf sich zu nehmen und Fehler zu machen. Auf eines möchte ich noch besonders hinweisen: So typisch vielen die sogenannte Sündenfallgeschichte erschienen mag, so sehr müßte sie durch ein anderes Gleichnis menschlicher Erprobung und Irrfahrt ausgetauscht werden: durch die Geschichte von den beiden verlorenen Söhnen im Lukasevangelium. Denn da wird das wahre Gesicht Gottes gezeigt. Der Vater bestraft nicht den Sohn, der Freiheit und Erbe verspielt hat, sondern vergibt ihm und setzt ihn wieder in alle Rechte ein. Das ist das Vorbild, nach dem wir uns auch heute richten sollten. Gott selbst hat sich verändert und uns Menschen als Söhne und Töchter angenommen. Nun geht es nur noch darum, daß wir mit allen Stärken und Schwächen dieser Verantwortung entsprechen. Als Hilfe dafür beantrage ich Freispruch für Adam und Eva und Rehabilitierung für Eva und alle mißachteten Frauen!

Kommentar des Gerichtsreporters
Meine sehr geehrten Damen und Herren! Sie haben alles gehört, nun gibt es nicht mehr viel zu sagen. Die Entscheidung liegt bei Ihnen. Ach ja, das vergaß ich vorhin zu erwähnen: Sie sind heute die Geschworenen, die das Urteil zu fällen haben. Als christliche Gemeinde tragen Sie die Verantwortung dafür, was aus Adam und Eva wird. Aus diesem biblischen Paar und aus den Männern und Frauen im nächsten Jahrhundert. Einen Tip zur Meinungsbildung hätte ich noch für Sie. Denken Sie an das Ende von Goethes Faust. Da ertönt über Gretchen die Stimme Mephistos: Sie ist gerichtet! und danach noch kräftiger eine Stimme aus dem Himmel, die ruft: Ist gerettet!
Entscheiden Sie gut, und sehen Sie in den Spiegel. Sie werden sich als Adam und Eva erkennen!

Kontexte

Heinz Zahrnt, aus »Leben als ob es Gott gibt«, © Piper Verlag GmbH, München 1992, Seite 63:
Die Existenz »jenseits von Eden« – getrennt von Gott und doch nicht völlig los von ihm – ist der Grund, warum der Mensch im Schweiße seines Angesichts nicht nur nach Brot, sondern auch nach Sinn hungert; warum er über das Einzelne und Allgemeine hinaus nach dem Ewigen und Ganzen fragt; warum er der Welt hinter ihr Geheimnis zu kommen und ihren Grund zu erkennen trachtet. Zugleich aber ist die

Existenz »jenseits von Eden« - getrennt von Gott und doch nicht völlig los von ihm - der Grund, warum der Mensch in seinem Herzen keinen Frieden findet; warum er mit seiner Jagd nach der Wahrheit nie ans Ziel gelangt; warum er nie das Ganze in den Teilen voll in den Blick bekommt; warum seine Sehnsucht nach dem Ewigen und Absoluten ungestillt bleibt; warum er mit seinen Gedanken an Gott und der Welt immer wieder vorbeitrifft. Der Mensch ist von seinem Ursprung her und seinem Wesen nach nicht nur ein Homo sapiens, Homo faber oder Homo ludens, nicht nur ein Denker, Macher oder Spieler, sondern immer auch ein Homo religiosus.
In der Religion soll das beschädigte Leben wieder zurechtgebracht werden. Aber wehe dem Menschen, wenn er den Traum von der heilen Welt, den er im Herzen trägt, zu verwirklichen trachtete, wenn er sich nicht damit begnügte, mit dem Rükken zum Paradies zu leben, sondern das Paradies hier auf der Erde aufzurichten suchte! Das wäre eine falsche Transzendenz und tödiche Illusion. Damit erläge er wieder nur der Verlockung der Schlange. Allein die Quelle des Lebens selbst vermag seinen Lebensdurst zu stillen.

Hans-Joachim Petsch, in: Predigtstudien 1992/93 I, Kreuz-Verlag, Seite 187 faßt Drewermanns Interpretation in »Strukturen des Bösen« zusammen:
Jeder Mensch muß in seiner Biographie das »Paradies« der Kindheit, der Symbiose mit dem Unbewußten hinter sich lassen und die Stufe des Ich-Bewußtseins erlangen: die Stufe der »Erkenntnis von Gut und Böse«, die als schuldhafte »Vertreibung aus dem Paradies« der Einheit erfahren wird und deshalb mit entsprechenden Ängsten verbunden ist. In dieser Deutung hat die »Sündenfall«-Erzählung also zwei miteinander verschränkte Aspekte: Sie erzählt von notwendiger Emanzipation aus dem Unbewußten *sowie* damit verbundener Schuld und Angst. Es ist notwendig, daß ich zum eigenständigen Ich werde (aus der Symbiose mit dem Unbewußten heraustrete). Zugleich kann diese Eigenständigkeit auf meinem Individuationsweg »nicht ohne das Böse, nicht ohne die Schuld sein« (Bd. 2, Seite 14). Zeitlebens muß sich der Mensch mit der »Schlange« herumschlagen, der er zwar den Genuß vom »Lebensbaum« verdankt, was ihm aber die Vertreibung aus dem Paradies eintrug: *ein gespaltenes Dasein zwischen Regressionsgelüsten und selbständiger Lebensbewältigung,* zwischen der Sehnsucht nach paradiesischem Leben und der Erfahrung der Realität ...
Ein solcher Zwiespalt erzeugt Angst. Für Drewermann ist dies die Angst, die damit verbunden ist, ein Individuum zu sein. Sie entsteht, wie er sich gern ausdrückt, »im Feld der Gottesferne« nahezu notwendig (das ist für ihn die psychologische Wahrheit des Dogmas von der »Ursünde«). In dieser Doppeldeutigkeit als Gewinn und als Verlust ist das Drama von Gen 3 für Drewermann »auch ein Bild der Erlösung« (Bd. 2, Seite 146), präziser vielleicht: ein Bild menschlicher Erlösungsbedürftigkeit, eine Folie für das angstüberwindende Vertrauen, das in Christus möglich wird.

Axel Denecke, Vertreibung oder Befreiung aus dem Paradies? Verlag am Eschbach 1990, Seite 189:
Vertreibung und Befreiung aus dem Paradies, beides wird durch das ›männliche‹ und ›weibliche‹ Prinzip der Weltorientierung repräsentiert. Der Mann sehnt sich in seiner Trennungs- und Differenzierungsfähigkeit nach Re-Integration. Die Sündenfallgeschichte verstärkt jedoch die Tendenz der Trennung. Daher ist es eine Vertrei-

bung. Die Frau sehnt sich in ihrer Integrations- und Verschmelzungsfähigkeit nach Trennung, Veränderung, nach Neu-Werden. Die Paradiesgeschichte repräsentiert jedoch die Verdammung zu ständiger Harmonie. Erst das Essen vom Baum der Erkenntnis führt sie zu neuem Werden und Wachstum. Daher ist es für die ›Frau‹ eine Befreiungsgeschichte.
Muß noch besonders hinzugefügt werden, daß es natürlich - wenn der Impuls zur »Befreiung« oder »Vertreibung« zu stark wird - sich auch sehr schnell ins Gegenteil verkehren kann? Der ›Mann‹, der seiner Sehnsucht nach Re-Integration nicht traut oder diese als zu mühsame Arbeit an sich empfindet, pocht auf seine »Befreiung« aus ursprünglichen Abhängigkeiten, um dann umso stärker »die Erde sich untertan« zu machen! Und die ›Frau‹, die ihrer Sehnsucht nach Befreiung nicht recht traut oder diese auch als einen zu mühsamen, ja schmerzlichen Weg in die Ungeborgenheit einer kalten Welt empfindet, flüchtet zurück in eine vermeintliche »Ur-Geborgenheit« und beklagt beredt die »Vertreibung« aus dem Paradies.
(Buch gegenwärtig vergriffen; photomechanischer Nachdruck (Kopie) zu beziehen über Hauptkirche St. Katharinen, Katharinenkirchhof 1, 20457 Hamburg, Tel.: 040/336275)

Reminiscere

Annäherungen an den Predigttext Matthäus 12,38–42

Bernd Ahrens

Der Text lag einer Bibelarbeit in einem offenen Gesprächskreis für Männer und Frauen zugrunde. Vor dem Verlesen des Textes wurde die Gruppe gefragt:
»Gesetzt den Fall, Jesus käme heute auf die Welt ...
- Woran würden Sie ihn erkennen?
- Wo sollte er ein deutliches Zeichen setzen?«

Die Antworten kamen zögerlich:
- »Wenn er kommt, werden alle ihn sehen. So ist es doch verheißen. Das ist doch eine Sache unseres Erkenntnisvermögens, nicht seines Aussehens.«
- »Wenn ich jemanden sehe, erkenne ich ihn noch lange nicht. Könnte es da nicht auch sein, daß gar keiner ihn erkennen wird?«
- »Ich hätte eher die Befürchtung, es wäre der Antichrist.«
- »Wir brauchen doch nur auf seine Wundmale zu schauen.«
- »Wenn Sie nach den Zeichen fragen, dann bin ich unsicher. Die Zeichen, die Jesus damals gewirkt hat, reißen heute doch keinen mehr vom Hokker. Es gibt einfach zu viele Wunderheiler.«
- »Was immer er tun wird, ich glaube, man wird erst im nachhinein erkennen, daß er's war.«
- »Er müßte unbedingt die Not der Armen wenden. Obwohl - damals hat er das auch nicht geschafft.«
- »Er muß und wird das Friedensreich aufrichten.«

Im Anschluß an die folgende gemeinsame Textlesung untersuchte die Gruppe, welche Personen/Personengruppen in diesem Text handeln und wie sie zueinander stehen:
- »Die Schriftgelehrten und Pharisäer auf der einen stehen Jesus auf der anderen Seite gegenüber. Immerhin wird er als Meister angeredet.«
- »Doch sie erkennen ihn nicht an; sonst würden sie ja keine Zeichen von ihm fordern.«
- »Ich empfinde ihre Fragestellung als hämisch. Vermutlich wollten sie ihn aufs Glatteis führen.«

- »Jesus scheint das gemerkt zu haben, denn er faucht sie ja regelrecht an.«
- »Der Konflikt an sich ist doch eigentlich nichts Neues.«
- »Matthäus 16,1–4 finden wir den geichen Einstieg. Vielleicht herrschte ja doch ein ernsthaftes Interesse an dieser Frage vor. Immerhin wollte ja auch der Täufer Johannes Gewißheit über die Person Jesu haben. Und auch er erhält lediglich einen Hinweis auf die Schrift als Antwort.«

Nächster Schritt: »Jona - Ninive – die Königin von Süden; was verbinden Sie mit diesen drei Beispielen?«
- »Mit dem Bild des Jona verbindet Jesus einen Hinweis auf seine eigene Zukunft. Die anderen beiden Bilder beziehen sich unmittelbar aufs Jüngste Gericht und somit auf unser aller Zukunft.«
- »Tut mir leid, aber ich sehe in der Rede Jesu in keiner Weise eine Antwort auf die Anfrage der Schriftgelehrten und Pharisäer.«
- »Ich schon. Immerhin erzählt er aus der Bibel und verweist damit die Leute auf ihre eigene Glaubensgeschichte.«
- »Wieder einmal kommt es ihm auf den Glauben an. Die Leute können und sollen in ihrem eigenen Glauben die Antwort finden, ob Jesus der Messias, der Christus ist.«
- »Die Leute wollten einen Wundermann sehen. Darin werden sie enttäuscht. Wenn der Glauben ihnen sagt, daß Jesus der Christus ist, dann brauchen sie keine Wunder mehr. Und wenn er ihnen das nicht sagt, dann nützen auch die tollsten Wunder nichts.«
- »Das kennen wir doch schon aus dem Gleichnis vom reichen Mann und armen Lazarus. Dort heißt es doch: ›Hören sie Mose und die Propheten nicht, so werden sie sich auch nicht überzeugen lassen, wenn einer von den Toten auferstünde.‹«

In einem letzten Gesprächsgang überlegt die Gruppe, wie dieser Text in einer Gemeinde gepredigt werden kann, die die biblischen Grundlagen ihrer eigenen Glaubensgeschichte zunehmend aus dem Blick zu verlieren droht.
- »Wenn wir nach Zeichen gefragt würden, dann können wir doch auf nichts anderes verweisen als auf Taufe und Abendmahl. Aber können diese Zeichen denn überhaupt noch überzeugen?«
- »Sicherlich keinen, der mit unserem Glauben keine Erfahrungen gemacht hat. Ich bin mir sicher: Ein Mensch ohne eigene Glaubensgeschichte wird immer dumm dastehen, wenn er von außen an Christus herankommen will.«
- »Seid Ihr Euch da wirklich so sicher? Denkt doch nur an das Taizé-Treffen in Stuttgart vor zwei Wochen. 75000 Menschen sind da zusammengekommen unter allerprimitivsten Bedingungen. Und da gab's auch keine Zeichen. Aber mir kann doch keiner erzählen, die Leute hätten keine Glaubenserfahrungen gemacht!«

- »Offensichtlich muß man doch dem Heiligen Geist schon ein bißchen mehr zutrauen. Kann nicht die Gegenwart Gottes auch bei Außenstehenden eine Veränderung der Erwartungshaltung bewirken?«
- »Ich komme immer wieder darauf zurück, daß der Glaube letztlich ein Geschenk Gottes ist. Ohne ihn bleiben auch die eindrücklichsten Zeichen wirkungslos.«

Zum Gottesdienst

Hans Hermann Blettgen

Theologisch-homiletische Skizze

Matthäus 12,38 ff. ist einer der Texte, die immer wieder für antijudaistische Argumentationen und Agitationen herhalten mußten. Die Zeichenforderung der Schriftgelehrten und Pharisäer galt als Ausweis grundsätzlicher jüdischer Verstocktheit.
Dazu soviel: Es geht hier nicht um *die* Juden, sondern um die damalige Führungsschicht; genauer: um eine kleine Gruppe aus dieser Schicht: »... einige von den Schriftgelehrten und Pharisäern ...«. Der Text gibt keinen Boden für die Gesamtverurteilung von Juden her.
Ich lese Matthäus 12,38 ff. in der Überzeugung, daß mit den »Schriftgelehrten und Pharisäern« alle die mitgemeint sind und sein werden, unter Juden und Christen und Muslimen, die als die vermeintlichen »beati possidentes« über die göttliche Gnade, d. h. über die Nähe Gottes verfügen zu können glauben. Matthäus geht es - auch sonst - darum, daß allein die »Täter des Wortes«, d. h. die, die sich aufmachen, um die Wahrheit des Wortes Gottes zu leben und sie dadurch zu erleben, die wahren Nachfolger des Rabbi aus Nazaret sind.
Was das »böse und ehebrecherische Geschlecht« angeht, stelle ich die Rückfrage: Mit wem hat unsere Kirche, mit wem haben wir Christen in diesem Jahrhundert nicht »Ehebruch« betrieben? Ich bin mir dessen gewiß, wenn das »Jüngste Gericht« stattfinden sollte, werden unter unseren Anklägern auch Vertreter der Juden sitzen, die ihr »Ninive« in Auschwitz durchlebten.
Der Nazarener nennt - nach Matthäus - Schriftgelehrte und Pharisäer nicht deshalb »böse und ehebrecherisch«, weil sie ein Zeichen fordern. Die Zeichenforderung wird ja nicht grundsätzlich abgewiesen. »Es wird ihnen kein Zeichen gegeben werden, es sei denn ...«. Auch diesem bösen und ehebrecherischen Geschlecht wird also ein Zeichen gegeben, aber nicht jetzt, da sie gewissermaßen mit gespitztem Bleistift dasitzen und wie in

einem Verhör darauf warten, was es zu protokollieren gibt. Von Buchhaltern, Verwaltern des Glaubens, und von akademisch distanzierten Bibelgelehrten läßt Gott sich nicht auf die Probe stellen. Umgekehrt: Schriftgelehrten und Pharisäern wird ein göttliches Zeichen zuteil, wenn sie ihren Glauben auf die Probe stellen, d. h. wenn sie sich nach »Ninive« aufmachen, um als Nachfahren Abrahams zum Segen für die »Niniviten« zu werden. Jenes Zeichen wird aber kein unverbindlicher Wahrheitsbeweis Gottes sein, sondern ein situatives Zeichen: Rettung und Umkehr etc., das Zeichen des Jona. Genauer: Sie werden in Ninive zum Zeichen werden. Göttliche Zeichen lassen sich nur im Dienst Gottes erkennen (vgl. hebr. »jada«).
Ninive ist im Bewußtsein Israels und anderer antiker Völker schon immer »Blutstadt, voll Lug und Gewalttat, wo des Raubs kein Ende ist« gewesen. Die Hauptstadt Assurs (690–612) war bereits in der Antike Symbol für menschliche Passionen, für die Leiden unterdrückter Völker und für die millionenfachen persönlichen Leiden. Ninive stand für die Erfahrung der »Hölle«.
Entsprechend der homiletischen Situation (2. Sonntag in der Passionszeit) versuche ich über die persönliche Erfahrung von Passion, von »Ninive« heute, mit den Hörern ins Gespräch zu kommen.
Ernst Lange hat mir durch sein Buch »Die verbesserliche Welt« (1. Aufl. 1968) nützliche Anregungen gegeben.

Vorschläge zur Liturgie

Lieder
Neben den einschlägigen Passionsliedern, entsprechend dem Tenor der Predigt, ausgewählte Strophen aus EG (Ausgabe Rheinland/Westfalen/Lippe): 286; 395; 409; 648; 651; 653; 658; 669; 671; 672; 674; 677.

Psalmen
Psalm 25,6; 84,6–8 a oder 86,1+2.

Eingeständnis
Gott, gern überschritten wir Grenzen, / unsere, / fremde; / gelassen und heiter, / deiner Liebe zur Welt und zu uns / gewiß.
Noch ängstigen uns / die bösen Zeichen der Zeit.

Zuspruch
Jeremia 31,13 b oder Daniel 6,27 b+28 a.

Kollektengebet
Gott, sprich du zu uns; / so werden wir / gute Zeichen. / Zeichen / deiner Liebe.

Lesung
Neben den agendarischen Texten z. B. Psalm 139,1–12+23+24.

Schlußgebet
Gott, wir glauben, / daß du aus allem, / auch aus dem Bösesten, / Gutes entstehen lassen kannst / und willst. / Dafür brauchst du Menschen, / die sich nicht fürchten, / sondern sich alle Dinge zum Besten dienen lassen.
Wir glauben, / daß du uns in jeder Notlage / die Widerstandskraft gibst, / die wir benötigen. / Du schenkst sie uns nicht im voraus, / damit wir uns nicht auf uns selbst, / sondern auf dich verlassen. / Unser Glaube nimmt uns die Furcht, / Grenzen zu überschreiten.
Wir glauben, / daß du überall auf uns wartest, / in jedem Land, / in jeder Stadt, / unter jedem Volk, / in jedem Menschen.
Amen!
(In Anlehnung an ein »Glaubensbekenntnis« von Dietrich Bonhoeffer)

Predigt

Möglicher Anfang
Ninive ist kein Ort der Vergangenheit. Ninive vergeht nicht. Was in Ninive geschieht, geschieht immer wieder. Ninive steht für die Passionen des Menschen durch die Zeiten.
Ninive verkörpert das, was wir fliehen; das, was wir fürchten; worüber wir uns empören; woran wir verzweifeln.
Die Hölle auf Erden, das ist Ninive.
In Ninive geschieht nichts, was wir mit Gott verbinden: Leben und Lieben, glücklich sein und glücklich machen, Gerechtigkeit üben und Gerechtigkeit erfahren, in Frieden mit jedem und allen leben.
Ich bitte Sie, jetzt selber Übersetzungsarbeit zu leisten. Ich weiß nicht, welche Namen Ihnen einfallen, welche Orte, welche Menschen.
Ninive steht für das, was uns krank macht: für die lähmende Trauer, die uns überfällt, wenn wir einen geliebten Menschen verloren haben; für unser Gefühl, verlassen und einsam zu sein; für unsere Erfahrung, nicht mehr gebraucht zu werden; für unsere Furcht vor schlaflosen Nächten; für unsere Niedergeschlagenheit, die der Diagnose »bösartig« oder »positiv infiziert« folgt; für die Verletzungen bei der Trennung von unserem Lebenspartner. Alles das und vieles mehr kann zu unserem persönlichen Ninive werden.

Zum weiteren Verlauf
Jona versucht zu fliehen. Ninive aber können wir nicht entfliehen. Vielleicht gelänge es uns, Ninive zeitweise zu verdrängen. Ungeachtet dessen, daß sich nicht jedes Ninive verdrängen läßt, wäre der Preis, den wir zahlten,

hoch. Wir fühlten uns elend und zögen – wie Jona – andere in unser Elend hinein. Nicht genug: Früher oder später holte Ninive uns in anderer Gestalt wieder ein. Ähnlich wie Ninive bzw. die Niniviten die »Schriftgelehrten« und »Pharisäer« durch die Antwort Jesu einholten.
Ich sehe nur einen Ausweg, und zwar den, daß wir nicht fliehen, sondern standhalten. Wir ersparen uns Abwege und Umwege.
Jona stellt sich in seinem tiefsten Elend Ninive, indem er sich an Gott wendet und erneut zum Boten bestellen läßt.
Es gibt eine Übersetzung dieses Sachverhalts in das Leben bzw. in das Sterben Jesu, die jeder von uns sofort verstehen kann: Als der Rabbi aus Nazaret sein Ninive erlebt, wendet er sich ebenfalls an Gott: »Mein Gott, mein Gott, warum hast du mich verlassen?« Er sagt »verlassen«, aber er sagt auch »du«. Ich verstehe: Jesus kann sein Kreuz, sein Sterben, sein Begraben-Werden im Schoß der Erde, nicht mit seinen Erfahrungen, mit seinen Vorstellungen von Gott in Einklang bringen, aber er spürt zugleich die Zuwendung Gottes.
Der heutige Sonntag, der zweite Sonntag in der Passionszeit, trägt den Namen »Reminiscere«, d. h.: »Gedenke, Herr ...« (nach Psalm 25,6). Gott gedachte Jona und errettete ihn aus dem Bauch des Fisches. Gott gedachte Jesus und errettete ihn aus dem Schoß der Erde. In beidem sieht Matthäus ermutigende Zeichen Gottes. Was sich zunächst wie eine Drohbotschaft anhört, verwandelt sich in eine Frohbotschaft: Gott bestellt uns nach Ninive, um uns dort zu begegnen. In dem, was wir erleiden, was andere erleiden, wartet Gott. Gott ist zwar überall. Die Welt ist voll von Zeichen seiner Herrlichkeit, Güte und Liebe. Aber er erwartet uns nicht überall. Er erwartet uns in Ninive, um uns und anderen zu neuem Leben zu verhelfen. Werden wir nach Ninive aufbrechen, wie die Königin des Südens auf Hörensagen hin aufbrach? Sie hoffte, dem weisen Salomo zu begegnen. Uns ist nicht weniger als die Begegnung mit Gott in Aussicht gestellt. Wir werden durch sie mehr gewinnen als nur Einsicht und Lebenskunst, um in und mit Ninive zu leben; wir werden Umkehr und Neuanfänge gewinnen. Oder werden wir fliehen wie Jona – zunächst – floh? Wollen wir »seine« Abwege und Umwege wagen?
Oder haben wir uns – nach längst erfolgter Flucht – bereits im Tharsus einer bequemen, weil unverbindlichen Frömmigkeit eingerichtet? Tharsus! D. h. weit abgeschieden von Ninive, weit abgeschieden von eigenen oder fremden inneren und äußeren Nöten – Schulter an Schulter mit den »Schriftgelehrten« und den »Pharisäern« von damals und von heute?
In Tharsus werden zwar Gottesdienste mit hohem liturgisch-kompositorischen Niveau und mit schriftgemäßen Predigten gefeiert, aber eben weitab von jedem Ninive, weitab von dem in jedem Ninive wartenden Gott und daher unverbindlich und ohne Belang für alle, die außerhalb von Tharsus leben. Die Frommen in Tharsus reden von Umkehr und meinen Abkehr von der Welt, von den Menschen. Sie halten Umkehr für Hinkehr zu ihrem

selbstgeschaffenen Ghetto auf dem Fundament zwanghafter Gehorsamsforderungen und selbstgenügsamer Gelehrsamkeit.
Wenn dann jemand kommt und sie bittet, wie Jona - schon der Name ist Programm (Jona - d. h. »Taube«; die Taube war in der Antike der Vogel der erotischen Liebe.) -, Helfershelfer der Liebe Gottes in Ninive zu werden, fordern sie göttliche Zeichen für die Rechtmäßigkeit dessen, was er sagt. Ihnen genügen nicht die hörbaren und unhörbaren Seufzer der in und durch Ninive leidenden Kreatur. Ihnen genügen nicht die Worte Jesu, die zeigen, daß Gottes Liebe immer noch größer ist als sein Zorn. Ihnen genügt nicht die Liebe Gottes zu den Niniviten aller Zeiten. Ihnen genügt nicht die Geschichte des Jona, der von Gott nach Ninive bestellt war, um dort der göttlichen Liebe Herz und Stimme zu verleihen. Ihnen genügt nicht die Umkehr der Niniviten. Das alles sind göttliche Zeiten. Sie aber erkennen sie nicht als solche.
In Tharsus glauben die Frommen an die Liebe Gottes zu allen Menschen, aber sie sehen nicht alle Menschen im Licht der Liebe Gottes. Sie wagen es nicht, sich im Vertrauen auf jene Liebe auf den Weg nach Ninive zu machen. Sie halten sich heraus aus den Passionen der Welt. Gott hat sich mit ihnen in Liebe verbunden, um sie wie Jona, wie Jesus zu seinen Liebesboten zu machen, sie aber brechen den Liebesbund, indem sie in ihrem Tharsus verharren.
Gott kann keine Kirche gebrauchen, die - wie »Schriftgelehrte« und »Pharisäer« aller Zeiten - nur an die weltumspannende Liebe Gottes glaubt und unter dem »Deckmantel der nur geglaubten Liebe« (J. B. Metz) die traurigen Rituale liebloser Gottesdienste zelebriert.
Gott kann keine Kirche gebrauchen, die nur an sein göttliches Mitleiden bzw. an das Mitleiden als hohe christliche Tugend glaubt und unter dem Deckmantel des nur geglaubten Mitleidens, der nur geglaubten »Sympathie«, »apathisch« in ihrem Frömmigkeitsghetto verharrt.
Ninive im Licht der Liebe Gottes sehen, bedeutet, die Welt und die Menschen von morgen nicht nur auf dem Hintergrund schlechter Erfahrungen von gestern zu sehen.
Ninive im Licht der Liebe Gottes sehen, bedeutet, das Entsetzen über das Böse, das heute in Ninive geschieht, mit der unerschütterlichen Hoffnung auf Ninives Umkehr, auf Erneuerung, auf Umkehr zu verbinden.

Möglicher Schluß
Diejenigen unter uns, die sich durch die Worte des Rabbi aus Nazaret ansprechen lassen, die sich Ninive stellen, werden dort nicht gleich den Himmel auf Erden erleben. Das - so Gott will - später. Aber sie werden es erleben, daß sich der Himmel wenigstens gelegentlich, jetzt und hier, öffnet. »Unterbrechungen« (J.B. Metz) ihrer Angst, ihrer leidvollen Erfahrungen werden sie erleben und sie werden darin göttliche Zeichen erkennen. Sie werden ihre Sehweisen und Einsichten, ihre Einstellungen

verändern. Ninive wird ihnen nicht mehr als unüberwindbar und endgültig erscheinen. Es wird für sie ein »danach« geben - auch über den Tod hinaus. Ihr Denken und Vorstellen, ihr Glaube wird sich über den Tod hinaus erweitern. Die alten Bilder prophetischer Hoffnung werden in ihre Köpfe und ihre Herzen zurückkehren und dort ihre Wirkung zeigen. Hellsichtiger geworden und immer hellsichtiger werdend, vermögen sie schon bald überall Zeichen der Liebe Gottes zu allem Lebendigen zu entdecken. Ihre Angst vor Ninive wird klein und ihre Hoffnung auf Umkehr und Erneuerung groß werden. Sie werden den Aufbruch wagen, um sich Ninive zu stellen. Und in Ninive wird Gott ihrer »gedenken« und sie werden Verwandlungen erfahren und selber zum Zeichen der Freundlichkeit und Güte und Liebe Gottes werden. Die Niniviten werden die Veränderungen an ihnen bemerken, nachdenklich werden und ins Umdenken kommen.
Diejenigen, die aufbrechen, um sich Ninive zu stellen, werden das »Jüngste Gericht« nicht mehr zu fürchten haben. Wenn es überhaupt noch stattfinden sollte, werden die Niniviten von damals und heute ihnen dort mit offenen Armen und fröhlichen Gesichtern entgegenkommen, um ihnen für ihren Liebesdienst zu danken.

Kontexte

»Nun, das Zeichen, das Christus aus lauter Gnad furschlägt und sagt: Es wird euch kein Zeichen geben werden, dann das Zeichen Jonä; da ist allein das Zeichen und sunst kein anders, und in dem Zeichen sind begriffen alle Werk und Zeichen, die wir haben und sollen haben zwischen uns und Gott bis zum jüngsten Tag; und da rüstet euch nach, dann er wird kein Werk und Zeichen aufrichten, dann sich schickt auf das Zeichen und sei das Zeichen (6) ... Christus ist das Panier, das Gott aufgerichtet hat in der ganzen Welt, das da schwebt vor aller Menschen Augen und Ohren, und das sie alle sehen; und das thut er durchs Wort, das ist die Stang, do das Panier anhangt und damit man furträgt, das es alle Leut sehen mögen, ohn daß man viel verblendt hat, daß sie es nicht haben kommen sehen. Aber offenlich ist es ausgeschrieen, daß es jedermann sehe in der ganzen Welt, daß niemand müg sagen, daß ers nicht gesehen hab; het ers aber nicht gesehen, wird es deß Schuld sein, daß er verblendt gewesen ist durch falsche Lehr, daß ers nicht hat können sehen fur ihm stehen.« (7)
Martin Luther in einer Predigt über den Text aus dem Jahr 1523 (zitiert nach EA 17).

»Würde er heute erscheinen, so würde er vielleicht den christlichen Pfarrern für lange Zeit verbieten, von ihm zu reden ... Tag für Tag, Sonntag für Sonntag sprechen unsere Kirchen von ihm, einige mehr von einem politischen Friedenskönig, andere mehr von einem himmlischen König der Herrlichkeit. Sie nennen ihn Jesus Christus und vergessen dabei, was es heißt, wenn man sagt: »Jesus Christus«. Die unglaublichste, paradoxeste Aussage, daß ein wandernder jüdischer Rabbi der Christus ist, das ist für uns etwas Natürliches geworden. (136)
Wenn wir auf das Elend unserer Welt blicken, auf ihre Bosheit, ihre Sünde, vornehmlich in diesen Tagen, die das Ende einer Weltepoche zu sein scheinen, dann

sehnen wir uns nach einem göttlichen Eingreifen, damit die Welt und ihre dämonischen Herrscher überwunden werden ... Wir sehnen uns nach einem Christus der Macht. Aber wenn er kommen und uns und unsere Welt verwandeln würde, so müßten wir den einen Preis zahlen, den wir nicht zahlen könnten: Wir müßten unsere Freiheit, unsere Menschlichkeit und unsere geistige Würde aufgeben ... Diejenigen, die von einem besseren Leben träumen und dem Kreuz auszuweichen versuchen, und diejenigen, die auf einen Christus hoffen und den Gekreuzigten meiden möchten, kennen nicht das Geheimnis Gottes und des Menschen.« (139)
Paul Tillich aus: In der Tiefe ist Wahrheit. © Walter de Gruyter, Berlin.

»Wiederum ist es nicht eigentlich das Leiden, das uns selbst entfremdet und uns das Leben raubt, sondern die Verdrängung und Verdringlichung des Leidens, die pure Leidensflucht. Nur wer selbst leidensfähig bleibt, macht nicht andere willkürlich leiden und ist auch seinerseits fähig und bereit, am Leiden anderer zu leiden und sich einzuschalten in die Befreiungskämpfe der Gequälten und Ausgebeuteten.« (56 f.)
Johann Baptist Metz aus: Jenseits bürgerlicher Religion. Matthias-Grünewald-Verlag Mainz/Chr. Kaiser Verlag, München. 4. Aufl. 1984

»In den biblischen Erzählungen und Ereignissen begegnet Gnade als sinnenhafte, geschichtlich soziale Erfahrung: in Geschichten des Aufbruchs und Auszugs, der Umwendung und Befreiung, der Nachfolge und des erhobenen Hauptes. Solche Geschichten sind nicht Ausschmückungen eines unsichtbaren Gnadengeschehens, nein, in ihnen kommt Gnade selbst zum Vorschein im geschichtlich-sozialen Leben etwa eines vertriebenen Volkes, in den Nachfolgeerfahrungen einer jungen Gemeinde, in deren Widerstandserlebnissen gegenüber den Vertretern der politischen Religion Roms z. B., in ihren Solidaritätserfahrungen mit den geringsten der Brüder. In all dem ist Gnade zu »sehen«, sie ist sichtbar-sinnenhafte Gnade. »Wer seinen Bruder sieht, sieht einen Gott«, sagt ein außerkanonisch überliefertes Jesuswort ...
Die Gnade soll nichts mit den Augen zu tun haben, nichts mit den Händen? Sind nur die Ohren begnadet, fürs Wort? Ist alles andere »profan«, nur eine Frage der Anwendung des Christentums, nicht aber ein Ort der Erfahrung seiner Gnade?
... Allzu sehr ist unser bürgerliches Christentum auf Unsichtbarkeit gegründet, auf Nichteinmischung, Nichtberührung, auf Dualismus. Und längst sind wir Meister geworden im Unsichtbarmachen ... Nennen wir die Gnade am Ende unsichtbar, damit vor allem unsere Sünde unsichtbar bleibe? Macht uns aber eine solche Unsichtbarkeit Gottes und seiner Gnade nicht tatsächlich kaputt, wie Bonhoeffer schon 1932 vermutete? ... Gnade, das ist hier nicht die Gnade, die Gott mit uns vorhat, sondern die, die wir mit uns selber haben: die trostlose Gnade der bürgerlichen Religion, billige Gnade, wie Bonhoeffer sie genannt hat. Eine Gnade, die nicht eingreift und angreift, die unser irdisch soziales Leben überwölbt, gänzlich unsinnenhaft, unsichtbar und unfaßlich und die gerade so zur Besiegelung unserer Hoffnungslosigkeit und nicht etwa zum Angeld unserer Tröstungen wird.« (78)
Ebenda.

Das Zeichen
Wenn das gekreuzte Holz / und am Holz der Hingerichtete / das Zeichen ist für die / Anwesenheit Gottes in der Welt, / dann hat der Mensch, / der das Zeichen erkennt / und diesem Gott sich gemein macht, / wenig Angenehmes / zu erwarten.
Rudolf Otto Wiemer, aus: Ernstfall. J. F. Steinkopf Verlag GmbH, Kiel.

Okuli

Annäherungen an den Predigttext Markus 12,41–44

Helmut Marschall

Der Männerkreis der Kirchengemeinde Dorum führt erstmals ein Gespräch über einen Bibeltext. Anwesend sind zehn Männer im Alter zwischen 40 und 70 Jahren. Das Gespräch beginnt sofort nach dem gemeinsamen Lesen des Textes und wird fast eine Stunde lang außerordentlich lebhaft geführt.

»Also, mir gefällt das Wort ›Gotteskasten‹ nicht, darüber bin ich gestolpert. Es ist für mich so ein Stück realitätsfremd. Ich denke mal, es geht sicherlich um den Klingelbeutel oder einen Opferkasten. Aber Gotteskasten ...«

»Und ich bin erstaunt über die Bewertung. Ich frage mich, wie Jesus eigentlich sehen kann, wer wieviel Geld in den Gotteskasten einlegt. Anscheinend ist selbstverständlich, daß Jesus dies weiß. Trotzdem frage ich: Woher?«

»Na ja, es geht um die Menge. Die Menschen haben etwas hineingelegt. Aber wieviel ist ›etwas‹? Der eine ist Millionär, legt viel hinein und merkt es dennoch kaum. Die arme Witwe gibt für ihr Verhältnis sehr viel; andere, obwohl sie sehr viel gegeben haben, geben für ihr Verhältnis wenig. So deute ich es.«

»Ja, die Frau hat alles gegeben, und die Reichen haben nicht genug gegeben.«

»Nein, ich sehe es so: Die Reichen haben von ihrem Überfluß etwas hineingelegt, die arme Frau aber hat alles hineingelegt, was sie hat. Das zeigt, daß bei einer Spende Unterschiede gemacht werden. Es kommt doch darauf an, ob ich gebe, was ich übrig habe, oder wirklich mein Letztes hergebe.«

»Es steht nicht im Verhältnis zueinander, daß die Frau ihre ganze Habe gibt, während Reiche nur geben, was sie aus dem Überfluß übrig haben. Das wird man wohl auch sehen können. Ich finde, das paßt in unsere gegenwärtige politische Situation. Ich drehe das Beispiel nur um. In der heutigen Zeit wird denen, die wenig haben, auch noch viel genommen, und die, die viel haben, bekommen noch etwas dazu! Auch in diese Richtung kann ich den Text interpretieren. Er öffnet mir den Blick auf das Verhältnis zwischen den Reicheren und Ärmeren in unserem Land und erinnert mich an ein Buch, das ich gerade lese. Es sagt, daß wir uns auf dem Weg in eine 20 : 80-

Gesellschaft befinden. Die Autoren orientieren sich am Beispiel Brasilien und schreiben: Auch dort geben die, die viel haben, wenig, und die, die sowieso schon nichts haben, müssen ihr Letztes geben, um zu überleben.«
»Aber das erlebe ich doch in unserer Gesellschaftsordnung auch häufig. Die, die weniger haben, geben sehr viel. Jemand, der nicht viel hat, weiß, was es heißt, sich um die Existenz sorgen zu müsse. Und er weiß auch, wie es jemandem geht, der noch weniger hat als er selbst. Die, die im Wohlstand leben, sagen ›Ach, ich gebe auch mal etwas ab.‹ Ja, gönnerhaft. Das ist wohl das richtige Wort.«
»Wer selber nicht sparen muß, kann ja nicht wissen, was sparen müssen bedeutet.«
»Mancher Reiche hat eben den Blick für die echte Not verloren.«
»Ich frage mich, ob die Reichen in dem Bibeltext im Glauben so gefestigt sind wie die Armen. Glauben die Reichen vielleicht nicht so fest, wie die Frau, die alles für Gott gibt? Spenden die Reichen nur, um sich in der Kirche mal blicken zu lassen? Ist der armen Witwe der liebe Gott so viel wert, daß sie bereit ist, für ihn alles zu geben, was sie hat?«
»Ich hebe das noch auf eine ganz andere Ebene. Wenn ich jetzt den Gedanken an das Geld verlasse und an die Nächstenliebe denke, an die Liebe unter Menschen überhaupt, dann sehe ich, daß es auch Menschen gibt, von denen man sagt: Du bist ja ein ganz armer Mensch, obwohl du an Geld reich bist. Aber das Gefühl für seinen Nächsten, seinen Nachbarn, vielleicht sogar für sein Kind oder für seine Frau hat er verloren. Und die menschliche Wärme, das menschliche Miteinander, das gegenseitige Verstehen und Helfen, so erlebe ich es in meinem Beruf, ist häufig bei materiell ärmeren Menschen wesentlich stärker als bei den gut gestellten. Diesen Gedanken möchte ich auf den Text übertragen und mich weniger an dem materiellen Wert festhalten, sondern eben auch an den menschlichen Werten.«
»Die Armen tun was für andere, und Reiche können sich mehr oder weniger freikaufen.«
»Doch auch dann bleibt es dabei: Was ein Armer gibt, ist immer wieder eine Menge mehr als das, was der gibt, der im Überfluß lebt.«
»Mancher Reiche geht kaum zur Kirche hin, und wenn er einmal zehn Mark gibt, dann meint er, Wunder, was er getan hat.«
»Hat der wohlhabende Mensch eigentlich Zeit für die breite Allgemeinheit? Oder muß er sich immer nur darum sorgen, seinen Überfluß noch zu mehren? Der Arme hält seine paar Kröten zusammen und sagt: Ich gebe trotzdem was, das ist meine Gabe an die Allgemeinheit. So sehe ich das. Ich sehe bei denen, die im Überfluß leben, allerdings auch viel Elend im menschlichen Bereich. Von außen sieht das oft so gut aus, aber wenn man hinter die Fassade blickt ...«
»Ja, dazu sehe ich noch, daß es in sogenannten armen Familien eine viel größere Bereitschaft gibt, füreinander einzustehen und sich füreinander einzusetzen als in den wohlhabenden Familien.«

»Da wird dann, symbolisch gesprochen, manchmal in der Not noch das letzte Stück Brot geteilt.«
»Ich muß plötzlich an die Wende 1989 zurückdenken. Wißt ihr noch, wie die Menschen in der ehemaligen DDR damals beklagten, die Solidarität der Nachbarschaften sei mit dem Mauerfall zerbrochen, weil jeder neuerdings für sich selbst nach mehr strebte? Es wurde beklagt: Der Zusammenhalt, weil alle nicht viel hatten, wurde aufgelöst durch ein Konkurrenzdenken. Ähnlich, wie wir es in den siebziger Jahren in der Bundesrepublik erlebt haben, als eine große Anonymisierung in der Gesellschaft um sich griff, weil man glaubte, den andern nicht mehr zu brauchen. Irgendwann wurde dies als schlecht erkannt, und es begann die große Suche nach neuer menschlicher Wärme.«
Es entspinnt an dieser Stelle ein sehr lebhaftes Zwischengespräch über die mangelnde menschliche Wärme und die zunehmende Verrohung unter den Menschen in unserer Zeit. Nach Ansicht der Diskussionsrunde sei dieser Mangel an Wärme und die Verrohung bis hinein in die Familie u. a. auch auf den hohen Lebensstandard und den damit verbundenen Leistungsdruck im Deutschland der Gegenwart zurückzuführen.
Im Verhältnis zu den hohen Gewinnen, die in der Wirtschaft nach wie vor erzielt werden, bleibt es jedoch ein Warnsignal, »... um auf den Bibeltext zurückzukommen, daß es Rentnerinnen gibt, deren Renten kaum zum Leben reichen.«
»Und wie viele Menschen haben keine Wohnung. Wenn einer vor meiner Tür stände und bei mir schlafen wollte, – ich würde ihm zu essen und trinken geben. Allerdings muß ich vor mir selbst zugeben: Ich würde ihn in meinem Haus nicht übernachten lassen.«
»Aber hat das jetzt noch mit unserem Bibeltext zu tun?«
»Es geht in der Geschichte doch um das Thema ›Arm – Reich‹. Und mit dem Thema ›Arm – Reich‹ kann ich mich doch nur im Blick auf die gesellschaftlichen Strukturen befassen!«
»Wenn ich vom materiellen ›Arm und Reich‹ gedanklich zum ›Arm und Reich‹ an menschlicher Wärme komme, dann muß ich doch bei der Frage landen: Wieviel kann ich Mensch persönlich dem anderen aus meinem Inneren an menschlicher Wärme geben?«
»Nun ist dies ja eine der wenigen biblischen Geschichten, in denen Jesus sich um Geld kümmert. Wo komme ich denn in dieser Geschichte vor? Bin ich bei den Reichen oder bei der armen Frau? Da wird die Geschichte auch unbequem für uns.«
»Grundsätzlich bin ich eingeordnet, weil ich Kirchensteuer zahlen muß. Ich kann freiwillig geben, aber ich muß als Kirchenmitglied immer auch zwangsläufig geben.«
»Darum ist mir der finanzielle Aspekt der Geschichte auch nicht unbequem. Wenn ich mich fragen würde: Wo gehöre ich denn da hin, dann müßte ich sagen: Nun gut, ich gehöre in die Mittelschicht; irgendwo dazwi-

schen. Mir geht es gut, und ich habe einiges, was ich abgeben könnte. Nur dazu gehört auch eine gewisse Geberfreude und eine innere Einstellung zum Geben wollen.«

»Ja, die Einstellung, das ist das Fragezeichen an diesem Text. Kann auch ich meinen ganzen Besitz geben? Ich glaube, das könnte ich nicht. Andererseits sagen viele Reiche vermutlich: Ich bin gar nicht reich. Es gibt noch viele andere, die sind tausendmal reicher als ich! Die Einstellung zum Geld ist für mich die Anfrage aus diesem Text. Nicht zufällig vermeidet es Jesus, nach dieser Geschichte eine Lehre zu erteilen. Er sagt nicht: So oder so sollt ihr es machen! Er zeigt nur dorthin und fragt: Habt ihr das gesehen? Mich führt diese Frage zum Thema »Geiz«. Geiz ist etwas ganz Schlimmes! Also jetzt erst recht: Wo stehe ich hier in der Geschichte?«

»Ich würde, ehrlich, auch von meinem Überfluß geben - und mehr nicht. Ich glaube, da hat auch jeder von uns seine Grenze im Geldbeutel. Ich habe meine finanziellen Zwänge, trage Verantwortung für die Familie. Die verfügbare Masse ist gering, von der ich wirklich abgeben kann.«

»Das Handeln der Witwe kann man also gar nicht hoch genug einordnen. Eine völlig mittellose Frau gibt alles. Morgen wird sie wahrscheinlich gar nichts zum Leben haben.«

»Wenn jemand solches tut, steckt dahinter eine tiefe Überzeugung. Und dann stellt sich wiederum die Frage: Warum tut sie so etwas? Ist es der Glaube, oder was ist es?«

»Es kann der Glaube sein. Oder sie will sich freikaufen von irgend etwas!«

»Noch eine Frage: Hier wird Geld in den Klingelbeutel gelegt: Wofür ist es? Im Gottesdienst weiß ich, wofür ich Geld gebe. Wofür, für wen macht das die Frau? Hilft sie jemandem, wird es für einen bestimmten Zweck gebraucht? Es muß etwas geben, was die Frau so überzeugt hat, daß sie alles gibt.«

»Vermutlich ist das Geld für den Tempel, oder?«

»Tue ich das für Gott? Um mich ihm angenehm zu machen? Wenn ich viel hineinlege, bin ich bei Gott besser angesehen als jemand, der nur ganz wenig gibt. Dann wird dies ja eine ganz andere Geschichte - nichts Soziales mehr ist wichtig, sondern allein die Opfergabe, für die ich von Gott eine Gegenleistung erhalte. Da muß ich aber an die Ablaßgeschichte und Martin Luther denken!«

Zum Gottesdienst

Jürgen Rogler

Exegetisch-homiletische Skizze

Erklärung des Textes

Die Gesprächsteilnehmer der »Annäherungen« stießen auf eine ganze Reihe von Fragen, die durch die Knappheit der Szene aufkommen. Dies erklärt sich durch die literarische Gattung des Textes. Es handelt sich um eine ideale Szene, deren erzählerischer Teil ganz auf das Jesuswort am Schluß ausgerichtet ist. Dabei »beschränkt sich der Erzähler auf den für ihn wesentlichen Gegensatz von den vielen Reichen und der armen Witwe und läßt Plausibilitätsgründe als uninteressante Details beiseite (Gnilka, Seite 176).« Es liegt somit an der literarischen Gattung, daß unser Textstück mitunter auch unwahrscheinliche Züge enthält: Wie konnte Jesus auf Anhieb die Vermögensverhältnisse der Witwe erkennen? Wie konnte er genau die Summe der Gabe erkennen? Auch, daß sich Jesus im Tempelvorhof hinsetzt, obwohl dies als unangemessen galt, spielt in der idealen Szene keine Rolle. Die historische Exegese kann zwar einiges an Hintergrundwissen bereitstellen, aber die offen gelassenen Details nicht alle ergänzen. Mit einigen offenen Fragen werden wir bei der Predigtvorbereitung leben müssen.

Beim Ort der Handlung können wir an den Verhof der Frauen im Tempel von Jerusalem denken. An einer Seite des Vorhofs gab es eine für die Öffentlichkeit zugängliche Schatzkammer, in der 13 posaunenförmige Opferkästen aufgestellt waren. Den Begriff »Gotteskasten« würde ich bei der Übersetzung des Predigttextes vermeiden. Das Wort γαζοφυλάκιον kann »Schatzkammer« heißen, aber auch einfach »Opferkasten«. Der 13. Opferkasten war für freiwillige Gaben bestimmt. Wer etwas gab, überreichte das Geld einem Priester und gab dabei den Spendenzweck an. Der Priester stellte dabei die Höhe des Betrages fest und gab sie bekannt. So würde sich erklären, wie Jesus die jeweiligen Geldsummen erfahren haben könnte. Offen wäre dann, für welchen Zweck die Witwe das Geld gab. Drewermann allerdings ist der Ansicht, Jesus setzte sich an den Opferkasten, der am Tempeleingang stand und in den die Almosen für die Armen geworfen wurden (Drewermann, Seite 323). Beide Möglichkeiten sind denkbar und bei beiden bleiben ungeklärte Details.

Markus gibt die Höhe des Geldbetrages der Witwe in griechischer Währung an: 2 Lepta und übersetzt noch in die entsprechende römische Währung: 1 Quadrans. Beide Währungen galten im jüdischen Tempelbezirk nicht, sondern das eigene Tempelgeld, die Peruta. Die Summe ist in der Szene von Bedeutung, deshalb ist es wichtig, eine Vorstellung von ihr zu bekommen. In etwa ergaben 66,6 Quadranten einen römischen Denar, der

der Arbeitslohn eines Tagelöhners für einen Tag war (Matthäus 20,9). Der Betrag, den die Witwe gab, entsprach also 1/66 eines Tagelohns. Ich versuche, den Betrag in unsere Zeit zu übertragen und komme, je nach Ausbeutungssituation von Billiglohnkräften, auf ca. 80–120 Pfennige, dem Wert von 2–3 Brötchen.
Der Aufbau der Szene konzentriert sich auf den Gegensatz reich – arm und weist eine Steigerung zum Schluß hin auf: viel – mehr – alles. Das »Alles« am Schluß wird sogar doppelt ausgedrückt: »alles, was sie hat« und: »ihren ganzen Lebensunterhalt«. Die Gesprächsteilnehmer in den »Annäherungen« konzentrieren sich stark auf das Thema »Arme – Reiche« und die Verhältnismäßigkeit des Gebens. Dies führt unweigerlich zu der Frage, wie ich mich selbst zwischen arm und reich einzuordnen habe. Führt die Szene zu der ethischen Forderung, ähnlich wie die Witwe »alles« zu geben? Die Antwort ergibt sich für mich aus der Stellung der Szene im Kontext des Markusevangeliums und im Kontext der Predigt Jesu.

Theologische Aussagen

Der ethische Aspekt der Geschichte kann aufgrund folgender Beobachtungen in den Hintergrund treten: Am Ende der Szene steht keine zusammenfassende Lehre Jesu, wie sie in einigen Gleichnissen (z. B. barmherziger Samariter, Lukas 10,37) vorkommt. Ein Nachvollzug der Tat der Witwe in Form totalen Besitzverzichts wäre als allgemeine Ethik auch nicht nachvollziehbar. Drewermann schreibt über Leo Tolstoi, der die Geschichte von Markus 12 wörtlich für sein Leben umsetzen wollte, er habe »sich ein halbes Leben lang gequält (Seite 327)«.
Die Witwe ist aber ein Beispiel gelebten Gottvertrauens, von dem Jesus gelehrt und gepredigt hat. An ihr ist anschaubar, was es heißt, sich nicht zu sorgen (Matthäus 6,31), von Gott das tägliche Brot zu erwarten (Matthäus 6,11) oder arm zu sein und das Himmelreich vor Augen zu haben (Matthäus 5,3). »Jesus sah die Witwe und weist auf sie hin, jede Anweisung fehlt. Es geht ihm nicht um Quantitäten und nicht um eine nachvollziehbare Moral. Er sieht ein Beispiel des Gottvertrauens und fordert die Seinen zur Betrachtung auf ... Dem unvorstellbaren Gottvertrauen wird am ehesten die Betrachtung gerecht (Mössinger, Seite 175)«.
Jesus selbst tut dies an der Schwelle zu seiner Passion. Er setzt sich hin und sieht zu. Und: Er erkennt sich selbst in der Witwe wieder. Die Szene von der Witwe steht im Markusevangelium am Ende der Lehre Jesu. Sie, die alles gibt, was sie hat, ist Gegenbild zu den Schriftgelehrten, die Jesus angreift und von ihnen sagt: »Sie fressen die Häuser der Witwen (Markus 12,39). Der Lehrer Jesus dagegen wird in seiner Passion den Weg der Witwe gehen und ebenfalls alles geben. »Am Schluß der Lehre werden so die Bedingungen für die Glaubwürdigkeit rechten Lehrens genannt (Berger, Seite 275)«. Der Kommentar Jesu ὅλον τὸν βίον meint natürlich: »ihren ganzen Lebensunterhalt.« Auf Jesu Passion bezogen können wir βίος aber

auch wörtlich nehmen und lesen: »Sie gab ihr ganzes Leben«. Jesus sieht in der Tat der armen Frau seinen eigenen Weg an, der vor ihm liegt. Kurze Zeit später wird er in Betanien von einer unbekannten Frau gesalbt. Beide Taten dienen Jesus zu seiner Bestärkung: »Sie hat ein gutes Werk an mir getan (Markus 14,6)«.
Die Funktion der Szene liegt deshalb für mich in der »Erbauung« im ursprünglichen Sinn. Nicht nachvollziehen sollen die HörerInnen das, was erzählt wird, sondern wie Jesus es ansehen und sich ermutigen und bestärken lassen im eigenen Glauben und Gottvertrauen. Deshalb hat diese ideale Szene auch eine große Nähe zum Märchen von den Sterntalern. Ein so glückliches Ende wird von der Tat der Witwe nicht erzählt. Aber wichtig ist, daß sie gesehen wird von Jesus und damit von Gott selbst. Die Zusagen aus Psalm 34, der dem Sonntag Okuli zugeordnet ist, finden hier ihre Entsprechung: daß Gottes Augen den Gerechten sehen und daß Gott denen nahe ist, die zerbrochenen Herzens sind.

Schlußfolgerungen für die Predigt
Die bisherigen Überlegungen helfen die verschiedenen Aspekte und Themenkreise des Textes zu sortieren. Die Annäherungen zeigen, daß sich für die Hörerinnen die Themen Armut – Reichtum und die Verhältnismäßigkeit des Gebens (auch menschlicher Wärme) aufdrängen. Die Gefahr bei diesen Themen ist, daß die Einordnungen in der Regel zu pauschal ausfallen. Wer ist denn reich und wer ist arm (siehe Kontexte Nr. 1)? Aufgabe der Predigt ist es daher, diese Themen anzusprechen, aber auch deutlich zu machen: Es geht nicht um eine ethische Forderung. Dabei kann das Beispiel von Leo Tolstoi erzählt werden. Allenfalls kann das Gottvertrauen der Witwe, ihre Hingabe, ihre Liebe zu Gott für uns Vorbild und Ansporn sein. Dennoch hat die Szene in ihrem jetzigen Kontext nicht die Funktion einer Ermahnung, und jede Predigt sollte das beachten.
Wenn es um Identifikationen der HörerInnen mit Personen aus der Geschichte geht, ist diese Person am ehesten Jesus selbst, der sich Zeit nimmt, um die Menschen im Tempel zu sehen und zu beobachten. Um dieses Sehen Jesu nachvollziehen zu können, schildere ich erzählend die Situation in Jerusalem, die bereits ihre Vorzeichen der Passion erkennen läßt: Tempelreinigung, Streitgespräche usw. mit den Erwähnungen der Tötungsabsicht (Markus 11,18; 12,12; 12,13). Mit Jesus das Unscheinbare sehen, das aber gleichzeitig das Besondere ist. Daß die anderen viel in Opferkasten werfen, das ist Alltag. Daß aber ein Mensch wenig gibt und damit gleichzeitig alles, das ist das Besondere. Solches zu sehen ist die Kunst. Deshalb regt der Predigttext an, ähnlich Unscheinbares auch bei uns zu sehen und zu entdecken. Die Predigt kann dafür Raum lassen oder eigene Beispiele erzählen. Dabei kann es durchaus um Hingabe und Selbstvergessenheit auf anderen Gebieten als auf dem des Geldes gehen.

Der Sinn solchen Sehens ist die Erbauung. Sich an dem Entdeckten erfreuen, sich ermutigen lassen von dem, was an Gutem geschieht, das ist für Jesus in seiner Passion wichtig. Wir können nicht alles, was andere fertigbringen, für uns zum Maßstab nehmen. Das brauchen wir auch nicht. Aber es beachten und sich davon ermutigen oder anders ausgedrückt »erbauen« zu lassen, ist schon sehr viel. Das schließt natürlich nicht auch Konsequenzen für unser Handeln und für unsere Lebensentscheidungen aus.
Über allem steht die Zusage Gottes, daß solches Vertrauen und solche Selbstvergessenheit, wie die Witwe sie durch ihre Tat zeigt, von Gott gesehen wird. Dann fallen nicht immer sofort die Sterne als Goldtaler vom Himmel. Aber die unscheinbare und nach menschlichen Maßstäben geringe oder sogar sinnlose Handlung wird im Raum Gottes, dem Himmel, gesehen und nicht vergessen. So wird die Geschiche für uns zum Hoffnungstext.

Vorschläge zur Liturgie

Lieder
All eure Sorgen: EG, Regionalteil für Bayern und Thüringen: 631
Fürchte dich nicht: EG, Regionalteil für Bayern und Thüringen: 630
Gott liebt diese Welt: EG 409
In allen meinen Taten: EG 368
Meine Hoffnung und meine Freude: EG, Regionalteil für Bayern und Thüringen: 697
Selig seid ihr, wenn ihr einfach lebt: EG, Regionalteil für Bayern und Thüringen: 644
Von Gott will ich nicht lassen: EG 365

Eingangsgebet
An diesem Morgen sind wir in dein Haus gekommen, Gott der Güte. Wir haben Zeit und dürfen aufatmen. Was uns ängstigt und sorgt, wollen wir dir anvertrauen und hoffen auf deine Hilfe. So wollen wir zusammen danken, singen und hören. Gib uns dazu deinen Geist und deinen Segen. Das bitten wir dich durch Jesus Christus, der mit dir und dem Heiligen Geist lebt und Leben schenkt jetzt und allezeit.

Alternatives Eingangsgebet
Du, unser Schatz, zieh unsere Herzen zu dir.
So werden wir freikommen von unserer Angst um uns selbst
und frei werden, nach dir zu trachten.
nach: Liturgieentwürfe für das Kirchenjahr, Hrsg.: Beratungsstele für Gestaltung von Gottesdiensten, Frankfurt 1985, Seite 316.

Sündenbekenntnis – Aufforderung zum Kyrie

Wir feiern miteinander Gottesdienst und denken daran, was wir Gott alles verdanken: unser Leben, alles, was wir haben an Gütern und alle Menschen, die für uns da sind. Frei könnten wir sein vor der Angst, zu kurz zu kommen. Doch immer wieder halten wir ängstlich fest, was wir besitzen und sorgen uns mehr um uns selbst als um die Menschen, denen wir begegnen. Darum wenden wir uns zu Gott, wollen uns vergeben und ermutigen lassen und bitten, unser Vertrauen zu stärken. So rufen wir gemeinsam: Kyrie eleison.

Alternatives Sündenbekenntnis

Du, Gott, schenkst uns die Sorglosigkeit, die unser Leben reich macht. Wir aber trauen uns nicht. Wir trauen dir nicht. Wir sichern unser Leben nach allen Seiten und werden doch ängstlich und arm. Wir sind nicht mehr imstande, das Wagnis des Lebens einzugehen: Vertrauen zu wagen.

nach: Liturgieentwürfe für das Kirchenjahr, Hrsg.: Beratungsstelle für Gestaltung von Gottesdiensten, Frankfurt 1985, Seite 320

Gnadenzusage nach Psalm 34

Gott ist nahe denen, die zerbrochenen Herzens sind, hilft denen, die ein zerschlagenes Gemüt haben und erlöst das Leben derer, die ihm dienen, und alle, die auf ihn vertrauen, werden frei von Schuld. Das schenke Gott uns allen. Amen

Fürbittengebet

SprecherIn 1: Laßt uns beten. Nach jeder Fürbitte sprechen wir gemeinsam: »Wir rufen zu dir: Sorge für sie!«
Gott, du hast uns geschaffen und sorgst für unser Leben. Dir wollen wir alles anvertrauen, was uns zur Last geworden ist.
SprecherIn 2: Wir bitten dich für alle, die nicht wissen, wie sie ihre Arbeit schaffen sollen. Wir bitten dich auch für die Männer und Frauen, die andere pflegen und versorgen und sich dabei verausgaben. Wir rufen zu dir: Sorge für sie!
SprecherIn 1: Wir bitten dich für die Menschen, die zur Zeit arbeitslos sind und deren Lebensunterhalt nicht mehr gesichert ist. Wir bitten dich auch für alle Schülerinnen und Schüler, die vor dem Abschluß stehen und deren beruflicher Weg noch unbekannt ist. Wir rufen zu dir: Sorge für sie!
SprecherIn 2: Wir bitten dich für alle Paare, die die Zukunft ihrer Beziehung nicht mehr klar sehen. Wir bitten dich auch für alle, die im Streit miteinander liegen und keinen Weg der Versöhnung mehr sehen. Wir rufen zu dir: Sorge für sie!
SprecherIn 1: Wir bitten dich für alle Kranken, die durch ihre Krankheit verunsichert sind. Wir bitten dich auch für alle, die einen lieben Menschen

verloren haben und nicht mehr wissen, wie es für sie weitergehen soll. Wir rufen zu dir: Sorge für sie!
SprecherIn 2: Wir bitten dich für alle, die Schwierigkeiten haben, Wesentliches von Unwesentlichem zu unterscheiden. Wir bitten dich auch für alle, die wichtige Entscheidungen für ihren Lebensweg zu fällen haben. Wir rufen zu dir: Sorge für sie!
SprecherIn 1: In der Stille bringen wir unsere persönlichen Bitten vor Gott (Pause). Alles, was uns auf dem Herzen liegt, fassen wir in dem Gebet zusammen, das Jesus uns gegeben hat und sprechen miteinander: Vater unser ...
Abgeänderte Fassung des Fürbittengebets aus Werkstatt für Liturgie und Predigt 7/97, Seite 282

Vorschlag zur Predigt

Möglicher Anfang
Jesus in Jerusalem. Die Stadt bereitet sich auf das Passafest vor. Pilger aus allen Teilen der Welt treffen in der Stadt ein, um im Tempel ein Opfer zu bringen und zu beten. Die Stadt summt und brodelt. Auch Jesus und seine Jünger sind in die Stadt gekommen. Nicht lange ist es her, seit Jesus auf einem Esel durch das Stadttor ritt, eine große Menschenmenge begleitete und begrüßte ihn. »Hosianna, gelobt sei, der da kommt im Namen des Herrn!« In der Stadt kam es zu aufsehenerregenden Szenen. Jesus vertrieb die Händler und Wechsler aus dem Tempelbereich. Streitgespräche finden statt zwischen Jesus und den religiösen Führern. Sie haben längst beschlossen, ihn ergreifen und töten zu lassen. Denn sie fürchten seine Vollmacht, die ihre Autorität angreift und untergräbt. Die Spannung wächst. Man ahnt, lange wird es nicht mehr dauern, bis sie ihn gefangennehmen, bis seine Passion beginnt.
Und mitten in dieser gespannten Situation geht Jesus wieder einmal in den Tempel. Er begibt sich in den großen Vorhof, der von weiten Säulengängen umgeben ist. Seine Jünger sind auch in der Nähe, sie haben sich in dem bunten Treiben des Vorhofs ein wenig verstreut. Viele Menschen kommen und gehen. Schriftgelehrte und Priester, aber auch einfache Leute, Reiche und Arme, Männer, Frauen, Kinder. Es ist nicht leicht, die Übersicht zu bewahren. An einer Seite des Vorhofs befindet sich die Schatzkammer, in der posaunenförmige Opferkästen stehen. Hier sucht sich Jesus einen Platz und nimmt sich Zeit, die Menschen zu beobachten und zu sehen, was sie tun.
Lesen des Predigttextes Markus 12,41–43.
Eine Szene am Rande, liebe Gemeinde. Hier geschieht anscheinend nichts Bedeutendes, es geht um nicht viel. Eine Szene, die bald in den Hintergrund treten wird angesichts der Geschehnisse, die bald darauf folgen: Wie

Jesus verraten wird, gefangengenommen, verhört und schließlich ans Kreuz gebracht. Und doch eine Szene, die dem Evangelisten wichtig war zu überliefern. Was hat es auf sich mit der Witwe und Jesus, der sie so genau ansieht und ihr Tun würdigt?
Erklärung der Geldbeträge (siehe exegetisch-homletische Skizze). Sie gab alles, was sie noch hatte, ihren ganzen Lebensunterhalt. Im griechischen Text heißt es sogar wörtlich: »ihr ganzes Leben«.

Stichworte zur Weiterführung
Motivationen des Handelns der Witwe durchspielen. Warum behielt die Witwe nicht eine der beiden Münzen zurück? War es Selbstaufgabe wie bei der Witwe von Zarpat im 1. Königsbuch? Oder gab sie alles, weil der Tempel für sie ein Ort des Trostes und der Nähe Gottes war? Oder tat sie es ohne besondere Absicht, aus einem sorglosen Gottvertrauen heraus?
Erinnerung an Jesu Predigt über solches Gottvertrauen: Matthäus 5,3. Erinnerung an das Märchen von den Sterntalern. Von dem Mädchen heißt es: »Es war aber gut und fromm ...« (siehe Kontexte Nr. 4). Erinnerung an das Vaterunser: »Unser tägliches Brot gib uns heute«. Fazit: Jesus findet all das, was er gesagt und gepredigt hat, in dieser kleinen unscheinbaren Tat der Witwe im Tempel wieder. Und Jesus bemerkt es und freut sich darüber. Bedeutung der Szene für die Witwe. Sie bleibt namenlos und unbekannt. Auch die Sterne fallen nicht vom Himmel. Aber Jesus macht seine Jünger auf sie aufmerksam und schätzt ihre Gabe hoch ein. Ohne es zu wissen, erfährt die Frau die Nähe von Jesus und damit Gottes Nähe.
Wie gilt das Wort Jesu für uns heute? Wir geben auch nur aus dem Überfluß, nicht aber alles. Erwähnung von Leo Tolstoi und wie er sich mit der Geschichte von der Witwe quälte (Kontexte Nr. 3). Der Schlüssel zum Verständnis: In der beginnenden Passionsgeschichte erkennt sich Jesus selbst in der Witwe. Was sie tut, weist voraus auf sein Leiden, dem er entgegengeht. So wird diese arme Witwe Jesus getröstet und bestärkt haben. Ähnlich wie die unbekannte Frau aus Betanien, die ihn kurz vor der Gefangennahme mit Salböl salbte. Ein Zeichen Gottes in der schweren Zeit. Ein Zeichen, das sagt: Du bist nicht allein.

Möglicher Schluß
So wird die Geschichte für mich zur Einladung, diese turbulente Welt und ihre Menschen anzusehen. Und dann die Taten zu entdecken, in denen sich Vertrauen auf Gott spiegelt. Oft sind es nur unscheinbare Taten von einfachen Menschen. Taten, die nicht in den Zeitungen stehen, die keine Öffentlichkeit finden und oft genug auch keine Beachtung. Da pflegt ein Mensch einen anderen, obwohl er selbst am Rand der Erschöpfung ist. Da nimmt eine Großmutter ein Enkelkind bei sich auf, obwohl sie eigentlich nicht mehr die Nerven hat, in ihrem Alter noch ein Kind großzuziehen. Da gibt ein Mann eine Spende für einen guten Zweck, obwohl er selbst arbeitslos

ist und nicht viel besitzt. Die Spende ist beachtlich, aber er gibt sie bescheiden und von Herzen. Da sind Menschen in unserer Nähe, die viel geben oder sich einer Aufgabe hingeben. Mögen wir in dieser Passionszeit Augen haben für sie, wie Jesus sie hatte. Mögen wir wie Jesus das Gottvertrauen entdecken, das sich in solchen Taten ausdrückt. Und schließlich: Mögen wir wie Jesus uns daran freuen und daran wachsen für die Aufgaben, die wir selbst haben oder auf uns nehmen.

Kontexte

1. »... Die privaten Haushalte haben 1996 ihr Geldvermögen auf fast fünf Billionen DM aufgestockt. Das sind 241 Mrd. DM mehr als 1995, wie das Deutsche Institut für Wirtschaftsforschung (DIW/Berlin) mitteilte. Rein rechnerisch hat damit jeder Privataushalt 135 000 DM (1995: 128 000 DM) auf der hohen Kante. Hinter diesem Mittelwert steht allerdings eine ›beträchtliche Streuung‹, so das DIW. Für gut verdienende Haushalte von Selbständigen, höheren Angestellten und Beamten werden Zinsen und Dividenden aus Kapitalanlagen ein immer stärkeres Standbein des Lebensunterhalts ... (Aus: Nürnberger Nachrichten vom 31. Juli 1997, Seite 8).«

2. »Immer mehr Menschen spenden – trotz nachlassender Konjunktur! ... Die Spendenbereitschaft der Deutschen für humane und karitative Zwecke ist nach Angaben des ›Deutschen Zentralinstituts für soziale Fragen‹ auf hohem Niveau stabil. ›Von Spendenmüdigkeit kann keine Rede sein‹, sagte Burkhard Wilke von dem Berliner Institut bei der Präsentation der neuesten Spenden-Bilanz. Der leichte Rückgang von insgesamt 4,1 Milliarden Mark Spenden 1994 auf vier Milliarden Mark 1995 ist gestoppt. Für 1996 läßt sich sogar ein bescheidener Zuwachs ausmachen ... Daß es in diesen Zeiten hoher Arbeitslosigkeit und geringen wirtschaftlichen Wachstums überhaupt zu einer Steigerung der Spendenergebnisse gekommen ist, ist wahrlich nicht selbstverständlich. Eine weitere bemerkenswerte Entwicklung ... ist der Umstand, daß die Zahl der Spender zunimmt, während die Höhe der einzelnen Spenden sinkt ... (Aus: Sonntagsblatt – Evangelische Wochenzeitung für Bayern vom 3. August 1997).«

3. »Menschen wie die Witwe aus diesem Evangelium sterben niemals aus; und so geschah es, daß der Zimmermann Simeon, mit dem Tolstoi Holz zu sägen pflegte, ohne jede Absicht, einfach durch sein Tun, das Leben des Grafen und Großgrundbesitzers Tolstoi von Grund auf veränderte. Sie gingen in Moskau über die Dragomilow-Brücke, als sie einem Bettler begegneten. Da zog der arme Zimmermann ein Dreikopekenstück aus der Tasche, gab es dem Bettler und erbat zwei Kopeken zurück. Der Bettler hatte nur eine Kopeke. Die wollte der Zimmermann nehmen, besann sich aber, gab sie dem armen Greis zurück, zog die Mütze, bekreuzigte sich und ging weiter. Tolstoi gab zwanzig Kopeken. Darauf ging er ›in echt russischer‹ Seelenauslotung mit sich zu Rate. ›Wenn der Zimmermann, dessen Barschaft sechseinhalb Rubel betrug, drei Kopeken schenkte, so hätte ich, im Besitz von 600 000 Rubeln, dem Bettler 3 000 Rubel reichen müssen und ihn bitten, mir 2 000 wiederzugeben. Trenne ich mich auch von 100 000 Rubeln, so bin ich noch nicht in der Lage, wirklich Gutes zu tun, denn mir verbleiben immer noch 500 000.‹ Er ergeht sich in wüsten Selbstanklagen: ›Ich bin ein ganz von Kräften gekommener, zu nichts

tauglicher Parasit. Ich bin die Laus, die die Blätter des Baumes abnagt.‹« (aus: Eugen Drewermann, Das Markusevangelium, zweiter Teil, 1989, Seite 328 © Walter Verlag AG, Zürich u. Düsseldorf).

4. »Es war einmal ein kleines Mädchen, dem war Vater und Mutter gestorben, und es war so arm, daß es kein Kämmerchen mehr hatte, darin zu wohnen und kein Bettchen mehr, darin zu schlafen und endlich gar nichts mehr als die Kleider auf dem Leib und ein Stückchen Brot in der Hand. Es war aber gut und fromm. Und weil es so von aller Welt verlassen war, ging es im Vertrauen auf den lieben Gott hinaus ins Feld ... (Aus: Die Sterntaler, Deutsche Märchen, Insel-Verlag 1979, Seite 93).«

Literatur:

Borchers, Elisabeth/Koeppen, Wolfgang (Hrsg.): Deutsche Märchen, Frankfurt a. Main 1979; Gnilka, Joachim: Das Evangelium nach Markus, EKK II/2, Neukirchen-Vluyn 1979; Grundmann, Walter: Das Evangelium nach Markus, 9. Aufl., Berlin 1984; Drewermann, Eugen: Das Markusevangelium, zweiter Teil, Olten 1988; Mössinger, Richard: 3. So. d. Passionszeit (Okuli) in: Calwer Predigthilfen, Reihe III, 1. Halbband, Stuttgart 1992; Preuß, Horst Dietrich und Berger, Klaus: Bibelkunde des Alten und Neuen Testaments; Bd. 2 Neues Testament, Heidelberg 1980.

Laetare

Annäherungen an den Predigttext Johannes 6,55-65

Bärbel Schäfer-Goetz

Die Gruppe bestand aus 8 Erwachsenen im Alter um 40 Jahre, ein Mann war jünger, eine Frau älter. Die Gruppe gehört zur Kerngemeinde, ist kirchlich interessiert und engagiert, aber ohne große theologische und biblische Kenntnisse.
Ich wähle als Gesprächsmethode einen Zugang nach dem Buch von Timm Schramm/Hermann Barth »Selbsterfahrung mit der Bibel«. Aus dem Kapitel »Stufentechnik« gewinne ich konkrete Anregungen, das Gruppengespräch zu gestalten. (Siehe unten: Anmerkung)

Der biblische Text ist in meinen Ohren sehr spröde und schwer verständlich.
Ich befürchte, daß es die Hörenden erschlägt.
»Sie werden lachen – die Bibel.« Dieser Buchtitel, bzw. die Intention des Buches, die sich in dem Titel spiegelt und im Vorwort erläutert wird, schien mir geeignet, einem unbefangenen neugierigen Umgang mit dem Text anzuregen.
»Wir wollen sie (die Bibel) ... aufschlagen für alle Menschen, die mit Aufmerksamkeit auf die Zusammenhänge zwischen Geschehenem und Geschehendem achten und sich unbefangen und freimütig auf eine Entdekkungsreise durch die Bibel begeben möchten ... Erst in ihrer Zielrichtung auf alle Menschen, auf Internationalität und Universalität kommt die Bibel zur vollen Entfaltung.«

Nach diesen einführenden Worten lese ich den Text vor.
Ich bitte die Hörenden, zuerst zu äußern, was sie gehört haben. Welche Worte, Substantive, Verben. Eine erste Bestandsaufnahme. (Stufe 1: Wahrnehmen)
Stille.
Erste Antwort: »Abendmahl«. Nicken, beifälliges Murmeln.
»Blut«, »rechte Speise«, »harte Worte, »ewiges Leben«, »Geist«, »Auferstehung«, »Er hat Wissensvorsprung vor den Jüngern«.
Dies sind bereits Assoziationen, Gedanken zum Text.

(Stufe 3: Einfälle sammeln)
Mehr Äußerungen zur Bestandsaufnahme kommen nicht. Sie mischten sich bereits mit einer weiteren Stufe.
So bitte ich die Hörenden, nun eben ihre Gedanken, Ideen, Gedankenblitze zu äußern.
Ich weise darauf hin, daß bereits einige bisherige Antworten über die reine »Bestandsaufnahme« hinausgingen: Das Wort »Abendmahl« z.B. ist im Text nicht genannt, klingt aber an.
Nun werden Fragen gestellt:
»Was heißt das: Zu ihm kommen durch den Vater?« »Was gibt der Vater, V. 65?« »Wer ist mit den Vätern gemeint?«
»Es geht um den Glauben, daß wir Sinn finden im Leben. Die tiefere Bedeutung des Lebens erkennen.« »Das Fleisch ist nichts nütze, der Geist macht lebendig.«
Wieder eine Frage: »Wieso heißt es einmal, das Fleisch ist nichts nütze, und ein andermal: es sei die rechte Speise?«
Die Gruppe antwortet untereinander: »Das eine mal ist unser Fleisch gemeint, das andere mal Jesu Fleisch.«
Der Wissensvorsprung Jesu wird nochmal zur Sprache gebracht. Er rede hier so, als wüßte er sein ganzes Leben voraus.
Aber: »Wir hier, wir haben auch einen Wissensvorsprung vor den Jüngern! Wir wissen, wie es weiterging, wir wissen um seinen Tod, um die Auferstehung, um Pfingsten. Das wissen die Jünger nicht. Deswegen ist es für sie eine ›harte Rede‹.«
»Was heißt aber harte Rede? Ist sie ein Ärgernis oder einfach schwer zu verstehen?«
Neue Fragestellung, dritte Stufe in unserem Gespräch:
Ich bitte die Gruppe, ihre Gefühle zu nennen. »Was haben Sie empfunden, als sie den Text hörten?«
Schweigen. Keine Gefühle, keine Empfindungen.
»Es geht um Symbole.« »Es geht um Wissen. Nicht um gefühle.«
Der Text freut nicht, ärgert nicht, berührt nicht. Er regt an zur Diskussion, zum Fragen.
Ich stelle nun selber Fragen. Will nachbohren. Lese die ersten Verse nochmal. »Wie verstehen Sie sie?«
»Es geht um Nachfolge.« »Daß wir Jesus vereinnahmen. Ganz tief in uns aufnehmen. Verinnerlichen. Fleisch und Blut, das ist etwas, was mir nahe steht.«
»Ich könnte dich fressen, sagt man doch auch.«
Themenwechsel.
Am Sonntag Laetare ist bei uns Konfirmandengespräch. Deswegen frage ich die Gruppe:
»Wie meinen Sie, würden Jugendliche auf den Text reagieren?«
»Sie verstehen wahrscheinlich einige Worte nicht. Blut und Fleisch, das müßte man erklären. Daß damit das Abendmahl gemeint ist.«

»Wahrscheinlich können sie damit nicht viel anfangen.«
Die Äußerungen der Gruppe verebbten.
Die Stufe vier der Stufen-Methode stand noch aus: Schlußfolgerungen.
Um zu diesen zu kommen, gebe ich Erklärungen zum Johannesevangelium, seine Theologie, erkläre das Umfeld dieser Perikope.
Die Gruppe nimmt dies dankbar an.
»Jetzt kann ich das doch besser verstehen. Grundsätzlich besser verstehen, was dieser Text überhaupt soll.«

Gespräch(sversuch) mit Konfirmand/innen
Wie bereits bemerkt, wird bei uns wie in vielen ländlichen Gemeinden im März Konfirmation gefeiert. Der Sonntag Laetare ist für den Gesprächsgottesdienst vorgesehen. Also stelle ich den Text auch unserer Konfirmanden/innengruppe vor.
»Was habt ihr gehört, was fällt euch dazu ein?«
»Abendmahl.« Wieder als erste Antwort. Nur kommt dann nichts mehr. Schweigen. Langes Schweigen.
Ich deute dies so - was ja auch nicht schwer ist: Dieser Text sagt (diesen) jungen Leuten gar nichts. Er spricht sie nicht an.

Anmerkung
In diesem Kapitel werden vier Stufen entwickelt: 1. Wahrnehmen, 2. Gefühle äußern, 3. Einfälle sammeln, 4. Schlußfolgerungen.
In unserem Gespräch habe ich die zweite und dritte Stufe vertauscht.

Literatur:
H. Barth/T. Schramm, Selbsterfahrung mit der Bibel. V & R Pfeiffer, München 1977.
»Sie werden lachen - die Bibel«, hrsg. Hans Jürgen Schulz, dtv, Stuttgart 1975.

Zum Gottesdienst

Wolfgang Gerts

Exegetisch-homiletische Skizze

Annahmen über die Hörerbefindlichkeit - anhand einer Beobachtung der in den »Annäherungen« skizzierten Gespräche.
Die Verfasserin der »Annäherungen« bemüht sich redlich, eine gefühlsmäßige Reaktion der Kreise zu erfahren, die sich mit diesem Text befassen. Ergebnis: Fehlanzeige, in beiden Gruppen. Der Text läßt sich zwar mühsam (vor allem assoziativ) auf der intellektuellen Ebene einordnen, ein Gewinn für die Beteiligten zeigt sich nach eigener Auskunft nicht.

Das Schweigen statt etwaiger Gefühlsäußerungen spricht aber auch eine Sprache. (Die Autorin unterscheidet selbst sachgemäß zwischen »Stille« und »Schweigen«). Es sagt aus:

1. Natürlich haben die Teilnehmenden Gefühle angesichts dieses Textes. Aber sie kommen an sie nicht heran. Eher verschließt sich etwas, als daß sich auch nur ein einziger Teilnehmer öffnen kann.

2. Dieses Verschließen und Schweigen zeugt von einer Angst, mindestens aber einem großen Unbehagen. Es bleibt also die weiterführende Frage: Was macht denen Angst, die sich nur »wissensmäßig« diesem Text stellen können?

3. Schließlich kommen doch Begriffe ins Spiel, die einen deutlichen Gefühlshintergrund vermitteln, ohne als solche erkannt zu sein. Häufiger kommt der Ausdruck »Wissen-/svorsprung« ins Gespräch. Die Wortwahl weist auf die Gefühlslage hin, sich unwissend und damit zurückgesetzt und ausgeschlossen zu fühlen. Nur eine trotzige Gegenbehauptung der Gesprächsführenden (»Wir hier ... haben auch einen Wissensvorsprung ...!«) stellt ein rhetorisches Gleichgewicht wieder her. Es ergibt sich ein Bild der Fremdheit - des Befremdens. Auch der Hinweis aufs Abendmahl wird nicht weiterverfolgt. Erst beim Ausweichen auf den Kontext ergibt sich die Spur einer positiven Regung, ausgedrückt durch »besser verstehen«.

Diese Beobachtungen führe ich nicht an, um zu kritisieren; im Gegenteil: Nehmen wir die Reaktion ernst, müssen wir damit rechnen, daß alle Besucher eines Gottesdienstes vielleicht weniger bewußt aber doch in der Grundstimmung auf die Lesung dieses Textes genauso reagieren wie die Gesprächsteilnehmerinnen und -teilnehmer. Selbst die Autorin befürchtet, daß »die Hörenden« mit dem Text »erschlagen« werden. Befremdung, Abwehr, sich verschließen und die eigene Seele bergend vor diesem Text schützen: Das ist die zu erwartende Hörerreaktion auf den Text und damit ein beinahe aussichtsloser Ausgangspunkt für eine »erbauliche« Predigt. In der Tat macht der erste Blick auf den Text selbst sichtbar, was diese Stimmung auslöst. Der Hinweis auf den Ärger der Jünger sollte nicht zu schnell zugedeckt werden. Jesu Antwort birgt, wie richtig von den Gesprächsteilnehmern festgestellt, einen Widerspruch: der schwierige und kontroverse Umgang mit dem Wort »Fleisch«. Es kommt zwar die Assoziation zu den Abendmahlsworten, aber eine weitere Vertiefung hätte ergeben, daß hier anders als bei den biblischen Parallelen eben nicht von »Leib und Blut« in Brot und Wein (schwierig genug), sondern vom Essen des Fleisches und des Blutes (bzw.: »wer mich ißt) auch noch idealisierend (wahre Speise/ wahrer Trank) die Rede ist. Diese Wendung legt eindeutig von ihrem Sprachduktus her nur eine Assoziation nahe: Kannibalismus - und nichts anderes. Und ich vermute, daß diese Assoziation nicht so hochkommen *darf,* immerhin handelt es sich ja um einen Bibeltext! Und da dies nicht zum Ausdruck und zur Sprache kommen konnte, konnte auch das ganze

Unbehagen nicht zur Sprache kommen. Tabus und Scheu verhindern, daß die Teilnehmenden selbst das Unbehagen oder gar einen tiefen Widerwillen und Ekel benennen, was bei einiger Unbefangenheit natürlich wäre; von einem »unbefangenen neugierigen Umgang mit dem Text« sind sie weit entfernt. (Übrigens haben mit ähnlichem Widerwillen schon römische Geschichtsschreiber über die Bräuche der frühen Christen berichtet.) Die Gegenprobe: Erst der Hinweis auf den Kontext, wo Fleisch und Blut wieder zu Brot abgemildert werden, erlöst die Teilnehmer (jetzt *darf* wieder *»verstanden«* werden).

Es bleibt meines Erachtens die einzige ehrliche Alternative: Diese naheliegenden Gefühle auch zu benennen und *danach* zu sehen, (ob und) was wir dem Text abgewinnen können. Es wäre ein m. E. verhängnisvoller Fehler, die verborgenen Abwehrreaktionen möglichst zu umgehen oder so zu tun, als gebe es sie gar nicht. Zu viele Predigten gehen über die notwendigen Gefühle der Zuhörenden beim Hören eines Textes hinweg und lassen diese damit im Stich. Dabei ist vom Prediger/der Predigerin unbefangen zu prüfen, ob über die Feststellung der erwachsenen Gesprächsteilnehmer hinauszukommen ist, daß »der Text nicht freut, nicht ärgert, nicht berührt«, oder über die Feststellung über die Konfirmanden: Der Text ... »spricht sie nicht an«.

Ich treffe aus diesem Blickwinkel einige exegetische Vorentscheidungen:

- Der festgestellte »Wissensvorsprung« Jesu vor seinen Jüngern ergibt sich ja nicht aus der Tatsache, daß Jesus seinen Tod und das Abendmahl voraussieht und die Jünger eben nicht. »Die harte Rede« ist nicht Ausdruck dessen, daß die Jünger noch nicht wissen, welches Schicksal Jesus bevorsteht, sondern Ausdruck von Erfahrungen, die Johannes um 100 nach Christus mit Außenstehenden macht, die sich über seinen Glauben lustig machen. Gerade die Schärfe dieses Abschnittes zeigt, wie getroffen der Evangelist Johannes davon ist. Johannes verlagert diese Diskussion seiner Zeit in die Gegenwart Jesu. Dies ist nur Teil der redaktionellen Methode, Auseinandersetzungen des eigenen Umfeldes des Autors Johannes in »Rede Jesu« zu verwandeln. Ich will mich eher bemühen, redlich von den Problemen der nachösterlichen Gemeinde zu sprechen. Und »nachösterliche Gemeinde« sind auch wir. Das könnte eine tragende Brücke sein, sie sollte bewußt ausgebaut werden. Die Angst, solch eine offensichtliche »Entmythologisierung« der gläubigen (oder gar biblizistisch-gläubigen) Gemeinde vorzuführen, kann den Prediger/die Predigerin dazu bewegen, anders zu entscheiden. Aber zumindest sollte diese Entscheidung auch bewußt gemacht werden.
- »Es geht um Symbole. Es geht um Wissen. Nicht um Gefühle.« Hier widerspreche ich. Anders als in der Theologie werden gerade Symbole immer von denen, die sie benutzen, selbst geschaffen. Sie sind nicht aufsetzbar durch Dogmatiken, sondern immer Ausdruck der eigenen Seele, auf keinen Fall des Wissens. Dies ist die Verwendung des Begriffes Sym-

bole in der »Psychologie«. Jedes Kind bildet seine Symbole selbst. Erst »aufgesetzte« Symbole werden zu Wissensfragen. Auf das Symbol von »Fleisch und Blut« muß ich dann sensibel eingehen und will ich mich auch beschränken: Es erweckt bei einem Schlachter andere Assoziationen als bei einem ausgemachten Vegetarier.

- »Ärgernis« (»Ärgert euch das?«) ist ein typisch johanneischer theologischer Begriff. »Fleisch und Blut« liegen hier ganz in der Nähe beim »Kreuz«, dem Johannes positiv die »Erhöhung« als den eigentlichen Sinn gegenüberstellt (hier: »Leben«). Bei dem einmal eingeschlagenen Weg ist es aber konsequent, auch hier hinter einem theologischen Begriff möglichst viel irdische Konkretion und möglichst wenig symbolische Überhöhung zu praktizieren: In der Tat haben sich Zeitgenossen von Johannes bei oberflächlichem Kennenlernen christlicher Gedanken darüber geärgert, wie Menschen nur an solche ekelhaften Dinge wie eine Kreuzigung, Fleisch Essen, Blut Trinken glauben und sie ritualisieren können. Es spiegelt sich eine echte Auseinandersetzung wider, die auch Jünger der Zeit des Johannes ins Grübeln brachte (hier: »Aber es gibt einige unter euch, die nicht glauben.«). Mit Erstaunen erkenne ich Gedanken wieder, die ich auch heute von Menschen höre, die nicht unkritisch alle kirchlichen Denkungsarten bereitwillig übernehmen. Wer dieses Ärgernis – sprich: Schwierigkeiten mit solchen Glaubenssymbolen nacherleben will, führe ein offenes Gespräch mit den Konfirmanden! – Durchaus vergleichbar finde ich das häufige Entsetzen und Befremden aktueller Christen im Blick auf andere Religionen bei Riten wie Beschneidung (von Glied und Klitoris), Selbstkasteiung, Askese, Schicksalsgläubigkeit. Solche befremdlichen Ärgernisse haben auch wir zu bieten, und Johannes spürt das und setzt sich damit auseinander.
- »Wo bleibt das Positive?« – Das wäre Ziel der Predigt. Aber erst nach einer ehrlichen Auseinandersetzung mit dem Befremdlichen können wir zum »positiven« Kontext zurückfinden. Brotwunder – Christus als Brot des Lebens – das ist das Thema der Rede. »Wer dieses Brot ißt, der wird leben in Ewigkeit.« Das steht glücklicherweise auch in unserem Fleisch-Text. Hier sind dann der Phantasie und den mutmachenden Geschichten keine Grenzen gesetzt! Eine gute Antwort übernehme ich aus den »Annäherungen«: »Es geht um Nachfolge, daß wir Jesus vereinnahmen. Ganz tief in uns aufnehmen, verinnerlichen.« Hier finde ich die entscheidende Predigtidee, die ich mich bemühe umzusetzen.

Eine lohnende Meditation (die ich selbst aber erst nach diesen Zeilen gelesen habe) findet sich zum Text in Walter Jens, »Assoziationen 3«, ein Text von Uwe Kynast. Hier finde ich das Stichwort »Kannibalismus« und andere Gedanken (»das ist ja nicht zum Anhören!«), aber auch gangbare Perspektiven wieder. Wer der meinen nicht folgen mag, findet dort eine andere, z. B. in der interpretierenden Wiedergabe Jesu: »Darauf folgt eine Kritik Jesu: Wenn ihr euch darüber schon ärgert, wie werdet ihr dann erst meine

Transzendierung hin zu Gott interpretieren und überhaupt verstehen können!« - Solch ein Satz müßte für eine Gemeinde allerdings erst eine gute verständliche Übersetzung finden.

Vorschläge zur Liturgie

Teil einer Begrüßung
Ich begrüße Sie mit Gedanken und in der Sprache des Evangelisten Johannes: »Das Wort ist Fleisch geworden und hat unter uns gewohnt, und wir sahen seine Herrlichkeit.«
Ich verstehe das so: Jesus ist natürlich das Wort. Ohne seine Botschaft wüßten wir kaum menschlich und im Glauben zu leben. Seine Worte geben unserem Leben Richtung. Jesus ist Gott und Mensch, Geist und Fleisch. Das zu sehen, ist *leicht* zu Weihnachten: im Kind in der Krippe. Doch jetzt ist Passions- und Leidenszeit. Gott liegt im Sterben, um uns Leben zu ermöglichen. Das ist *schwer* zu ertragen. Wir müssen das Ziel vor Augen haben, um das alles zu verstehen: Weil kein Mensch von sich aus den Weg zu Gott findet, mußte unser Gott ganz tief herunter kommen (herunterkommen), um uns nahe zu sein und uns letztlich zu erlösen. Doch gerade so einem Gott kann ich vertrauen. Er ist kein ferner Richter, sondern er verspricht, bei mir zu sein, hier unten, mit beiden Beinen auf der Erde, um mich und Sie nicht im Stich zu lassen - jeden Tag, bis zum Ende der Welt.

Eingangsgebet
Gott, wir sind zusammengekommen in diesem Gottesdienst.
Wir glauben an dich.
Wir brauchen dich.
Aber wir suchen auch nach dir.
Denn wir können dich nicht einfach »haben« oder gar »besitzen«.
Darum danken wir dir,
daß du in diesem Gottesdienst
von selbst zu uns kommst,
auch in Jesus Christus,
der Fleisch und Blut geworden ist,
irdisch, konkret.
Von seinen Worten können wir nicht genug bekommen.
Gib uns auch heute offene Ohren und ein offenes Herz für sie.

Glaubensbekenntnis
Als Kontrast zur dogmatisch-theologischen Sprache des Textes sollte ein aktuelles Glaubensbekenntnis gesprochen werden.

Fürbittengebet
Manchmal bist du mir fremd, Gott.
Das ist, wenn ich nicht immer alles verstehe
und manches auch gar nicht verstehen will.
Manchmal bist du mir sehr nahe.
Das ist, wenn ich die Gemeinschaft spüre,
zum Beispiel im Gottesdienst;
oder wenn ich aus Worten der Bibel
wieder erfahre, wo es lang geht,
so daß es mir wie Schuppen von den Augen fällt.
Ich brauche dich.
Ich brauche die Gemeinschaft und diesen Gottesdienst
wie das tägliche Brot!
Heute bitte ich nur eins:
halte mich in Bewegung,
daß ich weiterkomme.
Komm mit, und begleite mich in die nächsten Tage
mit Leben und Leiden,
Krankheit und Heilung,
Belastung und Erleichterung.
Dann kann ich meinen Weg
mutig und glücklich weitergehen.

Lieder
EG 27,3–5 (»Fleisch und Blut nimmt er an ...«)
Kanon: »Jesus Brot, Jesus Wein«, v. F. K. Barth/P. Horst/P. Janssens: aus: Uns allen blüht der Tod 1979
EG 585 (Niedersachsen/Bremen) Ich lobe meinen Gott, der aus der Tiefe mich holt, damit ich lebe.
EG 533 Du kannst nicht tiefer fallen als nur in Gottes Hand
Ggf. Abendmahlslieder

Hinführung zur Lesung
Die folgende Lesung möchte ich Ihnen einmal aus der Perspektive des Autors, 70 Jahre nach dem Tod Jesu, nahebringen. Es ist das Jahr 100 nach Christus. Johannes, der Evangelist, ist sehr bemüht, für seine Christengemeinde die Botschaft Jesu in einem Buch zusammenzufassen. Er weiß eine Menge von seinem Glauben, und oft hat er selbst auf einer Kanzel gestanden und ihn weitergegeben. Doch Aufschreiben ist eine andere Sache. Er hat auch Sorgen. Manche in der Gemeinde leiden unter dem Einfluß der Außenwelt. Viele draußen und viele drinnen haben Fragen, können manches nicht begreifen. Selbst Glaubensgenossen finden es ärgerlich, daß sie mit diesem Folterkreuz oder den Abendmahlsriten der Christen leben müssen. Johannes erzählt das Speisungs-

wunder nach. Und dann berichtet er ein Gespräch, das gar nicht einfach ist, unseren Lesungstext. Ich lese aus dem 6. Kapitel des Johannesevangeliums.

Vorschlag zur Predigt

Möglicher Beginn

Liebe Gemeinde, neulich habe ich einen unangenehmen Anruf gekriegt. Unangenehm war nicht nur, daß ein Vater, der aus der Kirche austreten will, mich erst einmal darüber informiert - das ist zwar ganz unüblich, aber ich hatte sofort Respekt vor ihm, und im nachhinein finde ich das sogar gut und mutig. Nein, schlimmer für mich war seine Begründung. Er sagte, er möchte es seinen Kindern ersparen, daß sie sich mit diesem schrecklichen Foltergerät, dem Kreuz, auseinandersetzen müssen und so abartigen kannibalischen Gebräuchen wie dem Verspeisen eines Leibes in diesem sogenannten Abendmahl. Die Geburtsgeschichte sei ja noch ganz annehmbar (was uns ja auch viele Kirchgänger beweisen, füge ich ein.) Aber was dann kommt ... (naja, denke ich, Gründonnerstag und Karfreitag, die machen in unserer Besucherstatistik weniger her). Das wollte er seinen Kindern nicht zumuten. Und ich schließe daraus: Das will er sich selbst auch nicht zumuten.

Das ist vielleicht kein schöner Beginn einer Predigt. Aber es ist, wie es ist. Da kann ich nichts tun. Und bei diesem Anrufer hatte ich leider keine schnelle locker-flockige Antwort parat, um ihn umzustimmen. Selbst wenn, ich hätte es vermutlich nicht versucht. Er hat eine empfindliche Angelegenheit unseres Glaubens wohl auch richtig getroffen.

Ich könnte jetzt auch von einigen von euch Konfirmandinnen und Konfirmanden berichten, die mir auch nicht alles abkaufen, bloß weil es in der Bibel steht. Ihr habt auch solche Probleme und äußert sie manchmal auch. Ein richtiger Glaube, der müßte doch auf Anhieb auch einleuchtend sein - oder nicht?

Mich läßt so etwas natürlich nicht los. Und ich bilde mir ein, auch Sie haben manchmal ein ähnliches Problem ...

(evtl. eigene Erfahrungen schildern)

Der Versuch des Johannes

Ich stelle mir diesen Johannes vor. Ich merke, in seiner Zeit war es auch nicht sehr viel anders als in unseren Tagen. Diese Christen, was tun die da bloß? Das fragte man sich um seine Gemeinde herum; und auch Gemeindemitglieder sind davon nicht unberührt. Zum Beispiel Rufus, ein junger Christ. Er liebt die Gemeinschaft, den Zusammenhalt, und er bemüht sich, nach Worten Jesu zu leben. Aber dieses Abendmahl macht ihm zu schaffen. Seine Freunde hatten ihn gehänselt: »Ihr Christen verspeist euern

Herrn, sein Blut, sein Fleisch, seid ihr Kannibalen?« So gerne Rufus auch glauben wollte, das verstand er nicht. Er fragte Johannes. Und Johannes erzählte ihm vom Brot des Lebens. Er meinte, daß die Seele und der Glaube auch Nahrung brauchen. Fleisch und Blut sind nur ein Wort für Nahrung. Aber hier ist das auf geistliche Nahrung bezogen. Und Christus nachfolgen, das ist, wie eins mit ihm zu werden, ihn zu verinnerlichen: nach seinem Willen suchen, nach seinem Wort handeln. Geistliche Nahrung, die macht lebendig - im Glauben ... (das Thema kann ausgeführt werden).

Zum Abendmahl

Wir essen ja wirklich Brot, meinte Johannes, und wir trinken Wein. Aber das machen wir nur zum Zeichen. Zum Zeichen dafür, daß wir ganz und gar, total und mit Haut und Haaren Jesus nachfolgen. - Geht es denn nicht ohne? fragte Rufus. Nein, Rufus, meinte Johannes. Jesus lebte ganz und gar, total und mit Haut und Haaren nach dem Willen Gottes. Und wenn wir ihm nachfolgen wollen, müssen wir seine Worte, seinen Geist, sein Leben aufnehmen. So gut wir das können. Das Mahl ist ein Zeichen, daß wir es ernst damit meinen. Wer es nicht damit ernst meint, gehört wohl nicht wirklich zu seinen Jüngern. Man merkte es ihm an. Rufus brauchte Zeit, um darüber nachzudenken. Und auch Johannes grübelte darüber nach. Jesus, das Brot des Lebens, ja, so ist es richtig gesagt. Bald setzte er sich wieder an seine Schrift. Die Speisung der 5 000, die Gespräche danach, all die Erläuterungen, die nötig sind, damit die Menschen es verstehen, was es mit dem Glauben auf sich hat. Die Feder flog ihm nur so über das Blatt. Es wurde eine lange Rede, die Jesus da hielt. Hier kann nach eigenem Verständnis aus Johannes 6 zitiert werden ...

Möglicher Schluß

Uns bleibt nun auch dieselbe Frage, liebe Gemeinde. Gibt es denn nun so etwas wie Brot für die Seele? Und ist es Jesus selbst, der uns die Kraft, den Glauben an seinen Vater schenkt? Entspricht das unseren eigenen Erfahrungen? Da wird sicher jeder seine eigenen Gedanken verfolgen. Die Gemeinschaft im Abendmahl möchte ich jedenfalls nicht so gerne vermissen. Auch ich kann nicht alles verstehen, und ich kann nicht alle Fragen beantworten. Ich habe beinahe so meine Mühe damit, wie die Christen zur Zeit des Johannes. Aber daß richtig irdisches kerniges Brot auch Brot für die Seele sein kann, oder doch wenigstens ein Zeichen dafür, daß wir die Kraft zum Leben, zum Glauben und zum Handeln bei Jesus bekommen, dafür weiß ich eine ganz einleuchtende kleine Geschichte. Die macht das mit dem Brot für die Seele deutlich. Ich will sie Euch erzählen ... (siehe »Kontexte«).

Kontexte

Das Häschen und die Rübe

Chinesische Fabel
Felder und Hügel waren mit hohem Schnee bedeckt, und das Häschen hatte nichts zu essen. Da ging es fort, um Futter zu suchen. Es fand zwei gelbe Rüben. Das Häschen aß die eine Rübe und sagte: »Es schneit so sehr, und es ist so bitter kalt, gewiß hat der Esel nichts zu essen. Ich will ihm die Rübe bringen.« Sofort lief das Häschen zum Haus des Esels. Aber der war nicht zu sehen. Es legte die Rübe hin und hoppelte wieder fort. Auch der Esel war ausgegangen, um Futter zu suchen. Er fand ein paar Kartoffeln und ging zufrieden nach Hause. Als er die Tür öffnete, sah er die Rübe. Woher mag die Rübe sein? wunderte sich der Esel erfreut. Dann aß er seine Kartoffeln und sagte: »Es schneit so sehr, und es ist so bitter kalt, gewiß hat das kleine Lamm nichts zu essen. Es soll die Rübe bekommen.« Der Esel kullerte die Rübe zum Haus des Lämmchens. Aber es war nicht da. Behutsam legte der Esel die Rübe hin und ging wieder fort. Auch das kleine Lamm war ausgegangen, um Futter zu suchen. Es fand einen Kohlkopf und ging zufrieden nach Hause. Als es die Tür öffnete, sah es die Rübe. »Woher mag die Rübe sein?« wunderte sich das Lamm. Dann aß es den Kohlkopf und sagte: »Es schneit so sehr, und es ist so bitter kalt, gewiß hat das Reh nichts zu essen. Ich will ihm die Rübe bringen.« Das Lamm nahm die Rübe und trug sie zum Haus des Rehs. Aber das Haus war leer. Das Lamm legte dem Reh die Rübe hin und lief schnell wieder fort. Auch das Reh war ausgegangen, um Futter zu suchen. Es fand grüne Blätter und ging zufrieden nach Hause. Als es die Tür öffnete, sah es die Rübe. Woher mag die Rübe sein? Dann aß es die grünen Blätter und dachte sich: »Es schneit so sehr, und es ist so bitter kalt, gewiß hat der Hase nichts zu essen. Ich werde ihm die schöne gelbe Rübe schenken.« Und gleich lief das Reh zu seinem Haus. Aber der Hase hatte sich satt gegessen und war zu Bett gegangen und schlief. Das Reh wollte es nicht wecken und kullerte die Rübe leise zur Tür hinein. Als der Hase erwachte, rieb er sich verwundert die Augen: Die Rübe war wieder da! Es überlegte einen Augenblick, dann sagte es: »Gewiß hat mir ein guter Freund diese Rübe gebracht!« – Dann aß es die Rübe auf. Sie schmeckte sehr gut!
nach: »Sei uns willkommen, schöner Stern« von Gertrud Mielitz, Lahr 1984

Diese Fabel zeigt wie die Speisungsgeschichte die Wirkung des Teilens: Im Teilen liegen Wunder, weil nicht nur der Körper, sondern auch die Seele satt werden kann. Ein einziges Nahrungsmittel gibt vielen mehr als nur leibliches Sattsein.

Judika

Annäherungen an den Predigttext 1. Mose 22,1–13

Gisela Arp-Kaschel

Gespräch mit SchülerInnen des 12. Jahrgangs aus dem Grundkurs Religion an der Kooperativen Kurt-Tucholsky-Gesamtschule in Flensburg-Adelby: Christina Friede, Henrik Jacobsen, Diana List, Jessica Mehl, Matthias Wree.

1. Erste Reaktionen auf den gehörten Text

Kenn ich, die Geschichte. Ich glaube, daß das sicherlich heutzutage keiner mehr machen würde. Und auch zu damaliger Zeit war das wohl ungewöhnlich. Wenn ich daran denke, daß Abraham den Sohn gerade erst gekriegt hatte! Nein, das war bestimmt ganz außergewöhnlich. – Ich kenne die Geschichte nicht. Aber daß die Stimme von Gott kommen soll ... heute würde man sagen, der ist verrückt, daß er solche Stimmen hört. – Ich finde das ganz schön extrem. Das geht irgendwo zu weit. Sich zu Gott bekennen, gut. Und Opfer bringen, auch gut. Aber dies? Nein, das geht zu weit! – Es ist schon kraß genug, daß man Tiere opfert und dann auch noch Menschen opfern, den eigenen Sohn? Ist das überhaupt wahr? Wie kommen solche Geschichten zustande? Das würde mich interessieren. – Es ist richtig, daß man beweisen möchte, daß man eine Bindung an Gott hat, aber so ist es mir zu heftig. – Daß da gerade so ein Widder stehen soll, so ganz zufällig, das ist für mich unglaubwürdig.

2. Frage beim Selberlesen des Textes: In wem finde ich mich wieder?

In Abraham. Der steckt in einem Konflikt, in einem Gewissenskonflikt. Was der sich wohl gedacht hat? Er tut es so selbstverständlich. Vielleicht, weil er denkt, daß Gott ihm schon wieder heraushelfen wird. Sonst würde er es nicht tun, glaube ich. – Ich finde mich nur teilweise in Abraham wieder, nur bis zur Hälfte. Dann wird es fies mit ihm, finde ich. Warum sagt er Isaak nichts? – Ich finde mich eher in Isaak wieder. Weil Abraham falsch ist gegenüber seinem Sohn, hinterhältig. Wenn das meine Eltern wären, hätte ich kein Vertrauen mehr zu ihnen. – Ich bin auch gegen Abraham. Blindes Vertrauen, das ist schlecht. – Ich kann mich mit keinem in der Geschichte identifizieren. – Wenn ich Isaaks Rolle übernehmen sollte, dann müßte er hinterher wieder auftauchen und etwas sagen. So ist mir das zu wenig. – Mit Isaak kann ich mitfühlen, weil ich selber Sohn bin. Mit Abraham nicht, weil ich noch keinen Sohn habe. Das wäre unvorstellbar von meinen Eltern und auch von mir, so etwas zu tun. – Wie alt ist Isaak eigentlich da? Fünfzehn? Nee, kleiner, unter zehn. Er muß Holz tragen können. Und Fragen stellen.

3. Was finde ich rätselhaft, wo möchte ich nachfragen?
Wenn das einer liest, der auf Gott nicht gut zu sprechen ist, das wäre nicht so gut. Ich finde Gott darin auch nicht gut! Wenn Gott nur testen wollte, dann ist er besser als wenn er es ernst meinte. Aber auch dieses Testen ist eigentlich nicht so gut von ihm. Ein größeres Opfer als das eigene Kind gibt es nicht, das steht fest. Ist Selbstmord nicht größer? Und schwerer? Nein, das ist leichter. Das ist eine reine Vater-Sohn-Geschichte, wo ist die Mutter? Weiß Sarah überhaupt davon? Frauen waren damals doch nicht so wichtig. Klar: Das ist eine Sache zwischen Gott und Abraham, das muß er allein entscheiden! In dieser Geschichte sind keine Gefühle beschrieben, die sind alle von uns jetzt dazugetan. Abraham freut sich noch nicht einmal, daß sein Sohn am Ende lebt. Jedenfalls wird das nicht beschrieben. Aber verrät das nicht Emotionen, daß er die Knechte, die Zeugen, wegschickt? Am ehesten zeigt noch der Engel Gefühle mit seinem Rufen. Und das »Hier bin ich«: Das zeigt, daß Abraham offen ist! Wenn alle Gefühle schon dastånden im Text, dann bräuchten wir uns gar keine Gedanken dazu zu machen. So haben wir es leichter. Oder auch nicht. Die einzige positive Figur ist für mich der Engel – neben Isaak, aber der sagt ja kaum etwas. Alle Engel sind positive Figuren: Weihnachtsengel, Engel am Grab Jesu, Schutzengel, Engel in Diskotheken wegen Alkohol am Steuer. Engel, das ist auch so eine Figur, die nie einer gesehen hat. Man kann nicht sagen, ob es Engel gibt. Ich glaube nicht an Engel. Und was kommt am Ende, nach dem Tod? Engel und Licht, sagen einige. Aus dieser Geschichte könnte man gut einen Film machen. Ich sehe Abraham und Isaak von hinten, sie gehen von mir weg auf den Berg zu. Nein, auf mich kommen sie zu. Und wenn Abraham die Hand mit dem Messer hebt, dann wird ein Werbespot eingeblendet: Lebensversicherung oder so. Erst danach gehts weiter. Das ist überhaupt der Höhepunkt der ganzen Geschichte, dieser Moment mit dem Messer. Und als der Engel ihn rettet. Ich möchte mal wissen, ob Isaak überhaupt noch mit seinem Vater geredet hat danach. Ich wäre ausgezogen! Heutzutage würde das bei »Explosiv« kommen. Und der Täter würde einer Sekte angehören, wie es ja in Amerika und in der Schweiz passiert ist. Oder er wäre ein Psychopath. Das wäre heute jedenfalls ein Skandal und kein Gehorsamsakt! Als Gehorsamsakt kann ich diese Geschichte heute auch nicht mehr verstehen. Es gibt doch jetzt ein anderes Gottesbild: keinen Gott mehr, der nur an sich denkt, sondern heutzutage ist Gott für den Menschen da. Er ist irgendwie ein lieberer Gott.

4. Ist das noch unser Problem heute? Tiere opfern, Kinder opfern, sich selbst opfern?
Man hört doch von Müttern, die kranke Kinder haben und lieber selbst sterben als das Kind. Man hört aber auch von Eltern, die ihre Kinder vernachlässigen oder in die Mülltonne werfen. Ich verstehe das nicht: Wozu hat man früher überhaupt geopfert? Na, wir werfen doch auch heute noch was ins Opferkästle. Wir teilen, verzichten, geben ab - das ist auch ein Opfer. Allerdings Kinder und Tiere opfern für Gott, das hat sich doch alles sehr geändert. Keiner darf andere opfern, nur sich selbst.

5. Warum steht diese Geschichte in der Bibel? Welche Glaubenserfahrung steht dahinter? Wie kann diese Geschichte z. B. in einer Predigt gedeutet werden?
Mit den angebotenen Deutungen - als Befreiungsgeschichte, als Leidensgeschichte - kann ich nichts anfangen. Das ist alles nichts. Aber als Vorbild im Gehorsam gegen Gott würde ich das auch nicht hinstellen. Ich würde die Geschichte nicht nehmen für eine Predigt, wegen des Gottesbildes. Aber wenn doch, dann würde ich nichts weglassen und nichts ändern, sondern den Text so nehmen, wie er da steht! Diese Geschichte steht wegen Abraham in der Bibel. Es stehen ja auch sonst viele Geschichten von Abraham drin. Es ist seine Glaubenserfahrung, daß man Gott vertrauen soll, daß man sich auf ihn verlassen soll, daß Gott weiß, was er tut. Und daß Gott einen testet, also auf die Probe stellt - dieses Wort »versuchen« habe ich zuerst gar nicht verstanden!

Erläuterungen
Sachinformationen wurden zur Opferpaxis und zur Auslegungsgeschichte des Textes gegeben. Der Gegensatz »damals - heutzutage« durchzog das Gespräch, und die Empörung über die massive Forderung Gottes an Abraham kam immer wieder durch.

Zum Gottesdienst

Ute Gothmann-Kollath, Christian Kollath

Theologisch-homiletische Skizze

Der Text hat in seiner jetzigen Gestalt sicher einige Entwicklungsstufen hinter sich. So sind wir mit E. Otto (in Gottesdienstpraxis, Serie A, III. Perikopenreihe, Ergänzungsband Exegesen, Gütersloh 1986, Seite 62 ff.) der Ansicht, daß eine spätere Hinzufügung der Verse 1 und 12 b die Geschichte

zu einer Erzählung der Gottesprüfung interpretiert hat. Mit den Fragen: Gibt es weitere Interpretationen dieser Geschichte? Und wie lassen sie sich erklären? wenden wir uns dem vorliegenden Text zu.
Der Text beschreibt eine unerbittliche Abfolge nach dem Muster: gesagt – getan; Gott spricht und Abraham tut. Was Abraham tut, wird quälend detailliert beschrieben, so daß ein Eindruck entsteht, wie mühsam errungen jeder Handschlag ist. Dadurch entsteht eine Verlangsamung, die mehr ist als ein Stilmittel. Was geschieht, wird auf einer äußerlichen, dinglichen Ebene beschrieben; dem entspricht die Nachfrage Isaaks: Von den Requisiten für die Opferhandlung fehlt noch eines – das wichtigste! Die ganze Geschichte wirkt wie ein detailliertes Verlaufsprotokoll eines unbeteiligten Zuschauers. Wir erfahren kein Wort über das, was in Abraham vorgeht, kein Wort über Isaaks Gefühle und Reaktionen! Um so heftiger ist die Gegenübertragung bei denen, die mit dieser Geschichte konfrontiert werden – wir fühlen stellvertretend, was die Geschichte nicht erzählt: Entsetzen und Zorn über Vater Abraham und Gott-Vater, die Ohnmacht und das Ausgeliefertsein des Kindes.
Die Interpretation als Gottesprüfung (s. o.) gibt diesem schrecklichen Erleben scheinbar einen Sinn. Diese Deutung will die kaum auszuhaltende Erzählung erträglich machen. (Daraus ergibt sich ein möglicher Weg für die Predigt.)
Diese Reaktionen von Ohnmacht und hilflosem Ausgeliefertsein können anknüpfen an unsere je eigenen Erfahrungen als Söhne und Töchter, an Zorn, der ins Leere ging, an Ohnmacht gegenüber den Größeren, Stärkeren, an Gefühle, die nicht ausgsprochen werden durften oder konnten. – »Nützt ja nichts, Frau Pastorin, da müssen wir durch!« Die Klage und das Aufbegehren verstummen vor der Übermacht des Schicksals, das erleben wir besonders bei tragischen Todesfällen, wenn eine Familie von einem Unglück nach dem anderen betroffen ist, wenn soziale Verelendung wie eine Spirale in den Abgrund führt.
Gott äußert sich nach dem einmal gegebenen Auftrag nicht wieder, bleibt im Verborgenen. Einen Engel schickt er vor mit neuen Anweisungen, die nichts erklären, die die Gottesferne nicht wirklich überbrücken. (Sätze von Kranken und Sterbenden fallen uns ein: »Beten Sie für mich, mir scheint der Himmel verschlossen zu sein!«) Um Gottesferne, -furcht geht es und um Gehorsam, und so hebt Abraham seine Augen auf – nicht aus Erleichterung, sondern um den Widder zu entdecken und das Opfer zu vollenden.
Einige (exegetische) Bearbeitungen setzen nahtlos das Bemühen fort, die Geschichte positiv zu deuten, z. B. »Gott hat es ja doch zum Guten gewendet« oder »es ging in Wirklichkeit um die Abschaffung des Kinderopfers« oder »es handelt sich um eine Befreiungsgeschichte«.
Unvoreingenommene HörerInnen reagieren hingegen mit sponanen Äußerungen, daß das eine schreckliche Geschichte ist (s. o. und die Annäherungen).

Diese Diskrepanz erklärt sich so: Die einen folgen dem Protokollstil der Geschichte und deuten sie intellektuell. (Auch das ist ein möglicher Weg für die Predigt, den wir allerdings nicht gehen wollen.)
Die anderen empfinden nach, was die unterschiedlichen Personen in der Erzählung an Dramatik und Tragik durchmachen. (Das ließe sich umsetzen, indem die Predigt das ganze Drama darstellt, also nicht nur den Erzähler zu Wort komen läßt, sondern auch Gott, Abraham, Isaak, den Engel, die Knechte - und zwar mit ihren Gedanken und Gefühlen.)
Wir sehen in ersterem Zugang eine Idealisierung und Verharmlosung Gottes. Wir sind gewohnt, Gott als den Liebenden und Bewahrenden zu predigen, zu glauben, in unseren Gebeten anzusprechen; und Erfahrungen, die hierzu nicht passen, werden verschwiegen, geschönt, umgedeutet. Ist denn Gott so armselig, daß wir ihm die Konfrontation nicht zumuten können? Muß ich um Gottes Willen gerade da, wo ich Zuflucht suche, diese schlechte Realität - meine Ohnmacht, mein ungläubiges Kopfschütteln, meinen Zorn abspalten? Mich trösten lassen mit dem »lieben« Gott, der schon weiß, wozu das gut ist, was mir widerfährt? Mich abspeisen lassen mit dem Hinweis auf den geopferten Gottessohn, als wären damit alle Fragen beantwortet? Lassen wir damit nicht auch gerade die allein, die mitten drin sind in dem Erleben: Gott ist fern, unerreichbar, grausam, abwesend ... Denn diese Geschichte geht zwar gut aus, aber sie wird trotzdem als schrecklich gehört. Gehen nicht in der Tat Leidensgeschichten auch schlecht aus? Die Antwort auf die Frage nach dem unverständlichen, fernen Gott ist die Klage des Gekreuzigten: »Mein Gott, mein Gott, warum hast du mich verlassen?«
Wir möchten aus der Perspektive dieser Frage predigen, der unterdrückten Klage, dem Aufbegehren eine Stimme geben. Damit verlassen wir die Haltung des kleinen Mädchens/des kleinen Jungen, der die Liebe zu Gott-Vater um jeden Preis retten muß, werden erwachsene Gegenüber eines Gottes, der mehr ist als eine Projektion unserer Sehnsüchte.

Vorschläge zur Liturgie

Lieder
Morgenglanz der Ewigkeit (EG 450); aus dem regionalen Liederteil der Nordelbischen Kirche: Fürchte dich nicht (EG 607); Selig seid ihr (EG 613); der Kanon: Schweige und höre (EG 614); Sende dein Licht (EG 172), das den Wochenpsalm 43 aufnimmt.

Eingangsgebet
Jesus Christus, unsere Zuflucht, du weißt, wie wir sind. Du kennst unser Tun und siehst unser Herz. Wir kommen zu dir aus Arbeit und Sorge, aus Krankheit, Langeweile und Einsamkeit. Wir kommen mit unseren Wün-

schen und Enttäuschungen. Wie es uns ganz persönlich heute morgen geht, teilen wir dir in der Stille mit ...
Gott, komm du nun auch zu uns, verbirg dich nicht, sondern hilf uns. Sei bei uns mit deinem Mit-Leiden und deiner Solidarität. Gib uns dadurch wieder neuen Mut zum Glauben. Amen

Fürbitten
Wir möchten anregen, statt eines vorformulierten Fürbitt-Gebets der Klage der GottesdienstbesucherInnen Raum zu geben. Ein mit Sand gefüllter Kasten vor der Osterkerze (die zu diesem Anlaß noch einmal brennen darf) und im Altarraum bereitliegende Vigilkerzen - viel mehr ist nicht nötig. Nach unserer Erfahrung nehmen die Anwesenden die Gelegenheit gern wahr, eine Kerze anzuzünden und dazu zu sagen, was ihnen auf der Seele liegt. Wer sicher gehen will, spricht einzelne vorher auf diese Möglichkeit an. Die Klage wird abgeschlossen mit einem - möglichst vielstimmig - gesungenen Kyrie eleison (EG 178.9 oder 178.12).

Vorschläge zur Predigt

Möglicher Predigtanfang
Opfer sind seit alters her in allen Religonen Versuche, Gott nahe zu sein, sich bei Gott in Erinnerung zu rufen, Gott gnädig zu stimmen. Der aufsteigende Rauch des Brandopfers soll Bitte und Dank in den Himmel tragen, soll unser mühseliges Erdenleben in Beziehung bringen mit der schöpferischen, Leben stiftenden Kraft Gottes.
Das Opfer, auf das Abraham sich vorbereitet, ist geradezu von entgegengesetzter Art: Es droht, alle Hoffnung auf Zukunft zu zerstören, indem es den einzigen, spät geborenen, lang erflehten Sohn tötet. Wenn dieses Opfer vollzogen ist, wird Gott unerreichbar fern sein, Abraham und Sarah ihrem Schicksal hoffnungslos ausgeliefert.
Aber Abraham gehorcht der Stimme, die dieses Opfer verlangt. Er gehorcht auf eine unbegreifliche, nicht nachvollziehbare Weise.

Zum weiteren Verlauf
Wir stellen uns ein Zwiegespräch mit Abraham vor, in dem wir zunächst ihn kritisch befragen und diese Fragen in den Zusammenhang heutiger Erfahrung mit »falschen« Opfern stellen: Was hat dich so sicher gemacht, Abraham, daß es die Stimme Gottes war, die dir dieses Opfer abverlangt? Was hat dir dein Herz gesagt - oder hast du, wie so viele Männer, verlernt, auf die Stimme deines Herzens zu hören? Ging dir Gehorsam über alles, selbst über die Liebe zu deinem Sohn - so wie in Kriegen immer wieder Söhne geopfert werden »um der gerechten Sache willen«?

Wir kennen solche Sachzwänge: (Beispiele: Unfallopfer und verpestete Luft, damit der Verkehr rollt ... Leistungsdruck in Schule und Beruf um der Karriere willen ..., Menschen und Tiere verachtende Produktionsbedingungen um des Wettbewerbs willen ...)
Wie anders hättest du dich verhalten, Abraham, wärest du empfindsam gewesen für die Schutzlosigkeit deines Sohnes, für seine ängstlichen - oder immer noch arglosen, vertrauensvollen Nachfragen? Wie anders müßten wir uns verhalten, wenn wir uns zumuteten, zu hören, zu sehen, zu fühlen - das gequälte Lächeln der Eisprinzessin - die zerkratzte Haut und den röchelnden Atem allergiekranker Kinder - ... - unsere eigene Müdigkeit oder Überdrehtheit nach manisch verplanten Wochen ...
Ein zweiter Schritt wäre die Annäherung an das Gefühl der Ohnmacht, in der Abraham sich offenbar dem Willen Gottes schicksalhaft ausgeliefert sieht:
Uns erschreckt die Stummheit, mit der du gehorchst, Abraham. Hat dir das Entsetzen den Mund verschlossen, daß du so klaglos, ohne Aufbegehren gehorchst? Hat der Schmerz deine Seele taub gemacht? So, wie Kinder aufhören zu schreien, die all zu lange geschlagen werden? ... wie die Frauen aus Bosnien keine Sprache finden für das, was ihnen in den Kriegslagern geschah? ... wie viele Elternpaare nach dem Tod eines Kindes nicht miteinander trauern können? ... (Hier sind Beispiele aus dem Gemeindealltag gefragt.)

Möglicher Schluß
Manchmal ist Gott uns sehr fern, liebe Gemeinde. Wir verstehen Gott nicht, fühlen uns ganz und gar von Gott verlassen, ungerecht gestraft, ohnmächtig dem Schicksal ausgeliefert. Dann ahnen wir, daß all die guten Namen, die wir für Gott haben, all die Glaubenssätze, an denen wir uns festhalten, nur Bilder sind. Gott ist vielgestaltiger, mächtiger und auch widersprüchlicher als unsere Bilder. Wir können uns Gott nicht gefügig machen, nicht mit Opfern, nicht mit frommem Wohlverhalten. Wir können nicht mit Gottes Hilfe spekulieren. Die Verantwortung für unser Leben bleibt bei uns.
Und wenn die Last zu schwer wird? Wenn unbegreifliches Leid uns ohnmächtig macht, so daß wir verstummen? Wenn wir nichts mehr hören können, was tröstet, nichts mehr fühlen, nichts mehr sagen?
Einer ist nicht stumm geblieben: »Mein Gott - warum hast du mich verlassen?« schrie er, dem Tode nahe. In diese Klage können wir mit einstimmen, mit Seufzen und Weinen, mit Zorn und Aufbegehren. Und wenn wir es selbst nicht können, mögen sich andere finden, die für uns den Mund auftun. Erst die Klage führte Jesus - selbst Jesus! - in die Versöhnung mit seinem Weg: »Nicht mein Wille, sondern dein Wille geschehe«.

Kontexte

Uns waren während der Arbeit an dem Text besonders präsent

- das Drama »Iphigenie in Aulis« von Euripides und
- das Kapitel »Um Tod und Leben« aus James A. Mitchener, Die Quelle, Knaur TB, das die Grauen der Kinderopfer in vorisraelitischer Zeit eindrücklich schildert.

Palmsonntag

Annäherungen an den Predigttext Markus 14,3-9

Kurt Dohm

Seniorenfreizeit auf Langeoog, überwiegend Frauen, einige Männer, vom Typ her eher »Junge Alte«, die meisten mit dem Gemeindeleben vertraut, einige sind regelmäßige Gottesdienstbesucher. Ich mache sie mit meiner Absicht bekannt, in der abendlichen Gesprächsrunde von ihnen einmal etwas über einen biblischen Text zu hören, von »Laien« also, als Hilfe für professionelle »Predigtmacherinnen- und Predigtmacher«. Manche äußern ihr zögerliches Bedenken über die eigene Kompetenz, sind anfangs verhalten, kommen aber im Laufe des Gesprächs immer mehr zu Wort.
Wir lesen den Text. Nur wenigen ist die Geschichte bekannt, einigen fällt der Name »Maria Magdalena« dazu ein. Manche haben Fragen, die aber nicht gleich zu Anfang gestellt werden. Wo liegt Betanien? Wer war »Simon, der Aussätzige?« Warum wird er besonders genannt, wurde er von Jesus geheilt? Was hat es zu bedeuten, daß Jesus sich dort mit seinen Jüngern versammelt? Was ist der Sinn einer Salbung? Wo wird heute noch gesalbt? Gibt es das nur in der katholischen Kirche? Was meint Jesus mit dem »guten Werk«, das die Frau an ihm tut?
Das Gespräch konzentriert sich auf die Kritik der Jünger an der Frau. Haben sie nicht recht? Muß nicht soziales Handeln für Christus an erster Stelle stehen? Wird nicht auch heute in der Kirche zuviel Geld vergeudet für Kirchenbauten, Glocken, Orgeln und dergleichen? Die Kostbarkeiten in einer Kirche machen nicht satt. Muß man nicht erst die Not beseitigen? Einer nennt ein Beispiel aus seiner Gemeinde. Da sollte einmal ein goldenes Abendmahlsgerät für eine afrikanische Gemeinde angeschafft werden. Mit dem Geld hätte man vielen Armen helfen können. Eine andere erinnert an die schönen Glasfenster in der City-Kirche, die viele Millionen gekostet haben. Das hatte damals einen großen Streit in der betroffenen Gemeinde hervorgerufen.
Das Gespräch wird lebhaft. Die Kritik der Jünger findet auch Widerspruch. Sie werden als eifersüchtig und kleinlich bezeichnet. Kritisieren kostet nichts, Besserwissen auch nicht. Sie wollen den Armen helfen, aber mit dem Geld der Frau. Welches Recht haben sie, darüber verfügen zu wollen? Warum denken sie gerade jetzt an die Armen? Sie können ja, wenn sie wol-

len, jederzeit helfen. Wenn jemand anderes freigiebig ist, bekommt man selbst leicht ein schlechtes Gewissen. Wie es keine absolute Wahrheit gibt, gibt es auch kein absolutes Gutes. Jeder muß für sich die Prioritäten für sein Handeln setzen. Er kann seine eigenen Prioritäten nicht auf andere übertragen. Die Frau kann und darf selbst bestimmen, was sie für wichtig hält. Ihr ist es in diesem Augenblick wichtig, an Jesus zu handeln. Darum fragt sie nicht, sondern macht, was sie will. Das kostbare Salböl ist ja auch ihr Eigentum. Damit handelt sie an Jesus. Das ist ihre Priorität. Diese kann man sicher kritisieren, aber man muß ihr das Recht lassen, selbst zu bestimmen, was für sie wichtig ist.
Jesus läßt gelten, was die Frau tut. Er läßt es als etwas Gutes stehen. Andere können auf andere Weise Gutes tun. Wenn alle tun, was sie für wichtig halten, wird auch den Armen geholfen. Die Frau handelt aus vollem Herzen, aus Überzeugung. Sie wendet sich Jesus zu, ganz und gar, ohne Vorbehalt. Sie tut es aus Liebe und Verehrung. Sie hat getan, was sie konnte. Das ist das Wichtige an dem Geschehen. Auch Jesus sieht es so. Darum sagt er: Das ist meine letzte Ölung, meine Salbung zum Begräbnis.
Das Gespräch geht seinem Ende zu. Ich versuche, noch einen anderen Anreiz zu geben: Ob denn das Verhalten der Jünger typisch »männlich« sei und das der Frau typisch »weiblich«? Aber der Ball wird nicht aufgenommen. Die Runde löst sich auf. Viele äußern sich überrascht, wie gut sich doch ein biblischer Text, der am Anfang so fremd erscheint, im Gespräch erschließen könne. Sie hätten vieles durch den Gedankenaustausch miteinander jetzt besser verstanden.

Zum Gottesdienst

Hans-Jürgen Kant

Exegetisch-homiletische Skizze

In den Texten des Gottesdienstes am Palmsonntag spiegelt sich der Beginn der Karwoche wider.
Psalm 69 ist das Gebet des leidenden Gerechten. Anfechtung und Schmach muß er erleben. Essig gibt man ihm zu trinken. Doch seine Hoffnung auf Gottes Hilfe bleibt. Der Christushymnus (Phil 2,5–11) zeigt den wahren Schmerzensmann. Er ist von Gott gekommen und Mensch geworden. Ihm, Gott, ist er auch gehorsam bis zuletzt und ermöglicht damit Zugang zu ihm. Unter Hosanna-Rufen des ihm entgegenkommenden Volkes zieht Jesus in Jerusalem ein (Joh 12,12–19), so wie der verheißene Messias nach Sachj 9,9 in die Stadt Zions einziehen soll. Und er ist doch zum Sterben gekommen.

Die Hosanna-Rufe des Volkes sollen bald in ein »Kreuzige ihn!« umschlagen.

Läßt sich das Markus-Evangelium auch als »Passionsgeschichte mit ausführlicher Einleitung« beschreiben, so durchdringt sie doch das ganze Evangelium in Form der dreifachen Leidensansage und dreimaligen Verwerfung Jesu.

Die eigentliche Leidensgeschichte beginnt mit 11,1; in Kapitel 14 erfolgt eine weitere Steigerung: Hohepriester und Schriftgelehrte, die führenden Leute denken über das Wie der Vernichtung Jesu nach. Zunächst ergebnislos. Der Tod ist jedoch längst beschlossene Sache (schon 3,6).

An dieser Stelle unterbricht Markus den Ablauf mit der Salbungsgeschichte. Dann läuft die Todesmaschinerie weiter: Die Planung kann konkreter werden. Judas Iskarioth bietet sich den Funktionären an als der, der Jesus ausliefern wird.

Mitten in den Todesplänen die Salbungsgeschichte.

Bei Lukas steht sie in einem anderen Zusammenhang. Auch dort weilt Jesus bei einem »Simon«, aber einem Pharisäer, nicht bei einem geheilten Aussätzigen. Die Geschichte von der Salbung wird bei Lukas (7,36–50) Beispiel für das Gleichnis von der Vergebung, das in der Mitte der Perikope (7,40–43) steht. Johannes (12,1–8) kannte wohl eine Zwischenform; 12,3 b stimmt mit Lukas 7,38 b überein, sonst folgt er der markinischen Form. Dabei ist das Abtrocknen der Füße bei Lukas logisch, nicht jedoch bei Johannes.

Am Beginn des markinischen Passionsberichtes steht die Geschichte von der Salbung in Bethanien, möglicherweise ursprünglich anknüpfend an 11,11. Eine Frau erkennt als erste die Wichtigkeit der Passion Jesu. Damit können die normalen religiösen Pflichten (Fasten, Almosengeben) nicht mehr an der ersten Stelle stehen. Die Gegenwart des Kyrios suspendiert von allen anderen Rücksichten und Verpflichtungen: Von Tischsitten, von dem sonst üblichen Verhalten der Frauen, von allgemeinen Regeln und Verbindlichkeiten. Was sonst richtig ist, wäre hier falsch. Es zählt nur Jesu Gegenwart, über der schon die Schatten des Todes stehen.

Insofern ist die Zeichenhandlung der namentlich nicht benannten Frau (anders in den Fassungen von Lukas und Johannes) eine doppelte: Zum einen wird die herausgehobene Bedeutung Jesu unterstrichen, zum anderen wird Jesus zu seinem Tod gesalbt, auf seinen Leidensweg vorbereitet. Wegen der Auferweckung 16,1 wird es keine normale Salbung geben.

In der Auslegungsgeschichte ist diese Erzählung immer wieder unter der Alternative von Kult oder Ethos gesehen und zur Rechtfertigung für eine Kirche genutzt worden, die die Armut Armut sein ließ und sich auf die kultische Verehrung konzentrierte. Dagegen ist die Einmaligkeit der Situation im Sinne dessen, was über Jesu Leben und Leiden gesagt werden muß, hervorzuheben.

Andererseits stehe ich auch heute noch vor den Fragen: Wie werde ich den Erfordernissen des Augenblicks gerecht? Wie verhalte ich mich richtig angesichts des Doppelgebotes der Nächsten- und Gottesliebe? Auch heute noch verlangt die besondere Stunde die besondere Tat. Wo ich in meiner Tiefe angesprochen bin, bekomme ich Mut, ungewohnte Wege zu gehen, das Regelwerk des Alltags auch einmal abzuschütteln und alles zu wagen.

Vorschläge zur Liturgie

Zum Kyrie
Verpaßte Möglichkeiten
vertane Tage
zu wenig geglaubt
nur halbherzig gehofft
nicht entschieden genug gehandelt.
Das bringen wir dir:
Kyrie ...

Zum Gloria
Wege der Liebe
geglücktes Leben
den Blick sehr weit
das Herz voller Mut
endlich deutlich geworden.
Dafür loben wir dich:
Ehre ...

Kollektengebet
Komm uns nahe, Gott,
wenn wir auf dich hören,
von dir singen,
zu dir beten.
Deine Nähe bringt uns auf den
Weg zu dir. Amen.

Präfationsgebet
Gelobt seist du, Gott,
der du unserer Welt
ein immer neues Erwachen
schenkst.

Du läßt das Weizenkorn
aufgehen,
damit wir Brot haben die
Fülle.

Du läßt den Weinstock
treiben,
damit wir Wein haben im
Überfluß.

Wir danken dir für deine Gaben,
die wir teilen,
und so den Himmel spüren,
das vollkommene Fest an deinem Tisch,
das läßt uns singen: Heilig, heilig, heilig ...

Hinführung zu den Einsetzungsworten
Klar liegen deine Wege vor uns,
Jesus Menschensohn.
Du bist sie zu den Zweiflern,
zu den Leidenden und den Angefochtenen gegangen.
Die Unterdückten haben dich geliebt;
ihr Leben wurde reich an Hoffnung.
Die Führer haben dich gehaßt;
ihre Schemata und Systeme galten nicht mehr.
Das Volk hat dich umjubelt und
dann doch fallengelassen: Hosanna und Kreuzige ihn.

In den Ruhepausen des Weges
hast du am Tisch gesessen
mit Verächtern und Verachteten
und hast neue Würde gestiftet,
Menschlichkeit,
die vom Vergeben und Teilen lebt.
Du hast die Taten der Liebe
herausgefordert und selbst gebraucht:
Taten, die alle Konventionen brechen,
auch das zudeckende Schweigen der Freunde.

In der Nacht, als du verraten wurdest, ...

Nach dem Abendmahl
Wir danken dir, Gott,
für das Essen und Trinken an deinem Tisch.
Hilf uns, deiner Nähe wie unserem Herz zu vertrauen,
damit wir wach bleiben für die Taten der Liebe,
auf die du wartest. Amen.

Vorschlag zur Predigt

Möglicher Beginn
Wodurch werde ich zu einem mutigen Menschen? Was bringt mich dazu, aus meiner gewohnten Rolle herauszutreten?
Sehr oft fühle ich mich eingebunden in das, was andere von mir erwarten. In das, was man eben in bestimmten Situationen tut, wie man sich verhält. Wie kann ich mitten in diesen Erwartungen, mitten in der Routine allgemeiner Verhaltensregeln Raum finden und behalten für das plötzlich eintretende Geschehen, für Unerwartetes, Unerhörtes? Was muß mit mir passieren, daß ich anders reagiere als es erwartet wird, als es gute Sitte ist?
Wir haben heute Palmsonntag. Wir haben in den Lesungen davon gehört, daß Jesus auf dem Weg zu Leiden und Tod ist.
Da wagt eine Frau das Außergewöhnliche. Ich lese Ihnen den ersten Teil dieser Geschichte aus dem Markusevangelium, *Kapitel 14,3-5.*

Zum weiteren Verlauf
Die Einwände der Unwilligen lassen sich verstehen:
Zum einen: Wer möchte sich schon so ein gemütliches Beisammensein verderben lassen. Das Essen und Trinken ist vielleicht schon aufgetragen. Da betritt jemand den Raum und schreckt die Runde hoch. Und dieser »jemand« ist noch dazu eine Frau, die die Männergesellschaft am Tisch stört und die die Mahlgemeinschaft und die vielen klugen Männerreden unterbricht.
Hätte sie ihr Werk, wenn diese Salbung schon sein muß, nicht vorher oder sonst hinterher tun können?
Zum anderen: Ist dieser Aufwand nötig? 300 Silbergroschen sind der Jahresverdienst eines Tagelöhners. Wäre das Geld nicht sinnvoller ausgegeben für die zahllosen Armen des Landes als für diese Tat scheinbaren Luxus? Sind die heutigen Anfragen nicht berechtigt? (siehe auch in den Annäherungen):
Warum geben wir unser Geld immer noch für die Pflege von Kirchenmusik, für die Erhaltung der zu groß gewordenen Kirchen aus gotischer oder gar romanischer Zeit, für Kunst und Kultur, für die Gestaltung von Gemeindefesten aus - wäre nicht an solchem Luxus zu sparen angesichts der Not in der Welt?
Wenn jemand zu mir als Pfarrer mit einer großen Spende für die Orgelrenovierung kommt: Kann ich das Geld wirklich annehmen, oder sollte ich nicht besser sagen: Gib, alles, was du geben willst, für Projekte in der III. Welt?
Wir wissen weder den Namen der Frau, noch wissen wir, warum die Frau so gehandelt hat. Was sie bewegt hat, Jesus zu salben, Konventionen zu brechen, Luxus zu riskieren. Jesus steht fast unmittelbar vor seinem Leiden und Tod. Vielleicht hat sie es geahnt, was jetzt kommen wird und was

darum angemessen ist. Vielleicht gehört sie auch zu jenen Frauen, deren Leben sich durch die Begegnung mit Jesus verändert hat. Nun will sie durch ihre Tat der Liebe ihre Dankbarkeit ausdrücken.
Taten der Liebe sind nicht immer gleich einsehbar und verstehbar, sie haben oft wenig mit Mathematik und Ökonomie zu tun. Sondern mehr mit Hingabe, mit Verschenken, auch mit Verrücktheit. Aufwand und Nutzen werden nicht in der Form einer Bilanz gegeneinandergerechnet.
Hören Sie, wie Jesus reagiert hat, ich lese die Geschichte weiter:
Mk 14,8–9
Jesus reagiert – wie so oft – auch hier anders, als es seine Zuhörer erwarten. Für Jesus wird die Tat dieser Frau zu einem Zeichen, fast zu einer prophetischen Zeichenhandlung: Seht, wir reden hier noch miteinander und haben doch geschwiegen über das, was kommen wird. Nur diese Frau hier tut das, was nun einzig angemessen ist. Sie salbt mich für meinen Tod. Aber ihr wollt nicht verstehen und zeigt euch als unwillige Buchhalter. Es gibt Momente, in denen die Konvention nur Flucht ist, das rational Vernünftige sich als unvernünftig erweist und nur eines zählt: die Hingabe. Es geht um Leben und Tod.
Der bevorstehende Tod Jesu erschüttert alles bisherige Regelwerk – hier ist nur die Wohltat der Liebe die angemessene Antwort. Sie geht bis unter die Haut und bringt Jesus wieder dazu, das auszusprechen, was seine Jünger nicht hören und nicht verstehen wollen, sondern mit allen Kräften abwehren: Mein Leib wird für mein Begräbnis gesalbt.
Mk 14,9
Die ganze Heilsbotschaft wird nur im Zusammenhang mit der Tat dieser Frau, mit dem Gedächtnis an dieses Zeichen der Liebe verkündigt werden. Wo diese Frau vergessen wird, wird auch die Botschaft verkürzt.
Dabei wurden Frauen allzu oft in der Geschichte des Gottesvolkes vergessen und an den Rand gestellt. In den Geschichten der Passion und der Auferstehung Jesu heben sie sich jedoch auffällig von den männlichen Protagonisten ab. Sie verleugnen nicht, sie fliehen nicht, sondern sie schauen hin, sie leiden mit, sie wagen sich hin an die Stätte des Todes.
Diese Tat jener Frau im Hause Simons des Aussätzigen, im Hause des Leids, wird im Gespräch bleiben, wie die Flucht der Jünger, die Verleugnung des Petrus und der Verrat des Judas.

Möglicher Schluß
Es gibt verpaßte, vertane Chancen, die mich traurig zurücklassen. Hinterher merke ich: Ich habe auf die Konventionen, auf die Angst vor dem Gerede der Leute gehört, nicht auf mein Herz.
Verpaßte Liebe, versäumtes Leben – das kenne ich. Das Verhalten der Frau in Bethanien macht mir Mut, meinen Gefühlen zu trauen und ihnen zu folgen. Ich kann dabei lernen, es sind die Taten der Liebe, die mich zum Leben führen. Auf den durch Unverbindlichkeit und Risikolosigkeit ausge-

tretenen Wegen, gepflastert durch ein normgerechtes Verhalten, gerate ich nur in die Zonen des Todes. Da bekomme ich ein kaltes Herz, wo ich doch ein brennendes brauche.
Die Taten eines brennenden Herzens verhindern nicht den Gang der Dinge. Sie können Leiden und den Schmerz nicht aufhalten oder verkleinern. Und doch brechen sie ein Komplott des Schweigens und des Nicht-Wahrhaben-Wollens, sie sind wie ein Hauch Leben mitten im Tod.
Ehrlich und mutvoll kann ich werden. Doch dazu brauche ich selbst Ermutigung durch solche Geschichten wie die von der Salbung in Bethanien. Damit mir ein Strahl jener göttlichen Liebe ins Herz fällt, die das Eis tauen läßt, die die Blumen unter dem Asphalt schon sieht und die die Rosen im Schnee schon ahnt. Ein lebendiges Herz wird mir geschenkt, wo ich offen und sensibel bleibe und im Antlitz des Nächsten das Antlitz Christi entdecke.

Kontexte

Das Heilige ist weniger ein Gebäude oder eine Institution als ein Ereignis, etwas, was geschieht.
(D. Sölle: Christentum und Postmarxismus (1986), in: Das Fenster der Verwundbarkeit, Stuttgart 1987)

Die Liebe ist das einzige, was wächst,
wenn wir es verschwenden.
(Ricarda Huch)

Wir brauchen eine Gesellschaftsordnung, in der der Kopf und das Herz die entscheidenden Körperteile sind und nicht die Ellenbogen.
(Stefan Heym)

Kein Politiker auf der Welt hat so viele Verbündete wie das Geld. Selbst die Liebe muß sich vor ihm in Acht nehmen, weil es voller Eifersucht ist.
(Hanns Cibulka: Am Brückenwehr, Leipzig 1994)

Gründonnerstag

Annäherungen an den Predigttext Markus 14,17-26

Traugott J. Simon

Das Gespräch fand mit acht weiblichen Mitgliedern des gemeindlichen Gospelchores statt (im Alter zwischen ca. 20–40). In vier Teilen näherten wir uns dem Text: 1. Metapher - Meditation - 2. Gedanken zu den vorgelesenen Versen 22–24 (Abendmahl) - 3. Gespräch zum ganzen Text - 4. Themenwünsche für eine Predigt über den Text. Die beiden ersten Schritte »gingen« wir schriftlich.

1. Zunächst die Metaphern: »Gründonnerstag ist wie ...« *(erst war leises Seufzen und verlegenes Lächeln wahrzunehmen):* Frühlingsanfang (Übereinkommen) Kontrast zu düsterem Karfreitag; Erwartung, Grüne Soße; Abendmahl, »Grün«; Grüne Soße mit Pellkartoffeln, Tischabendmahl, Altenabendmahl mit Trachten; letztes Zusammensein der Jünger mit Christus; Zusammensein der Familie; ein hoher Raum, viele Menschen, Brot und Wein teilen, ein warmes Licht am Abend vor einem traurigen Tag; ein gutes Gespräch vor einer großen Entscheidung; Urlaub an der Ostsee (als Erinnerung), die große Hektik vor dem Feiertag.

2. Mit den vorgelesenen Text-Versen (22–24) verbinde ich:
Gemeinschaft, Teilen, Geist ausgießen - mit dem Brot und Wein an alle weitergeben, Zusammenkunft, in der »Standes«-Unterschiede, Hierarchie wegfallen; Abendmahl als immer wiederkehrende »Vereinigung« mit Gott - hier kommt sie für mich am stärksten, am deutlichsten zum Ausdruck; Erinnerung an meine Konfirmandenprüfung: Ich habe als einzige von uns sieben KonfirmandInnen die Einsetzungsworte aus dem Katechismus auswendiggelernt und im Gottesdienst aufgesagt - diese ist eine der wenigen Stellen, die ich bis heute noch weiß und die ich im Gottesdienst heute im Stillen mitspreche; NICHTS; Blut des Bundes - immer fremd für mich, Ritual, mit Blut besiegelt? Abendmahl - es gehen wenige Menschen; viele bleiben dem Gottesdienst bewußt fern! Seine Bedeutung war mir früher größer, am liebsten hätte ich es öfter gefeiert. Heute genügen mir einige Male im Jahr, Geheimnisvolles wächst. Sehr eigenartig diese Veränderung. Wozu brauchen wir ein Bundesmahl?; Gemeinschaft/Nähe zu den Jün-

gern, Abschied, veränderte Gottesbeziehung; Agape - Teil eines Ganzen, Vertrauen haben (als Geben und Nehmen) - Kernaussage des Glaubens; Vertrautheit/Sicherheit - vermittelt durch den oft gehörten Text und doch: Dies ist mein Leib/dies ist mein Blut ... - was soll das heißen? Blut, das vergossen wird - und ich soll es trinken? Der frische Geschmack von Weißbrot, die am Gaumen klebende Oblate, der Schluck Alkohol, viel zu früh am Sonntagmorgen, die Gemeinde hinter mir, die ich in der Gruppe am Altar kniee - ich in der Gemeinde, die auf die vorne Knieenden guckt, das langsame Abwischen des Kelches, nachdem er einmal rundherum genutzt wurde. Was macht den Bund aus? Ist das Blut umsonst vergossen worden? Dank für das Brot. Gemeinschaft bei Tisch und nicht nur da, sondern vielmehr friedliches Zusammenleben aller Menschen als Hoffnung.
Dazu noch mündliche Ergänzungen im Gespräch:
Ich suche mir aus, wo ich zum Abendmahl gehe. - Wenigstens *ein* Ritus in unserer Kirche. - Ich lehne feste Abendmahls-Liturgie ab, z. T. Zeitfaktor dauert so lang), rausposaunte Buße und Schuld stört mich, ganz anders z. B. Kirchentag 95 Schlußgottesdienst (Fernsehen), toll: Christus = unser Leben; - Freude (Pfr): Hausabendmahl mit Brot, mit Freude/Leben! - »Meine Güte, mein Gott«, daß wir Fehler haben, weiß doch jeder ... Das andere hat 'was Befreiendes. - Daß beim Abendmahl weniger sind, kann ich gar nicht verstehen (Zustimmung) - Agape (1. Advent immer in dieser Gemeinde ist schön. - Eine eher negative Verbindung ist gar nicht da bei mir. Kern-Aussage: Verbindung! - Tolle Erfahrung zu Lichtmeß - Evangelische Messe (Abendmahl): Bischof teilte Brot auch an Kinder: Das hat mich tief und warm berührt; für die Kinder war es ganz wichtig: gleichrangig behandelt zu werden; andere haben (statt Wein) die Hand auf den Kopf gelegt.

3. Reaktionen auf den jetzt ganz gelesenen Text:
Judas ist eine faszinierende Gestalt, mir so nahe, sympathisch. - Klingt so grausam, was gegen ihn gesagt wird. Hat er überhaupt eine Wahl gehabt; Gehört zu diesem Bild von Judas dazu. War es seine Aufgabe? - Warum läßt Christus diesen Spruch los? Hat er ihn überhaupt gesagt? Oder ist es Menschenwerk? Was ist denn das? Urteil! So viel Härte - oder auch seine Menschlichkeit, sonst wäre es fast eine unchristliche Äußerung. - Oder sich in ihn (Judas) hineinversetzen, ihm seine Verantwortung bewußt zu machen. Da ist mir immer etwas gruselig - kriege Gänsehaut dabei. - Jesus weiß ja schon, wer es ist. - Für ihn ist klar, wie es ausgehen wird ..., da ändert sich nichts. -
Kein schnelles Happy-End. Ich hänge noch an »der ... mit mir in die Schüssel taucht«: Sie sind sich trotzdem noch sehr nahe; aber ich tauche doch nicht mit jedem in die Schüssel. Hat Judas schon verraten? - (kurze Verwirrung, ob ja oder nein ... Text: war schon V. 10–12). Judas müssen die Hände zittern. Ja, er hätte noch gehen können, es rückgängig machen. Jesus gibt

ihm noch einmal die Chance, es noch anders zu machen. Judas tut ihm irgendwie leid. Eigentlich sind wir Christen so richtige Waschlappen »böse ist nicht böse«, hier aber: Verrat eines guten Freundes wird angesprochen; und der ist widerlich. Das ist ein großes Stück Lebensqualität: Judas - Sündenbock - die böse Figur. Wie weit weg ist er von den eigenen Gefühlen und von Jesus? - Oder sehr überzeugt! - Ich habe die ganze Zeit drei Worte im Kopf »und jetzt trotzdem«: mit euch gemeinsam, und zwar auf Jesus bezogen (einige bezogen es auf Judas).
Nach diesem Gespräch meint eine Frau sinngemäß: Die ganzen dummen Verse drumrum (Judas) lenken von den beiden Versen ab, über die wir vorher sprachen (22–24 zum Abendmahl). *Bei einer anderen Frau ist es genau anders; sie meint, die Verse mit Judas seien eher Beiwerk, obwohl auch wichtig. Aber insgesamt wird festgehalten: Das Abendmahl ist wichtig. Dann geht das Gespräch weiter:*
Wenn Judas so schlecht, nur böse gewesen wäre, hätte er sich nicht umgebracht. Oder es war Verrat, um Jesus herauszufordern, um einen Stein ins Rollen zu bringen. *Eine Frau greift vorher Gesagtes wieder auf:* Warum »Waschlappen« - eher umgekehrt: Und ihr wollt Christen sein? Und erzählt von Weihnachten: zwei wohlsituierte Damen hinter ihr, die sich »das Maul zerrissen« über zwei 30jährige »Kinder«, die das Leben nicht auf die Reihe kriegen. - »So habe ich das gar nicht gemeint!« *(entgegnet die Frau, die vom »Waschlappen« gesprochen hatte).* Mir war wichtig: Tun wird benannt - ohne zu verurteilen, was einer hier tut, ist schlecht. - Ich habe Hitler-Filme gesehen, mit entschuldigenden Erklärungen. - Warum nicht: Einfach schlecht nennen, was es auch ist? - Mut finden, Courage zeigen! - Christen müssen immer alles besänftigen. - Das ist ein altes Bild von den Christen. Heute eher: Christen mischen sich ein! Da an Weihnachten war ich von dem Gerede der Damen ganz überfahren. Davon hätte ich auch gerne was: Eine passende Formulierung fiel mir nicht ein.

4. Zum Abschluß: Themen-Wünsche für die Predigt
- Schwerpunkt Abendmahl
- Symbol für Vergebung
- irrsinig großes Maß an Liebe und Freiheit
- Wahl für die Gemeinschaft + dazu die Freiheit lassen
- zu sich stehen (Judas und Jesus)
- Dinge klar benennen, trotzdem offen für Gemeinschaft bleiben
- Text zweigeteilt, aber: Hoffnung auf friedliches Zusammenleben aller Menschen
- Text hat mehrere Themen
- Verräter offenbaren/verraten
- Hoffnung: wird doch noch gut!

Gründonnerstag mit diesem Text wird sicher spannend, weil diese Erzählung in sich so spannungsvoll ist!

Zum Gottesdienst

Gerhard Engelsberger

Exegetisch-homiletische Skizze

»Die Seele Christi heilige mich,
der Leichnam Christi speise mich,
das Blut Christi tränke mich,
das Wasser, das aus seiner Seite floß, wasche mich,
sein bitter Leiden und Sterben stärke mich.
O lieber Herr Jesu, erhöre mich!
In deine heiligen Wunden verbirg mich!
Laß mich nimmermehr von dir geschieden werden!
Vor dem bösen Feind bewahre mich!
In meiner letzten Stunde rufe mir,
daß ich möge kommen zu dir
und mit allen Auserwählten dich loben
und preisen ewiglich!«

»Anima Christi sanctafica me«, ein seit dem 14. Jahrhundert verbreitetes Gebet, in der Übersetzung von Heinrich Schütz.

Das Problem des heute an Gründonnerstag zu predigenden Textes - wenn denn überhaupt »gepredigt« wird und nicht die besondere Feier am Abend, sei es als ausgesprochener Abendmahlsgottesdienst, sei es im Rahmen einer Passionsandacht, Alternativen zu einer Predigt erfordert - ist weniger ein exegetisches, eher ein »theologisches« bzw. »anthropologisches«: Wir wollen unseren Frieden, unser Heil, unser Leben nicht auf das Opfer eines anderen gründen. Ein Opfer, verbunden mit Blutvergießen, ist uns antiseptisch und mit Weichspülern aller Art Erzogenem nun doch ein Greuel. Das haben wir nicht nötig! Das geht doch auch anders! Wo kämen wir denn da hin, wenn ...!
Ob wir das stellvertretende Opfer deshalb verdrängen, weil wir tagtäglich davon leben, nicht nur an Gründonnerstag und Karfreitag? Ist uns bewußt, daß - jede und jeder unter uns möge beichtend vor der eigenen Türe kehren, bevor er/sie auf die Kanzel geht - jede Minuten Pflanzen, Tiere, Menschen sterben, damit wir leben, wie wir leben? Und ob, so frage ich mich zu der Zeit, als die Meldung über den Bildschirm kommt, daß Landminengegner den Friedensnobelpreis 1997 erhalten, ob unsere Kirche, die den täglichen Opfergang verdrängt, diesen Skandal eines sich hingebenden Gottes (nicht etwa in einem Frühjahr- oder Ernteritus mit Tanz und sexueller Exstase) überhaupt als solchen begreift? Moralische Überhebung ist das Letzte, das Studium der Demut das Notwendige.
Der Hinweis auf das jüdische Mahl muß an dieser Stelle nicht noch einmal wiederholt werden. Ablauf und Bedeutung sind viel publiziert (z.B. in

S. Ph. De Vries, Jüdische Riten und Symbole, Wiesbaden 1981, Seite 57 ff. und Seite 114 ff., oder in Klaus Berger, Manna, Mehl und Sauerteig, Stuttgart 1993, Seite 128 ff.). Eine ausgezeichnete Zusammenfassung der Fragen und weiterführende Antworten gibt Jörg Zink, Zum Abendmahl sind alle eingeladen, Stuttgart 1997.
Theologische Streitigkeiten, gelehrte Kommentare über den Unterschied zwischen Johannes und den Synoptikern, die Frage, ob Passahmahl oder »Abschiedsmahl« u.v.a.m. gehören nicht in Predigt und Gottesdienst. Wohl aber die Härte, die Wucht, die Zumutung des zu predigenden Textes. Die in ihrer Überfülle fast erschlagenden Bemerkungen aus den »Annäherungen«, zu Papier gebracht von potentiellen Predigthörerinnen und -hörern, alarmieren und sensibilisieren: Was hier geschieht und gar gefeiert wird, ist für heutigen »Überbau« »mega-out«, für die heutige ökonomische und ökologische Basis allerdings so üblich, daß es nicht einmal einer Meldung mehr wert ist.
Ich kann unsere Scheinheiligkeit, auch die meinige, nicht besser formulieren als Martin Luther: »Auch die Gottlosen haben das Wort Gottes. Es sind aber allein die Schalen, den Kern haben sie nicht, das ist den Zugang zur Gnade, die Frucht des Leidens Christi usw., wenn sie auch die Historien davon an alle Wände gemalet haben. Den Nutzen aber des Leidens Christi weiß ihrer keiner. Es bleibet immer Geheimnis. Der Grund dafür ist, daß sie nicht Sünder sein wollen, Christus aber hat für die Sünder gelitten. Daher kommt es auch, daß sie viel vom Leiden Christi reden, aber nichts davon verstehen. Wenn wir sagen: Christus hat für uns gelitten, also bist *du* der Sünder, da wollen sie nicht dran.« (WA 311, 381, Seite 15–22)
Ist dies das Geheimnis, daß wir das letzte Abendmahl Jesu historisieren, malen und »künstlerisch goutieren«, daß es uns in seiner Wucht, seiner Erdigkeit und Radikalität fremd bleibt, weil wir – Sünder sind und bleiben wollen?
Jesus ist – so inzwischen in der Exegese mehrheitlich vertreten – sich seines (notwendigen?, stellvertretenden?, die Mächtigen zu letzten Auseinandersetzung provozierenden?) Leidens und Sterbens bewußt. Die Deuteworte »dies mein Leib, dies mein Blut« gehören wahrscheinlich zum frühesten Überlieferungsgut der Gemeinde. Bei aller Freude über das vorweggenommene endzeitliche Mahl, bei aller Hoffnung auf den Wein, der von neuem einst in Gottes Reich gemeinsam getrunken werden wird, – dieses letzte Abendmahl bleibt nicht nur ein vorweggenommenes Festmahl, es ist auch ein vorweggenommener Leichenschmaus. Die Feiernden beerben den Sterbenden/Verstorbenen/Auferstandenen. Ein »Niemand« gibt alles, ein »Nirgendwo« bereitet einen Heimweg den vielen, ein »Nichts« ist alles.
Jedenfalls eines sollte bei aller Eile in der Vorbereitung angesichts vieler Passionsandachten und des großen Höhepunktes »Karfreitag« auch am Gründonnerstagabend – wenn auch schwer, so trotzdem – über die Lippen kommen: Es ist ein Requiem, das wir jetzt feiern. Wir erinnern uns eines

Todes. Wir erinnern uns der »letzten Dinge« und »letzten Worte«. Wir sind zusammengekommen als »Hinterbliebene«. Und nun gilt nicht: »Laßt uns essen und trinken, denn morgen schon bist du tot.« Nun gilt: »Deinen Tod verkünden wir und deine Auferstehung preisen wir, bis du kommst in Herrlichkeit.«

Unsere Anamnese ist so schlicht wie unmöglich: Wir stecken unseren Jubel und unser Lachen nicht auf wie ein »Maien« an einem »Maibaum«, den man nachher wieder abbaut, zersägt und verbrennt. Wir hängen unser Heil und Leben - Wasser, Brot, Wein, Atem, Geist, Zukunft - daran, daß Gott tut, wozu wir nicht in der Lage sind: Sterben um des Lebens willen. Opfer zugunsten der Fülle, Brot für die Welt.

Straft die Händler Lügen! Buchstabiert diese Wahrheit: »Das ist mein Blut des Bundes, das für viele vergossen wird.« Studiert bei den Mystikern! Sie hatten schon immer ein Gespür für das »Geheimnis des Glaubens«. Sie waren sich auch nicht zu schade, für diese Wahrheit bloßgestellt zu werden.

Vorschläge zur Liturgie

Psalm und Lieder

EL: 225,1-3 Komm, sag es allen weiter (Walz, Traditional)
LV: 75,1-3 Ehre sei dir Christe (Salzburg)
HL: 223,1-6 Das Wort, das geht vom Vater aus (Otto Riethmüller)
PL: 226,1-6 Seht das Brot, das wir hier teilen (Zenetti/Schweizer)
SL: 420,1-5 Brich mit den Hungrigen dein Brot (Barth/Jannsens)

Eingangsgebet

Gott in Ewigkeit,
dein Wort ist Licht,
dein Wort ist Wahrheit,
dein Wort ist Tat,
dein Wort ist Leben.
Lehre uns hören.
Führe uns in dein Licht.
Laß uns teilhaben an deiner Wahrheit
Ermutige uns, deinen Willen tun.
Schenke uns die Gnade des Lebens.

Kollektengebet

Herr Jesus Christus,
sei uns Fleisch und Blut, wir sind ohne Leben,
sei uns Schwester und Bruder, wir sind allein,
sei uns Feuer und Licht, wir sind im Schatten,
sei uns Freude und Tanz, wir drehen uns um uns selbst,
sei uns Wasser und Regen, wir sind ohne Quelle.

Fürbittengebet

Denen, die Wohnung suchen, öffne eine Tür,
denen, die Frieden suchen, öffne eine Grenze,
denen, die hungern, sende Menschen mit offener Hand,
denen, die trauern, schenke dein Wort,
denen, die krank sind, sende Engel mit Lebensbrot,
denen, die leer sind, schenke deinen Heiligen Geist.

Texte als Gerüst für die Predigt

Ich gehe davon aus, daß an Gründonnerstag die Predigt »aufgebrochen« sein wird. Die nachfolgenden Texte mögen einzelne Meditationen anregen, taugen aber auch als Gerüst für eine Predigt.

Gottes Gedanken

»Als Gott sein edles Geschöpf, den Menschen, wiedergewinnen wollte, sagte er: Wenn ich ihn gegen seinen Willen zwinge, so habe ich einen Esel und keinen Menschen ... Damit er freiwillig kommt, werde ich ihm Schrecken einjagen; vielleicht kehrt er dann um und lebt. Und Gott drohte ihm mit den schlimmsten Dingen, die erdenklich sind: mit ewiger Finsternis, ... mit einem Feuer, das nie erlischt. Aber der Mensch ließ sich so nicht zurückrufen. Da sagte Gott: Er ist nicht nur furchtsam. Er ist auch begehrlich. Ich will ihm das versprechen, was ihm am ersehnlichsten erscheint. Die Menschen ersehnen Gold und Silber und ähnliches; aber am meisten ersehnen sie das Leben. So versprach er ihnen das ewige Leben. Als Gott sah, daß auch das nichts half, sagte er: Im Menschen ist nicht nur Furcht und Begierde, sondern auch Liebe, und nichts zieht ihn heftiger. So wurde Gott Mensch, und er erwies sich so liebenswert, daß er uns eine Liebe schenkte, die von niemandem übertroffen werden kann: nämlich seine Seele für uns hinzugeben.« (Bernhard von Clairvaux)

Sanctus

Bei jedem Abendmahl singen wir das Sanctus, einen Text aus einem alttestamentlichen Prophetenbuch (Jes 6,3). Wir singen dieses »Heilig, heilig, heilig« nach einer jüdischen Melodie. Als Juden im französischen Blois im

Jahr 1171 verbrannt wurden, sangen sie bis zur Bewußtlosigkeit, bis zum Tod das ›alenu-Gebet‹ (»Unsere Pflicht ist es, den Herrn des Alls zu preisen«) nach eben der genannten Melodie. Das hat die Christen, die sie hinrichteten oder dieser Hinrichtung zuschauten, dann doch teilweise wenigstens so bewegt, daß sie nach Auskunft zweier Chronisten »ihre Kopfbedeckung abnahmen zum Zeichen ihres Respektes. Nachher wurde die Judenmelodie dem gregorianischen Repertoire einverleibt.« Wenn wir heute »Heilig, heilig, heilig ist der Herr Zebaoth, alle Lande sind seiner Ehre voll« (185,1 und 185,2) singen, dann stimmen wir ein in das Sterbelied französischer Juden, Opfer christlicher Gerichte. (Nach Frieder Schulz, JLH 28, 1984, Seite 39 ff.)

Brot hält die Liebe am Leben

Als der Geheime Medizinalrat Prof. Breitenbach gestorben war, gingen seine drei Söhne an das traurige und wehmütige Geschäft, den Nachlaß zu ordnen und das Erbe ihres Vaters getreu seinem letzten Willen unter sich zu verteilen. Es waren alte, handgeschnitzte Eichenmöbel, schwere Teppiche, kostbare Gemälde, auf deren Rahmen die Patina des Alters schimmerte. Und dann war da eine Vitrine, so wie sie in ehrwürdigen Haushalten zu finden ist: ein schmaler, hoher Glasschrank mit vergoldeten Pfosten und geschliffenen Scheiben. In diesem Schrank, den der Medizinalrat bei Lebzeiten wie ein Heiligtum gehütet hatte, waren kleine Kostbarkeiten und seltsame Erinnerungsstücke aufbewahrt.
Behutsam und mit liebevollen Händen nahmen die Brüder die zierlichen Elfenbeinstatuen, die hauchdünnen chinesischen Teetassen und die römischen Öllämpchen heraus. Plötzlich stutzten sie. Im untersten Fach hatte einer von ihnen ein merkwürdiges Gebilde entdeckt, einen grauen und knochenharten Klumpen, wie von ungeschickter Kinderhand aus Lehm geknetet. Vorsichtig nahm er ihn heraus im Glauben, eine besondere Kostbarkeit in Händen zu halten. Die Brüder traten herzu und hielten den merkwürdigen Gegenstand unter die Lupe. Wie groß war ihr Erstaunen, als sie erkannten, daß es sich um nichts anderes handelte als um ein vertrocknetes Stück Brot!
Ratlos sahen sie einander an; so begannen sie lange herumzurätseln, was der Beweggrund gewesen sein mochte, viele Jahre lang ein vertrocknetes Brotstück in der Vitrine aufzuheben. Schließlich fragten sie die Haushälterin.
Die brauchte sich nicht lange zu besinnen. Unter Tränen erzählte sie: In der Hungerjahren nach dem Weltkrieg hatte der alte Herr einmal schwer krank gelegen. Die Ärzte befürchteten seinen Tod, wenn er nicht etwas Kräftiges zu Essen bekäme. Aber das hatte niemand in diesen Tagen.

Resigniert zuckten sie die Achseln. Damals nun hatte ein Bekannter ein halbes Brot geschickt mit dem Wunsch, der Medizinalrat möge es getrost essen, damit er ein wenig zu Kräften komme. Es sei gutes, vollwertiges Schrotbrot, das er selbst von einem Ausländer erhalten habe.
Zu dieser Zeit aber habe gerade im Nachbarhaus die kleine Tochter des Lehrers krank gelegen, und der Medizinalrat hatte das Brot nicht selbst gegessen, sondern es den Lehrersleuten hinübergeschickt. »Was liegt an mir altem Manne«, habe er dazu gesagt, »das junge Leben dort braucht es nötiger!«
Wie sich aber später herausstellte, hatte auch die Lehrersfrau das Brot nicht behalten wollen, sondern an die alte Witwe weitergegeben, die in ihrem Dachstübchen ein Notquartier gefunden hatte. Vollkommen verarmt.
Aber auch damit war die seltsame Reise des Brotes nicht zu Ende. Die Alte wollte ebenfalls nicht davon essen und trug es zu ihrer Tochter, die nicht weit von ihr mit ihren beiden Kindern in einer kümmerlichen Kellerwohnung Zuflucht gefunden hatte.
Die wieder erinnerte sich daran, daß ein paar Häuser weiter der alte Medizinalrat krank lag. Er hatte kürzlich einen ihrer Buben mit einer schlimmen Krankheit behandelt und nichts dafür verlangt. Nun, dachte sie, kann ich mich auf diese Weise bedanken bei dem freundlichen alten Mann. Sie nahm das halbe Brot unter den Arm und ging damit zur Wohnung des Medizinalrates.
»Wir haben es sogleich wiedererkannt«, schloß die Haushälterin, »an der Marke, die auf dem Boden des Brotes klebte und ein buntes Bildchen zeigte. Als der Medizinalrat sein eigenes Brot wieder in Händen hielt, da war er maßlos erschüttert und hat gesagt: ›Solange noch Liebe unter uns ist, die ihr letztes Stück Brot teilt, solange habe ich keine Furcht um uns alle!‹
Das Brot hatte er nicht gegessen. Vielmehr hatte er zur Haushälterin gesagt: ›Wir wollen es gut aufheben, und wenn wir einmal kleinmütig werden wollen, dann müssen wir es anschauen. Dieses Brot hat viele Menschen satt gemacht, ohne daß ein einziger davon gegessen hätte. Es ist wie ein heiliges Brot, das zum sichtbaren Willen Gottes wurde und zum Beweis dafür, daß sein Wort auf guten Boden gefallen ist!‹ Damals legte es der Medizinalrat in die Vitrine, und ich weiß, daß er es oft angeschaut hat.«
Erschüttert hatten die Brüder dem Bericht der alten Haushälterin zugehört. Nun schwiegen sie lange. Schließlich sagte der Älteste, nachdem er sich zu wiederholten Malen geräuspert hatte: »Ich denke, wir sollten das Brot unter uns aufteilen. Ein jeder soll ein Stück davon mitnehmen und aufbewahren zum Andenken an unseren Vater. Es wird auch uns erinnern an diese verborgene Kraft, die den Menschen auch in der bittersten Notzeit die Liebe am Leben hielt, als jeder an jedem zu verzweifeln drohte.«
(Günther Schulze-Wegener)

Das Leiden Christi zahlt für mich

Die Anhänger der Sekten reden immer etliche Worte, aus denen man wahrnimmt, daß ihr Herz im Zweifel ist: Ich hoffe, ich sei fromm, ich sei gerecht. Ein Christ aber (sagt): Ich tue, was ich kann. Was ich nicht tue, das zahlt das Leiden Christi für mich. Ich bin selig in Christus, diese Zuversicht soll mir niemand nehmen. (Martin Luther, zit. nach Aland, Luther Deutsch 9, Seite 243)

Herz aus Brot

Ein elfjähriges Mädchen aus Italien namens Anna Soldi schrieb, selbst Kind, ein Gedicht für Kinder; denen sie etwas zum Leben auf dieser Erde sagen wollte: »Ich sah, wie der Bäcker ein Herz machte aus Brot. Groß und heiß und duftend. Da dachte ich: Wenn ich ein Herz aus Brot hätte - wie viele Kinder könnten davon essen!
Ich gäbe euch gerne, meine hungrigen Freunde, von meinem Herzen aus Brot. Aber das ist ein Traum, und meine hungrigen Freunde weinen noch immer. Ach, wäre mein Herz doch aus Brot.« (Unicef, zit. nach Jörg Zink, Zum Abendmahl sind alle eingeladen, Stuttgart 1997, Seite 116)

Es geht im Leben nicht alles glatt

Passionsansprache an Konfirmandinnen und Konfirmanden

Monika Walter

Bibeltexte:
Psalm 32,1-5 und 7
1. Lesung: Mt 26,17-19
2. Lesung: Mt 26,20-25
3. Lesung: Mt 26,26-30

Liebe Gemeinde, vor allem: liebe Konfirmandinnen und Konfirmanden! jetzt haben wir in den letzten 20 Minuten eine ganze Reihe von düsteren Worten gehört: »Schuld« und »Sühne«, »Übertretung« und »Klagen« in Psalm 32; und in den Lesungen hieß es: »Meine Zeit ist nahe«, »sie« (die Jünger) »wurden sehr betrübt«, es ging um »Blut«, »Verrat« und damit um Tod. Sind das nicht Wörter, die viele in erster Linie mit der Kirche in Verbindung bringen? In der Kirche ist es düster und ernst, todernst; da wird

nicht herumgealbert, da gibt es keine Lebendigkeit. So lautet doch das Urteil, das Vor-Urteil vieler, die zur Kirche wenig oder gar keinen Bezug haben.
Dieses Vor-Urteil ausräumen kann ich nicht und will ich nicht. Zumal – und das muß ich einräumen: zumal ein Teil davon ja wirklich zutrifft. Ein Teil davon positiv gesehen: Die Kirche *ist* ein Ort, an dem die dunklen Seiten des Lebens zur Sprache kommen können! Jochen hat mal gesagt, daß in der Kirche die Einsamen Zuflucht finden können. Und das stimmt auch. Die Kirche *ist* ein Ort, an dem Menschen, die allein sind oder denen es sonst nicht gut geht, Hilfe finden können. Zumindest versucht die Kirche, ein solcher Ort zu sein.
Und für heute abend, für den Passionsgottesdienst, wo Ihr fast alle 'mal da seid, für Euch, die Ihr oft lebendiger und lauter seid als es mir lieb ist, für heute abend habe ich mich gefragt, was die Passionszeit, die Leidenszeit Jesu mit Euch zu tun hat.
Ich bin da auf eine Antwort gekommen, die im ersten Moment banal klingen mag: Es geht im Leben nicht alles glatt. Es geht auch in Eurem Leben nicht alles glatt. So ist das nun einmal.
Einige Beispiele: Ihr erreicht vielleicht nicht die Note, die Ihr gern hättet oder die Ihr braucht, um eine bestimmte Lehrstelle zu bekommen, um ein bestimmtes Fach studieren zu können. Jemand, mit dem Ihr gern Freundschaft schließen möchtet, zeigt Euch die kalte Schulter. Da gibt es Momente, in denen Ihr unglücklich seid, Euch selbst nicht leiden könnt, in denen Ihr an Euch selbst zweifelt, ob Ihr jemals so werdet, wie Ihr sein wollt. Ich denke, das sind alles Probleme, die in Eurer jetzigen Lebenssituation auftauchen. Ganz zu schweigen von den Dingen, die dann später im Leben anders als erwünscht verlaufen können: von einer Schwangerschaft, die zu früh da ist; von einer Ehe, die zerstörerisch ist; von einem Arbeitsplatz, auf dem man sich nicht wohl fühlt; von denen, die einem am liebsten sind und die man verliert.
Und das alles tut weh. Sehr sogar.
Es geht im Leben nicht alles glatt! Jedes Leben – Eures auch – hat etwas davon, was man mit dem Wort »Leiden« bezeichnen kann.
Und das sage ich jetzt nicht mit erhobenem Zeigefinger, so nach dem Motto: »Na wartet! Ihr werdet die Kirche schon noch 'mal brauchen!« Soweit habt Ihr mich kennengelernt, daß Ihr wißt, daß das so nicht gemeint ist.
Ich weiß: Man kann gut ohne Kirche leben. Aber, und das haben wir bei unserem letzten Thema im Konfirmandenunterricht, dem Glaubensbekenntnis, herausgefunden: Man kann nicht ohne Überzeugungen leben, die so stark sind, daß sie den Charakter eines Glaubens haben. Jeder Mensch hat eine Vorstellung davon, was ihm im Leben wichtig ist, wie seine Welt aussehen soll, auf die er dann bauen möchte. Als eine Eurer Grundüberzeugungen habt Ihr genannt, daß Eure Eltern Euch lieben und

für Euch da sind. Und das ist viel. Dies glauben zu können, diese Überzeugung zu haben - da hat man schon viel Kraft für das eigene Leben und für die Schwierigkeiten darin. Denn - wie gesagt - es geht nicht alles glatt. Und auch das ist eine Grundüberzeugung: Das Leben *muß* auch gar nicht glatt und problemlos verlaufen. Wer sagt uns denn, daß wir stets glücklich und erfolgreich zu sein hätten? Daß es keine Tränen und keine leidvollen Erfahrungen geben dürfe? Diese dunklen Seiten gehören dazu, sind Teil unseres Lebens. Sie sind nicht »negativ« oder »schlecht«; sie sind einfach anders. Diese dunklen Erfahrungen machen Euch weicher, nachdenklicher, verständnisvoller für Euch selbst und für andere. Sie lassen Euch wachsen und reifer werden.

Ich weiß, daß das, was ich da eben gesagt habe, nicht so leicht zu verstehen ist. Es geht mir selbst auch so, und es wird mir auch noch lange Zeit so gehen, daß ich immer wieder neu verstehen muß, bei jeder Erfahrung, die mir nicht gefällt oder die mir weh tut. Vielleicht ist das so ähnlich, wie man während der Schulzeit immer mehr von Mathematik verstehen lernt und immer mehr und immer schwierigere Aufgaben lösen kann.

Jedes Leben hat sein eigenes Leiden, das Teil eben dieses Lebens ist. Soweit habt Ihr es wohl nachvollziehen können. Und nun noch eine Überzeugung, ein Glaubenssatz: In dem, was uns ungeduldig oder sehr traurig macht, was uns weh tut, können wir eine ganz bestimmte Erfahrung machen: Wir können auf den treffen, den wir »Gott« nennen. Gott ist natürlich auch da, wenn es uns gut geht, wenn wir fröhlich sind und lachen. Mit Sicherheit. Aber eben auch und besonders in den schlimmen Stunden. Denn es geht nicht nur nach unserem Willen; das Leben ist nicht so planbar wie man etwa eine Reiseroute plant. Es geht auch nach Gottes Willen. Und daß alles durch Gott geschieht, war eine Eurer Überzeugungen, wie sie an der Tafel gestanden haben.

Leiden und Schmerz, Krankheit und Tod - all das geschieht mit Gott. Darin gehören wir auch zu ihm, bleiben seine Kinder. Jesus, der Gottessohn, hat viel Schlimmes erfahren. Und vielleicht war das Schlimmste der Verrat einer seiner Jünger, die er doch alle lieb hatte. Er hat viel erleiden müssen. Und mit all dem war es sein Leben. Und er hat geglaubt, daß Gott da ist, für ihn. Er hat sein Leben aus Gottes Hand nehmen können. Auch das Leid. »Ist's möglich, so gehe dieser Kelch an mir vorüber; doch nicht wie ich will, sondern wie du willst.« So betete er im Garten Gethsemane. Bevor sie ihn abholten.

In den düsteren Stunden, die es gibt, ist Gott da. Das ist eine der tröstlichen und eine der wärmenden Überzeugungen, die man in der Kirche finden kann. Und ich hoffe sehr, daß Ihr da jetzt und später 'mal anklopfen könnt.

Karfreitag

Annäherungen an den Predigttext Lukas 23,33-49

Klaus Guhl

Die »Theologische Runde« unseres Gemeindezentrums ist ein seit Jahren wöchentlich tagender Kreis. Neben einer Stammbesetzung von drei Frauen und vier Männern mittleren und älteren Jahrgangs, kommen andere gelegentlich hinzu. Dann sitzen in diesem Kreis die Hausfrau, die Witwe, der Ex-Journalist, der Soldat und der Hochschullehrer nebeneinander.
Zu Beginn des Abends wird der Predigttext des kommenden Sonntags laut vorgelesen. Hin und wieder übernimmt dann eine/r den Lektorendienst. Gespräche und Diskussion entwickeln sich dann aus spontanen Beobachtungen und Assoziationen. Manchmal fehlt der rote Faden oder eine erkennbare innere Logik. Dennoch kommen hier Fragen und Gedanken auf, die für die Predigt anregend sind. Mit Neugier und Interesse verfolgt die Gruppe dann die Entwicklung des Gespräches hin zur Predigt, die einmal monatlich beim anschließenden Kirchenkaffee nachbesprochen werden kann. Nach 60 Minuten schließt die Runde mit dem Vaterunser.

Lesung
Erste Reaktionen:
Verwunderung über V. 45, wo Jesus bloß als frommer Mensch und nicht als Gottes Sohn bezeichnet wird: »Ein frommer Mensch, das ist mir zu wenig.« Zustimmung. Wir vergleichen mit Markus. Dort steht Gottes Sohn. Bewertung: »Lukas schwächt an dieser Stelle den Markus ab.« Wir vergleichen mit Matthäus. »Natürlich, jetzt weiß ich auch, woher ich es kenne: aus der Matthäus-Passion.« Erheiterung. »Für mich ist ein frommer Mensch eine ganz andere Aussage als Gottes Sohn, nicht nur abgeschwächter.«
Jemand hat einen Leben-Jesu-Roman gelesen und erzählt von der Version dieser Stelle in dem Buch. »Auch wenn es hier abgeschwächter steht, der römische Hauptmann bekennt sich zu Gott, dem jüdischen Gott, dem monotheistischen Gott. Das ist schon gewaltig.« »Auffallend ist, daß nicht nur ein Übeltäter am Kreuz sich zu Christus bekennt, sondern auch ein fremder Hauptmann, daß also im Augenblick von Jesu Niederlage sich schon zwei zu ihm bekennen.« »Irgendwo gibt es doch einen Hauptmann Kornelius?«

Weitere Reaktionen:
»Mit dem Vers 48 »sie schlugen sich an die Brust«, da kann ich nicht allzuviel mit anfangen.« Spekulationen darüber: Es scheint uns ähnlich wie mit »sie zerrissen sich die Kleider« zu sein. Ein Ausdruck des Entsetzens, der Überraschung, vielleicht der Reue. »Wieso Entsetzen, die Leute wollten doch eine Hinrichtung sehen. Deshalb waren sie doch gekommen.« »Hat es nicht etwas damit zu tun, daß die Finsternis kam (V. 44), von der sechsten bis zur neunten Stunde und die Sonne ihren Schein verlor? Das löste Entsetzen aus.« »Aber daß der Vorhang zerreißt, konnten die auf dem Berg nicht wissen.« »Doch was Jesus gesagt hat, das haben sie gehört. Vater, vergib ihnen.« »Alles zusammen, das Gespräch am Kreuz, die Sonnenfinsternis, Jesu Worte, da wurde ihnen etwas mulmig zumute.«
Weiter geht das Gespräch über Sonnenfinsternis und die Empfindungen der Menschen dabei. »Ich sehe dieses an die Brust schlagen positiv. Reue, sie kehrten um.« »Wie kehrten sie denn um? Bußfertig?«
»Für mich ist bedeutend, daß im Augenblick, wo Jesus elend am Kreuz hängt, daß im Augenblick seiner absoluten Niederlage, zwei Menschen sich zu ihm bekennen, nachdem der Kosmos (die Sonne) trauert um den Christus, der stirbt.« »Der Hauptmann war davon ergriffen, wie Jesus starb, von der Kraft, die von ihm ausging.« »Karfreitag ist irgendwo auch der Tag der Scham. Was haben wir eigentlich gemacht? Wir haben den Sohn Gottes gekreuzigt. Auferstehung, Überwindung des Kreuzes, das steht noch aus, das ist ja noch nicht da.« »Hier ist ein Doppeltes drin. Jesus, der Christus und Jesus, der Mensch.«
Das Gespräch rankt sich um Vergleiche mit den Synoptikern. Unterschiede über den zeitlichen Ablauf der Ereignisse werden festgestellt. Doch werden daraus keine bedeutenden Erkenntnisse abgeleitet. Man ist sich darüber im Klaren, daß es sich nicht um historische Tatsachenberichte handeln kann, sondern um Erzählkompositionen. »Es ist ja eher unwahrscheinlich, daß ein römischer Hauptmann sich wegen einer Kreuzigung zum jüdischen Gott bekehrt. Kreuzigungen gab es damals viele.«
»Wir müssen fragen, was Lukas uns sagen wollte.« Die Frage nach der heilsgeschichtlichen Bedeutung kommt in den Blick. Verweis auf Psalm 22 und Jesaja 53 und Psalm 31, den Einzelelementen, die Lukas in seine Version einfließen ließ. »Jeder, der versteht, daß dieser Jesus kein gescheiterter Aufrührer war, sondern ein von Gott Gesandter, kann sich zu ihm bekennen, sei es ein Römer oder ein Verbrecher.« »Und kann mit ihm ins Paradies.« »Beeindruckend, obwohl es sein Ende ist, nimmt Jesus Leute für sich ein.« »Es ist eine spannende Geschichte, fast filmreif.« Erinnerungen an Jesus-Filme wie »Das Gewand« werden erzählt. »Als Kind, ich erinnere mich, war das eine Geschichte, die unter die Haut ging.«
Das Thema der Reue (an die Brust schlagen) wird noch einmal aufgegriffen. Wir saßen im August zusammen, am Hiroshima-Tag, und erinnerten uns daran, daß die Reue der Wissenschaftler, das Begreifen über die unge-

heure Zerstörungskraft der Bombe erst im nachhinein einsetzte, da sie vorher aus Blindheit zwar über alle möglichen Konstruktionsdetails nachgedacht haben, die Todesmacht ihrer Bombe aber nie durchdacht hatten. »Plötzlich wird es einem bewußt.« »Das kommt ja auch im Alltag vor. Man überlegt zuwenig die Konsequenzen.« »Beinahe hätte ich heute einen Radfahrer überfahren, weil ich zuwenig aufgepaßt hatte. Plötzlich begreift man dann etwas. Fragt sich, was geht hier eigentlich vor.« »Die Leute haben sicherlich öfter Kreuzigungen gesehen. Hier lief ihnen jedoch ein Schauer über den Rücken. Sie hatten noch nichts erkannt, sie waren nicht bekehrt, aber sie waren berührt.« »So schreibt es Lukas. Niemanden ließ es kalt. Alles Volk schlug sich an die Brust. Zwei hat es verändert. Die Jünger standen in sicherer Entfernung, waren nicht geflohen.«
»Gibt es einen Hinweis, warum Jesus hingerichtet wurde?« Das Kreuz gilt als Strafe für Aufruhr. »Aber es fehlt, daß er für unsere Sünden (Jesaja 53). starb.« »Das geschieht hier. Eine Prophezeiung erfüllt sich. Einer kann für andere leiden.« »Wenn Jesaja die Poesie ist, dann ist Lukas die Prosa. Die Geschichte zur Vision.«

Zum Gottesdienst

Helmut Zeilinger

Exegetisch-homiletische Vorentscheidung

Natürlich habe ich an Karfreitag - trotz der 2000 Jahre dazwischen - die Kreuzigung Jesu vor Augen. Die Evangelien-Perikope hilft dabei auf ihre Art mit. Aber ich kann dieses Schicksal Jesu nicht isoliert betrachten: Zu viele »Kreuze« standen schon damals in Jesu Nachbarschaft (nicht nur die beiden genannten) und stehen bis heute in unserer Nachbarschaft. Orte, an denen Menschen umkommen oder umgebracht werden: Nach wie vor auch solche, die sich wie Jesus zugunsten von »Gerechtigkeit, Frieden und Bewahrung der Schöpfung« eingesetzt haben und einsetzen. So ist das »Kreuz Jesu« nicht Zielpunkt meiner Betrachtung, sondern Ausgangspunkt. Was mich an *seiner* Leidensgeschichte herausfordert, öffnet mir den Blick gerade auch für andere Leidensgeschichten. In dieser Richtung möchte ich auch den ganzen Gottesdienst und speziell die Predigt gestalten.
Die Lukas-Version ermutigt mich zu dieser Akzentsetzung. Ich konzentriere mich also auf das »Sondergut«. Gegen die »Evangelien-Harmonie« (wenigstens in manchen Köpfen) mag erhellend sein aufzuzeigen, was bei Lukas *nicht* vorkommt (was er wegläßt von dem uns Bekannten, was ihm

nicht wichtig ist) bzw. wo er andere Akzente setzte als die Evangelien-Parallelen: z. B. das Königsprädikat als »Ursache« der Verfolgung; die Mehrdeutigkeit der Erwähnung, daß Jesus »den Tempel abbreche und in drei Tagen wieder aufbaue«; das direkte Zitieren aus Psalm 22 (Vers 2) und das indirekte im entsprechenden szenischen Gestalten der Kreuzigungs-Erzählung (etwa Vers 7b, 9, 16b, 19, 28, 30f.); die Hintergründigkeit der Eli-Elia-»Verwechslung«; die Begleiterscheinungen wie Erdbeben, offene Gräber und Auferstehung von »Heiligen«.
Zu den *lukanischen* Akzenten gehören stattdessen die beiden Gebete Jesu (Vers 34 und 46); das Zwiegespräch mit den Übeltätern (Vers 39–43); die Gleichung Messias = Auserwählter Gottes (Vers 35); die Schlußfolgerung des Hauptmanns, daß »dieser« ein besonderer, »ein frommer Mensch« war (Vers 47b); diese andere Gewichtung, als die synoptischen Parallelen sie vornehmen, ist mir sympathischer, näher. Deshalb kann ich das *»bloß«* ein »frommer Mensch« in den »Annäherungen« so nicht mitvollziehen; und gerade auch die wiederholten Bemerkungen über die, die »zuschauten« (Vers 35,48,49).
Je länger ich mich mit diesem Text befasse, desto gewichtiger werden mir diese Hinweise: Sie bilden nicht nur den »Rahmen« der Erzählung; sie gehören ja noch immer zu den Leidensgeschichten unserer Welt und was von ihnen berichtet wird. Nicht nur »der in der Mitte« ist unübersehbar. In die Mitte meines Interesses rückt Lukas für mich gerade auch diese Randfiguren des Volkes (»sie standen *von ferne* und sahen das alles«, Vers 49).
Ich lese also aus Lukas 23 weniger eine (heilsgeschichtliche) Deutung des Kreuzes Jesu, wie's für manche durch die Reflektion in Lukas 24,26 (»*Mußte* nicht Christus dies erleiden ...?«) oder durch dogmatische Wertungen in der neutestamentlichen Brief- und Predigtliteratur mitschwingt bzw. sich festgesetzt hat. Im Gegenteil. Was mich aus dem damaligen und heutigen »Zuschauen« anspricht, ja »angeht«, regt die Fantasie an: daß Menschen beim Leiden anderer »zuschauen«, vergrößert deren Leid, macht sie zum »bloßen« (Show-)Objekt der Umstehenden. Deren Passivität läßt das Martyrium sich nicht nur unangefochten weiterentwickeln (wo ein Eingreifen das Leiden stattdessen mindern, wenn nicht beenden könnte); das Zuschauen potenziert die Katastrophe auch darin, daß es oft der Hilfe durch andere direkt oder indirekt (»Wenn *die* nichts unternehmen, warum dann *ich*?«) im Wege steht (vgl. Katastrophen-Tourismus).
Aus diesen Überlegungen möchte ich folgende Verkündigungs-Akzente weitergeben und selbst setzen:

- Wie oft schauen auch in dieser Leidensgeschichte Menschen bei der »Kreuzigung« anderer Menschen zu?
- Wenn Menschen nur »Zuschauer« dessen sind, was passiert und was gegen anderes Leben unternommen wird, wird es vermehrt zu Kreuzigungsgeschichten kommen.

- *Wir* »wissen heute, was wir tun« bzw. zulassen oder unterlassen (Vers 34).
- Dieser Kreuzigungsbericht kann anstoßen, durch verändertes Sehen und »Wahr«nehmen der Opfer in unserer Nähe und unseres Lebensstils heutige »Kreuze« und ihre Hintergründe zu erkennen. Darin »berührt« mich, was im zweitletzten Absatz der »Annäherungen« anklingt.
- So kann's zur »Umkehr« (Vers 48) kommen, wo aus dem »von ferne« Mitbekommen ein Nähertreten und Eintreten wird. Vielleicht könnten so *heutige* Kreuze verhindert oder vermindert werden.
- »Auserwählte« Gottes (gehören wir in Jesu Nachfolge nicht auch dazu?) »helfen nie - in erster Linie - sich selber« (Vers 35) - obwohl: Wer das Leben eines anderen erhält, rettet damit auch ein Stück des eigenen Lebens.
- *Das* wäre für mich eine »heilsgeschichtliche« Deutung des Todes.
- Distanzierte »Ferne« aufgeben und einander heilsam nahkommen: Mit diesem Signal versuche ich, die Zusage des »Paradieses« (Vers 43) auf alle zu übertragen, die sich in »Zuneigung« zu Jesus und zu seinem Weg bekennen, und dieses »Paradies« zugleich aus seiner unzugänglichen Sphäre »jenseits unserer Realität« herüberzuholen auf die Ebene von unserem »Heute«. Denn »Paradies« hieß doch einmal »unmittelbare Nähe zu Gott und zueinander«.
- In solche Nähe zu Gott und den anderen können wir auch *unseren* »Geist befehlen«.

Vorschläge zur Liturgie

Votum
Liebe, die stärker ist als Schuld und Angst und Gewalt und Tod: Das feiern wir an diesem Karfreitag im Namen Gottes, ...

Liedansage
So feiern wir den, der zum Leben anderer beitrug selbst mit seinem Tod und singen deshalb vom »Haupt voll Blut und Wunden ...«

Eingangswort
Was nach unseren Begriffen schwach und aussichtslos ist, hat Gott erwählt, um zuschanden zu machen, zu beschämen, außer Kraft zu setzen, was stark und voller Gewalt ist (1. Korinther 1,27).

Eingangsgebet
Ach Gott, es sieht doch ganz anders aus: eher danach, daß alles zuschanden wird, was recht und gut ist! Wir klagen über soviel Leid, das Menschen einander antun, und das Tieren und unserer ganzen Erde angetan wird. Wir sehen mehr Tod als Leben, mehr Gewalt als Fürsorge, mehr Erniedrigung

als Aufrichten, mehr Haß und Egoismus als Liebe und Gemeinsamkeit, mehr Lüge und Angst als Wahrheit und Mut, mehr Gleichgültigkeit als waches Mitgehen, mehr Verdrängen und Unglaube als Verantworten und Dranbleiben, mehr Schuld als Vergebung. Und bei all dem, was wir beklagen, sind wir mehr beteiligt als wir wissen und zugeben. Wir möchten, daß das anders wird. Erbarm dich, daß wir unser Leben erfüllen, daß wir uns erbarmen gegenüber jedem Leben, das von Erniedrigung und Tod bedroht ist.

Ermutigungswort
Jesus macht Mut mit dem Wort: »Wer sich ängstlich raushält aus allem und sich in seinen Lebens- und Liebesäußerungen zurückhält und sie für später aufsparen möchte, wird vielleicht alles verlieren. Wer's aber riskiert auf meinem Weg, der wird viel gewinnen und erfüllen«, (Matthäus 16,25).

Lesung
Ich mache Mut - zumal, wenn wie an vielen Orten, das Abendmahl in den Gottesdienst integriert wird -, an der Stelle einer weiteren Lesung hier bereits die Predigtperikope von der Kanzel aus zu lesen und die Predigt anzuschließen. Im Zusammenhang des vorangehenden Liedes EG 81 könnte so eingeleitet werden:
Daß da *Gott* gefangen wird, gequält und gelähmt, wenn Menschen erniedrigt, vergewaltigt, vernichtet werden wie dieser Rabbi Jesus ben Josef; wenn Liebe diffamiert, geprügelt und gekreuzigt wird wie diese Liebe Christi: Das hören wir aus seiner Passionsgeschichte. Als Predigttext ist dieses Jahr der Abschnitt aus Lukas 23, von Vers 23 bis Vers 49 von unserer Kirche vorgeschlagen.
(Denkbar wäre auch, daß jetzt ein Gemeindemitglied den Bibelabschnitt vom Altar bzw. Pult aus liest)

Fürbitten
(etwa nach dem das Abendmahl abschließenden Lied EG 221)
»Wie Geschwister beieinander wohnen, Gebeugte stärken und die Schwachen schonen«, um »Christi Willen zu erfüllen«: Gott, in dieser Richtung wollen wir beten und leben für Menschen, die bedrängt, erniedrigt und um ihr Leben gebracht werden - vielleicht gerade wegen ihres Glaubens und Liebens und Hoffens. So halten wir Verbindung auch zu denen, die zu Unrecht in den Gefängnissen der Welt sitzen, und zu denen, die sie aus dem Vergessen reißen ... (Hier können sich Konkretionen anschließen). Gott, deine Liebe mache uns so stark, daß wir's fertigbringen, über keiner und keinem die Akten zu schließen, die anders ist; der sich schuldig gemacht hat; die uns enttäuscht hat; der sich von uns trennt. Wir beten und leben dafür, daß wir deinen Weg entdecken und gehen, der schon heute aufs Paradies zulaufen kann, und daß wir da einander mitnehmen und vor allem die, die sonst nur Hölle erleben ...

Lieder
Eingangslied: »O Haupt voll Blut und Wunden« EG 85,1+2
Lied zwischen Eingangsgebet/Ermutigungswort und Lesung/Predigt: »Herzlich lieb hab ich dich« EG 81,1+2+5+9
Lied nach der Predigt: »O Welt sieh hier dein Leben« EG 84,8–10
Lied nach dem Abendmahl vor den Fürbitten: »Das sollt ihr, Jesu Jünger, nie vergessen« EG 221,1+2

Vorschläge zum Abendmahl

Dankgebet (vor dem Sanctus)
Für alle »Liebe, die mehr ist als ein Wort«, die sich nicht enttäuschen läßt trotz allem, was gegen sie geschieht, die mit Wundern rechnet: Für diese Liebe Jesu Christi loben wir Gott mit allen, die schon vor uns so ihr Leben erfüllt haben, und die mit uns nach erfülltem Leben fragen, und die auch noch nach uns geglücktes Leben haben wollen, indem wir singen: ...

Bitte um den Geist (vor dem Vaterunser-Gebet)
Wir beten, daß Gottes Geist unser Leben erfülle und »wandle«: uns und alle unsere Lebensmittel und Beziehungen und Verhältnisse, und befehlen deshalb unseren Geist in Gottes Hand, wenn wir miteinander beten, wie Jesus gebetet hat: ...

Abschlußvoten (nach dem Teilen von Brot und Wein in Halbkreisen)
Dies Mahl (oder: dies einander Wahrnehmen und miteinander Teilen) mache unsere Liebe stärker als unsere Schuld (Angst / die Gewalt, die wir erleben und die von uns ausgeht / den Tod, den wir erleben und an dem wir beteiligt sind / Gleichgültigkeit / Unglauben / Mutlosigkeit / Schwachheit ...). So gehen wir - getragen von der Liebe - zum Lieben (oder: So gehen wir im Frieden - zum Frieden).

Segen (falls nicht in der Abendmahlsliturgie verwendet)
Gott, wir befehlen unseren Geist - unsere Seele - unseren Leib mit allen Sinnen in deine Hände. So gehen wir gesegnet und zum Segen in unser weiteres Leben und Miteinanderleben. Amen.

Vorschlag zur Predigt

Predigtanfang
Sie haben's sicher auch gelesen: das mit dem Mädchen, das in einer vollbesetzten U-Bahn vergewaltigt wurde; unweit von vielen, die das Schreien doch gehört haben mußten. Vielleicht haben's einige mißdeutet: Diese

jungen Leute mit ihrem aufreizendem Gekreische! Jedenfalls reagierte niemand. Vielleicht dachte jede und jeder: Ja, warum ich? Andere sind doch näher oder älter oder stärker oder können besser reden ... Uns bleibt der Mund offen. Wie kann sowas nur passieren: Am hellichten Tag, wo überall Leute sind!
Ja, und dann sehe ich die anderen Bilder in Schulbüchern oder in der Zeitung oder in Dokumentationen vergangener Zeiten. Da werden Juden abgeführt: mitten auf der Straße ihrer Stadt in Richtung Bahnhof. Von Polizei umgeben. Und an den Straßenrändern stehen Menschen derselben Stadt und gucken zu. Einige haben Kinder auf dem Arm. Den jüdischen Männern und Frauen und Kindern ist der Schrecken ins Gesicht geschrieben. Aber die die Straßen säumten und zuschauten (wie schon vorher in der Reichs-Pogromnacht, wie die Scheiben eingeschlagen wurden und die Flammen aus den Synagogen schlugen) - sie werden später fast alle sagen: Wir hatten von all dem nichts gewußt, nichts mitbekommen, nichts gesehen! - Was haben wohl die Väter und Mütter in Jerusalem, als sie wieder zu Hause waren und die Sonne wieder ganz normal weiterschien, ihren Kindern und Nachbarn gesagt, wenn diese fragten: Was haben sie denn mit dem Mann aus Nazaret gemacht? Werden sie sagen: Wissen wir nicht? Und wenn die Kinder drängeln: Der, der auf dem Esel vorbeikam, der war so toll! Alle haben geklatscht! Werden diese Kinder nicht fragen: Ihr habt zugeschaut, wie sie dem wehgetan haben? Warum habt ihr ihm nicht geholfen?

Zum weiteren Verlauf
Hinweis auf die verschiedenen Stellen im Bericht, wo's heißt, daß da Leute standen und zusahen. Nicht nur das »Volk« (Vers 35). Sondern auch alle seine Bekannten und die »Nachfolger« (Vers 49): seine »Freunde«, wie die revidierte Fassung der Guten Nachricht und Walter Jens (in: Und ein Gebot ging aus - Das Lukasevangelium) wiedergeben. Überraschend dagegen, daß die Außenseiter es anders mitbekommen. Überraschend? So war's doch auch zu Lebzeiten Jesu schon. Der neben ihm am Kreuz merkt 'was. Und der Besatzungssoldat auch. Von seinem Leben hatten sie wohl nie direkt 'was mitbekommen. Aber sein Tod machte sie wach und sensibel. Während eben die anderen nur zuschauten ... Ja, hätten sie was ändern können? Hätten sie's verhindern können?
Von da aus würde ich überleiten zu dem, was wir in unserer Zeit alles an physischer, psychischer und struktureller Gewalt mitbekommen und wie Menschen darauf verschieden (?) reagieren. Vielleicht können wir ja nicht immer etwas zum Guten verändern. Aber solange es außer den Opfern und denen, die ihnen wehtun, nur noch Zuschauer gibt, werden eben weiterhin Menschen um ihr Leben, ihre Unversehrtheit, ihre Würde und ihre Chancen gebracht werden.
Es gibt aber auch andere, die - weil sie's mitbekommen - sich einmischen und zu retten versuchen, was und wer zu retten ist ... (Wer kann dazu kon-

krete Namen und Vorgänge anführen, die nicht schon aus jedem Religionsbuch bekannt sind? Vielleicht Beispiele aus dem eigenen Ort?) Zum Beispiel Ausländern gegenüber wie in unserem Stadtteil. Da hatte sich vor Jahren eine Gruppe von Leuten zusammengetan gegen die, die mit diskriminierenden Flugblättern die Eröffnung eines Asylbewerber-Wohnheims verhindern wollten und die erwarteten Fremden schon im vorhinein fertigmachten. Aus dem Bündnis dagegen entwickelte sich eine Bürgerinitiative zur Betreuung derer, die kamen. Und zwischen diesen und den Einheimischen gab's dann fast nur gute Erfahrungen.
Wer seinen Geist - wie Jesus - »Gott befohlen« hat, bekommt andere Augen: wird nicht Zuschauer bleiben, wird die »Ferne«, die Distanz aufgeben. Die Bibel nennt solch eine ungebrochene Gemeinschaft mit Gott und Menschen »Paradies«. Da dabei zu sein, wird sogar einem »Übeltäter« zugesagt: Heute wirst du mit mir im Paradies sein, hörte er, als er sich dem zuwendete, was *noch* von dem geplagten Jesus ausging. Dieses »Heute« hat nichts mit dem Datum dieser Hinrichtung zu tun. »Heute« heißt, wie oft in der Bibel: Nicht irgendwann, sondern jetzt kann der Augenblick sein, wo alles anders wird; wo jemand umkehrt von seiner bisherigen Position; wo einem beim Zuschauen die Augen aufgehn.

Möglicher Schluß
Noch im jetzigen Moment können wir anfangen, das Richtige zu tun: andere wahrnehmen, die Situation wahrnehmen und uns und unsere Möglichkeiten wahrnehmen. Also auch Gott im anderen wahrnehmen und diesen als Bruder, als Schwester, als Freund erkennen, als den, der gerade mich jetzt braucht. Viele »Kreuze« in unserer Welt bräuchten nicht zu sein, wenn sich die mit den offenen Augen zusammentäten. Zuschauer fördern die Passionsgeschichten (Beispiele von »Katastrophen«-Touristen nennen?) Die aber, die nähertreten und sich einmischen gegen Ungerechtigkeit und Gewalt, können Schicksale ändern. »Fromme Leute« sind das - wie Jesus, die nicht nur in erster Linie und in allem immer nur an sich denken. Sie »wissen, was sie tun«. Sie wissen auch vom Risiko, das sie eingehen, wenn sie aus der Zuschauerrolle heraustreten. Aber sie wissen vor allem: Das kann ich nicht länger mitansehen. Gott räumt ihnen - selbst wenn sie schwach und wenige sind, große Chancen ein (siehe Eingangswort).

Kontexte

Was geben oder wegsehen? Das ist die Frage, wenn man einen der zahlrichen Vertreter des Elends dieser Erde an einer Ecke in Nairobi trifft.
Diese Schlaumeier, die immer wissen, wie man das richtig macht in Afrika. »Gib keinem Bettler etwas«, sagen sie, »es ist aussichtslos, es sind einfach zu viele.« Na

Klasse. Da sitzt du am Morgen in deinem Auto, fährst ins Büro, und an der Ampel kommen sie auf dich zu, die Krüppel an der Kreuzung Uhuru Highway/Kenyatta Avenue, diese fünf oder sechs Vertreter des Elends dieser Welt. Willst du einfach vor dich hinstarren? Oder durch sie hindurchsehen? Den Knopf herunterdrücken? Oder das Fenster hochkurbeln? Das Radio lauter drehen, damit du nicht hörst, wie sie leise an die Scheibe tippen? Ein wirklich toller Ratschlag, dieses »Gib ihnen nichts, es sind zu viele« ... (Bericht von Wolfgang Kunath/Nairobi, Frankfurter Rundschau 23.10.1997)

Unser gefährlichster Feind ist nicht der religiöse und der rechts-radikale Fanatismus, sondern die Resignation. Es gibt eine Art modischer Verzweiflung und elegischen Weltschmerzes von Leuten, die im Klubsessel vor dem Fernsehapparat sitzen, den Kopf schütteln und die Weltereignisse kommentieren. Für sie ist alles verloren: »Wir können doch nichts ändern. Alles ist sinnlos. Wir versuchen es gar nicht erst.«
Diese bequeme Resignation, die unsere Aktionen mit barmherziger Ironie verfolgt, ist der beste Bundesgenosse des Fanatismus, des Rassismus, der Unterdrückung, des Krieges. Sie überläßt das Schlachtfeld kampflos den Feinden der Menschlichkeit - und fühlt sich dabei sogar intellektuell und moralisch noch überlegen.
Aber die Erfahrung der Menschheit, unsere eigene Erfahrung beweist, daß diese Resignation nichts weiter ist als eine erbärmliche Ausrede der Drückeberger. Es ist so, wie die weltberühmte Anthropologin Margaret Mead sagte: »Zweifelt nie daran, daß eine kleine Gruppe von denkenden und verantwortungsvollen Bürgern die Welt verändern kann. Es hat nie einen anderen Weg gegeben, dies zu vollbringen.«
... Ich möchte mit einem Satz von Martin Luther King schließen: »Ich hasse die Rassisten, aber ich hasse noch mehr die, die ihren Taten zuschauen und sich nicht einmischen.«
(Uri Avnery, Mitbegründer von Gush Shalom, dem israelischen »Friedensblock«. Auszug aus seiner Rede bei der Verleihung des Aachener Friedenspreises 1997, in: Junge Kirche Heft 10/1997, Seite 539 f.).

Ostersonntag

Annäherungen an den Predigttext Matthäus 28,1-10

Ernst-Walter Rohmann

- Es sind einmal wieder die Frauen. Die allein machen sich auf den Weg. Wo sind die Herren der Schöpfung? Wo sind Petrus, Jakobus, Judas, Zachäus, wo sind sie? In Herzensangelegenheiten, da wo es in die Tiefe geht, da wo es wohl tut: immer nur die Frauen.
- Wenn ich auf dem Friedhof bin, um nach einem Grab zu sehen, so wie Maria von Magdala und die andere Maria, ich begegne zumeist Frauen, älteren Frauen. Sie machen sich auf den Weg. Nicht zuletzt deshalb, weil die biologische Uhr der Frauen halt länger tickt. Aber das ist doch in den Familien auch so. Es sind doch die Frauen, die die Herzensverbindungen halten.
  Denn der sonstigen Familie gegenüber ist doch distanziertes Verhalten angesagt. Was außer den berühmten Blutsverbindungen verbindet mich eigentlich wirklich mit Tante Magdalena, Onkel Bernd - oder Lars, Silke und Jan-Martin, den nervigen Großnichten und -neffen? Oder mit der Cousine meines Vaters, die ich zweimal in meinem ganzen Leben gesehen habe und die die letzte Begegnung einleitete: »Mein Gott, bist du dick geworden!« Sie war nicht besonders intensiv, die Begegnung, und nicht von langer Dauer.
- Offenbar war doch Jesus seiner Familie gegenüber auch so distanziert. Da spricht sich doch in einigen Worten Jesu diese Distanz aus: »Ich kenne keinen Vater und keine Mutter.« Oder: »Meine Brüder und Schwestern sind die, die dem Vater im Himmel gehorsam sind.«
  Da muß einer schon einen gehörigen Ärger mit Vater Josef, Mutter Maria, Jakobus und den anderen Geschwistern hinter sich haben, wenn er so redet. Und er muß eine selbstgewählte Familie haben, in der die Herzensverwandtschaft die erste Rolle spielt, in der Herzensverwandte miteinander das Leben gestalteten, also Maria aus Magdala, Zachäus der Zöllner, Petrus der Fischer, Maria und Martha: die Familie Jesu. Aber auch da, wie gesagt, kommen dann nur die Frauen.
- Es ist doch richtig: Das Erste, was der Mensch im Leben vorfindet, das Letzte, wonach er die Hand ausstreckt, das Kostbarste, was er im Leben besitzt, ist die Familie. Adolf Kolping hat das gesagt.

Nur ob dieses Letzte, wonach ich die Hand ausstrecke, das Kostbarste, was ich im Leben besitze, identisch ist mit den Blutsverwandten, wage ich sehr zu bezweifeln.

- Und die Gruppe von Menschen, in denen so eine Herzensverwandtschaft besteht, scheint schon immer sehr klein gewesen zu sein. Bedenkt, wieviele da unter dem Kreuz Jesu standen, oder sollte ich besser sagen: wie wenige? Wie wenige Herzensverwandte, darunter nur eine Blutsverwandte, die Mutter Jesu. Vor allem Frauen.
  Offenbar war aber die Herzensverwandtschaft, die Liebe, die diese Menschen bestimmte, so stark, daß sie den Tod besiegte.
- Ich kenne das sehr gut, wenn man - so wie diese beiden Frauen - traurig irgendwo hingeht. Man meint, genau zu wissen, was passiert. Ich stelle mich dann sehr oft auf die Situation ein, die da auf mich zukommt, versuche, mir klarzumachen, wie ich reagiere, wenn. Und dann passiert etwas ganz anderes. Ich gehe vielleicht zu einem Kranken und meine, ich muß all meine Kraft aufwenden, um ihn zu trösten - und komme selbst getröstet zurück. Das könnte so eine Erfahrung sein, wie die, die die beiden Frauen da gemacht haben mit dem Engel. Ich merke auch immer wieder, daß ich selbst so erschrecke, wenn mir das passiert, wenn etwas, das ich mir vorgestellt habe, eben nicht eintritt, sondern etwas ganz anderes.
- Also, mir ist diese ganze Wundersprache fremd. Warum müssen da immer Engel in weißen Gewändern auftauchen? Eine Blitzgestalt und weiß wie der Schnee. Nein. Wenn ich überhaupt von Engeln rede, dann sehen die ganz anders aus. Die tragen menschliche Züge, und man merkt oft erst sehr, sehr spät, daß es Engel waren, die mich beschützt haben. Warum kann man diese Geschichte von der Auferstehung nicht menschlich erzählen? Warum muß das immer mit Blitz und Donner und zerreissendem Tempelvorhang passieren? Das wirklich Tolle an dieser Geschichte ist in meinen Augen etwas anderes. Daß die Leute das Unglaubliche glauben. Und ich merke immer wieder, wie schwer mir das fällt. Und da helfen mir diese Geschichten mit den Lichtgestalten auch nicht.
  Viel schöner finde ich es da, daß Jesus den Frauen begegnet. Also, daß er sie trifft. Daß er sie dann nur wieder zu den Brüdern schickt, finde ich ärgerlich.
- Mir fällt eine Geschichte ein, die ich vor einiger Zeit im »Spiegel« gelesen habe. Dort stand, daß eine Firma in Jerusalem Einlegesohlen verkauft, die gefüllt sind mit heiliger Erde aus Jerusalem. Der Weg ins Paradies beginnt hier auf der Erde. Sie haben diese Einlegesohlen »Holy Steps« genannt, »Heilige Schritte«. Während sich Moslems bislang mit Bestellungen zurückhalten, nutzen vor allem amerikanische Christen und othodoxe Juden die Möglichkeit, weltweit immer und überall auf heiligem Boden zu wandeln. Weil es aber genauso wichtig ist, mit bei-

den Beinen sicher und gesund im Hier und Jetzt zu stehen, sorgt die Sohle gleichzeitig für gute Durchlüftung des Schuhwerkes und absorbiert Schweißbildung. Der Hersteller garantiert eine Lieferung innerhalb von 21 Tagen. Eine Garantie für prompte Ankunft im Himmel bietet er dem Käufer allerdings nicht.

Mit wieviel Himmel hier auf der Erde rechnen wir eigentlich noch? Da ist so ein religiöser Bodensatz. Etwas Heiliges soll uns erheben. Es soll etwas in unseren Alltag strahlen, das nicht alltäglich ist. Es soll uns etwas ansprechen, das anderes redet als die vielen Stimmen dieser Welt. Ich möchte, daß mich etwas trägt über den schwankenden Boden hinweg. Ich hätte gerne etwas Festes, Geregeltes in den Unbilden der Zeitläufe. Etwas Verläßliches, wenn ich verlassen und gar entlassen werde.

Mir scheint diese Geschichte vom Ostermorgen mit diesem »Vielleicht« zu rechnen. Vielleicht ist es ja möglich, daß so etwas geschieht.

Zusammenfassung - Theologische Erläuterung

Mir schien der Gedanke der Familie Jesu spannend und ungewohnt. Man könnte ihn weiterspinnen. Was bringt die Herzensverwandten Jesu, was bringt die Jüngerinnen und Jünger dazu, nach dem Karfreitag von der Auferstehung Jesu Christi zu reden? Was ist die treibende Kraft im Leben des Jesu von Nazareth, die ihn nach dem Karfreitag zum auferstandenen Christus werden läßt?

Ebenso spannend scheint mir der Gedanke, daß Gott sich auf diesen religiösen Bodensatz in unserem Leben einläßt. Also, daß er dem »Vielleicht«, dem zögerlichen Einstieg in das Religiöse, Recht gibt. Die Frage wäre dann, wie wir Christen in unserer Zeit es schaffen, aus der zögerlichen Annäherung einen Osterjubel werden zu lassen. Ob wir vielleicht doch die religiöse Sprache, das aus dem späten Mittelalter kommende Ritual des Predigt-Gottesdienstes, die Form unserer Kirchen, die Art unserer Musik, in der wir Gott feiern, neu bedenken müßten? Also: in welcher Form aus dem »Vielleicht« einen Osterjubel machen?

Spannend auch hier immer wieder die Frauenfrage. Warum gehen sie zum Grab und werden zu den Brüdern geschickt?

Zum Gottesdienst

Christoph Schmidt-Ehmcke

Exegetisch-homiletische Skizze

Schon immer hat mich erstaunt, wie gemächlich die Ostergeschichte erzählt wird. Sie schien mir weder atemberaubend noch ausführlich genug, um einer revolutionären Weltenwende, einer Explosion im Wirklichkeitsverständnis zu entsprechen. Hartnäckig verweigert sie die Antwort auf meine Frage, was nun »eigentlich« passiert sei und warum der Erzähler meinem Interesse so gar nicht entgegenkommt. Aber natürlich, ich kann nicht mehr wissen, welche Gedanken und Gefühle der Erzähler bei seinen ersten Hörerinnen und Hörern zum Klingen gebracht hat - immerhin nennt er Erdbeben, Engel, Blitz, schneeweißes Gewand, Furcht und Freude, aber fast protokollarisch unterkühlt, die Ereignisse wirken wie an einer Schnur aufgereiht. Das Fazit des Exegeten: »Der historische Ertrag ... ist wage und fragwürdig.« (Hans Grass, Ostergeschehen und Osterberichte, Göttingen, 1964, 3. Aufl., Seite 86)

Kerygmatische Interessen bestimmen die Überlieferung. Möglicherweise waren Grabesgeschichte und Erscheinungsgeschichte zunächst selbständig, Matthäus verbindet sie in Vers 8: Die Frauen benachrichtigen die Jünger, daß sie nach Galiläa gehen sollen, um dort Jesus zu sehen.

Die Abgrenzung des Predigttextes erlaubt es, die von Matthäus in die Auferstehungserzählung eingestreute Grabwachenerzählung an den Rand zu stellen. In der Perikope bezieht sich nur Vers 4 darauf zurück - er läßt sich als dramatisches Detail und Gleichnis nutzen: Während der Totgeglaubte aufersteht, fallen die Wächter der alten Wirklichkeit wie tot zu Boden.

Als einziger unter den Evangelisten erzählt Matthäus von der wunderbaren Grabesöffnung durch einen Engel. Die Erzählung ist im Detail unklar: Beschreibt sie in Teilen den Vorgang der Auferstehung, oder ist das Grab bereits leer, als der Engel selbst den Stein wegwälzt? Die Neugier wird zweifach gelenkt: auf den auf einem Stein sitzenden predigenden Engel und auf das leere Grab - der Gekreuzigte ist nicht hier, er ist auferstanden. Seine eigene Botschaft gibt der Engel fast im gleichen Atemzug als Auftrag für die Frauen an die Jünger weiter: Sie sollen ihnen so schnell wie möglich Nachricht geben von der Auferstehung. Eine Begegnung mit Jesus wird den Jüngern in Aussicht gestellt, aber nicht am Ort, in Jerusalem, sondern erst in Galiläa.

Die danach erzählte eigene Begegnung der Frauen mit Jesus scheint - sieht man vom Realismus der Szene einmal ab - keinen Zweck in sich selbst zu haben: Auf die Jünger kommt es an, auf ihre Benachrichtigung und ihre Gelegenheit, in Galiläa Jesus zu sehen.

In Galiläa wird die Botschaft am leeren Grab: »Er ist auferstanden!« in seiner Bedeutung entfaltet (Matthäus 28,16–20). Nach dem Sein des Auferstandenen, nach der Art des »Sehens« fragt der Neugierige vergeblich. Undramatisch wird die Begegnung der Jünger mit Jesus kurz gestreift, auch Zweifel nur erwähnt, um hinzuführen zur Bedeutung, die Jesu Auferstehung hat: Er ist der Herr »im Himmel und auf Erden«, alle sollen sich ihm zuwenden, und er verspricht, für immer bei den Menschen zu sein. Ostern bleibt ein neugierig machendes Datum. Ich möchte wissen, wie es um meinen Tod und meine Auferstehung bestellt ist. Die Geschichte von der Auferstehung Jesu ist daher für heutige Zeitgenossen und -genossinnen vor allem in dieser Perspektive interessant: Was ist daraus für die eigene Hoffnung ablesbar?

Matthäus 28 antwortet darauf nicht. Die allgemeine Totenauferweckung ist zu jener Zeit schon Bestandteil des jüdischen Glaubens. Die eigentliche Provokation lag in der Behauptung, der gekreuzigte Nazarener sei der »Erstling unter den Entschlafenen«.

Auch in unserer Gegenwart wird an die allgemeine Auferstehung geglaubt – als Wunsch. Zugespitzt formuliert: Der Lebenshunger, den vielleicht keine Generation so kultiviert hat wie die unsere, kann nicht mit der Begrenzung des Todes einverstanden sein. Noch provozierender: Jeder, jede hält sich selbst für so wertvoll, daß er, sie einfach auferstehen muß! Vor diesem Hintergrund ist die von Matthäus vorgegebene Beschränkung auf die Nachricht von der Auferstehung des Einen heilsam: Das Werturteil Gottes gilt zunächst nur diesem Menschen, diesem Gekreuzigten. Ihn läßt seine Liebe nicht im Grab. Dies ist erst einmal, in aller Bescheidenheit, zu hören. Weil dieses Leben von Gott für unendlich wertvoll erklärt wurde, muß es in allen uns erreichbaren Details durchbuchstabiert werden. Wir müssen also selbst »nach Galiläa zurück«, dorthin, wo es öffentlich angefangen hat.

Auf die Bescheidenheit folgt das Staunen. Die Auferstehung des gekreuzigten Jesus meint nicht nur, daß dieses so gelebte Leben für uns unendliche Bedeutung bekommen hat. Die Rede vom leeren Grab kann zumindest dies aus sich entlassen: An Jesus selbst ist gehandelt worden. Der Tod hatte nicht das letzte Wort, Gott hat ihm sein Gegenwort entgegengesetzt. So wie der Tod in der Menschheitsgeschichte als »das, was nicht stimmt«, wahrscheinlich das Denken angestoßen hat, so soll nun die Auferstehung Jesu als das, was »nicht stimmt«, das neue Denken, »jenseitiges« Denken, hervorrufen. Gott und Auferstehung werden zu verschiedenen Worten eines einzigen Feldes.

Die Gemeinde zu Ostern erwartet einen mitreißenden Festgottesdienst. Die Fallen sind längst gelegt und bekannt: Nüchternes Erklären und Rationalisieren auf der einen, die dunkle Folie des Todes, ohne die nicht von Auferstehung geredet werden kann, auf der anderen Seite. Der Schwung der Osterlieder hilft, das Unglaubliche anzusagen, ebenso eine Sprache, die

die alte Ordnung verläßt, weil die Nacht zuende ist, und damit alles ängstliche, magere, eindimensionale Leben.

Vorschläge zur Liturgie

Der Altar ist leer, die Organistin/der Organist spielt mehrmals die Liedzeile: »Christ ist erstanden« EG 99, bricht jeweils nach »erstanden« ab, beginnt von vorn, schweigt. Ich lese die Ostergeschichte. Danach setzt die Organistin/der Organist wieder ein und spielt das ganze Lied. Die Gemeinde erhebt sich und singt mit: »Christ ist erstanden«. Nach dem Lied der Ostergruß untereinander: »Christ ist erstanden! Frohe Ostern!«
Der Altar wird hergerichtet: Bibel, Altarkerzen, ein Meer von Osterglokken. Die Organistin/der Orangist variiert dabei ein Osterlied. Weitere Lieder: EG 106 Erschienen ist der herrlich Tag; EG 112 Auf, auf, mein Herz mit Freuden; nach der Predigt EG 117 Der schöne Ostertag, als Schlußlied EG 455 Morgenlicht leuchet.

Als Eingangspsalm
Habe Erbarmen mit mir, Gott,
und schenke mir alle deine Zärtlichkeit!

Siehe: vor dir ein Herz aus Nacht,
um mich die Nebel des Todes.

Wecke mich auf!
Dann wird mein Lied aufjauchzen,
und Worte der Freude werden meine Züge
entspannen.

Befreie mich,
und mein ganzes Wesen
wird aufflammen wie Feuer
und zu dir emporsteigen,
und Nacht und Tod
und Schreie und Tränen
werden vergehen im Lied meines Gottes.

Habe Erbarmen mit mir, und in meinen Augen
wird leuchten die Morgenröte deiner Zärtlichkeit
und der Tag
und der verwandelte Blick.

Habe Erbarmen mit mir, Gott!
Rühren möge mein Schrei dein Herz,
damit deine Liebe kommt
und alle Finsternis zerstreut.

Dann wird mein Herz seine Härte vergessen,
und meine Lippen werden nicht mehr rissig sein,
und ich werde dir sagen:
»Gott, mein Sieg!
Gott mit mir!
Gott, meine Freude!
Gott, mein Ziel!«
(Pierre Griolet, Zu jeder Zeit, Gebete, aus dem Französischen übertragen von Johann Hoffmann-Herreros, Patmos Verlag Düsseldorf, 1974, Seite 150)

Bekenntnis
Gott,
du kommst zu uns in der Frische des Anfangs,
wir kommen zu dir mit unseren alten Gewohnheiten.
Du kommst zu uns im Geist der Wahrheit,
wir kommen zu dir mit unseren Selbsttäuschungen.
Du kommst zu uns in deiner Heiligkeit,
wir kommen zu dir mit unserer Trägheit.

Befreie uns von den Früchten des Todes
und schenke uns die Freude, deinen Weg zu erkennen
in Jesus Christus, dem auferstandenen Herrn ...
(leicht gekürzt, nach: Pierre Griolet, a. a. o., Seite 92)

Schlußgebet
Jesus Christus,
Du hast dem Tode die Macht genommen
und das unvergängliche Leben ans Licht gebracht.
Wir beten an vor deiner Herrlichkeit und bitten dich:
Nimm uns hinein in deinen Sieg,
und laß uns mit dir gehen auf dem Weg des Lebens.
Erwecke uns, daß wir deine Stimme hören und dir folgen,
damit wir getrost seien mitten in der Angst der Welt.
Erhalte uns in der Gewißheit,
daß keine Macht der Welt uns aus deiner Hand reißen darf,
und hilf uns, daß wir deine rettende Macht verkündigen
all denen, die noch ohne Hoffnung im Dunkel leben.
Führe den Tag herauf, an dem die Schatten der Sünde weichen
und auch der Tod als der letzte Feind zu deinen Füßen liegt,
damit Gott durch dich sei alles in allen.

Solange wir aber hier noch in der Fremde leben,
leite uns durch dein Wort und deinen Geist.
Erbarme dich aller, die dich nicht kennen
und die deinen Ruf überhören.
Geh ihnen nach und bring sie auf deinen Weg;

segne dazu den Dienst deiner ganzen Kirche.
Laß dein Licht in alle Dunkelheiten leuchten:
tröste die Leidtragenden,
stärke die Angefochtenen und Verfolgten,
komm den Sterbenden zu Hilfe.
Erweise die Macht deines Lebens
an uns und ihnen allen, für die wir dich bitten ...

Entziehe uns nicht deinen Segen
und laß uns leben zu deinem Lob.
(leicht gekürzt aus: Gottesdienstliche Gebete, hrsg. vom Ev. Oberkirchenrat in Stuttgart, o. J. (1965?), Seite 95)

Vorschlag zur Predigt

Möglicher Anfang

Auferstehung – wir reden von ihr und wir schweigen, wir jubeln und wir stammeln, wir dozieren und wir lächeln verlegen, wir ahnen einen Durchbruch und unser Herz bleibt kalt:

Über auferstehung
Sie fragen mich nach der auferstehung
sicher sicher gehört hab ich davon
daß ein mensch dem tod nicht mehr entgegenrast
daß der tod hinter einem sein kann
weil vor einem die liebe ist
daß die angst hinter einem sein kann
die angst verlassen zu bleiben
weil man selber gehört hab ich davon
so ganz wird daß nichts da ist
das fortgehen könnte für immer

Ach fragt nicht nach der auferstehung
ein märchen aus uralten zeiten
das kommt dir schnell aus dem sinn
ich höre denen zu
die mich austrocknen und kleinmachen
ich richte mich ein
auf die langsame gewöhnung ans totsein
in der geheizten wohnung
den großen stein vor der tür

Ach frag du mich nach der auferstehung
ach hör nicht auf mich zu fragen
(Dorothee Sölle, Fliegen lernen, © W. Fietkau Verlag, Kleinmachnow)

Wieder ist Ostern. Laß dich fragen, Matthäus, noch einmal. Was ist nun damals wirklich geschehen? – Wir postieren unsere Kamera und machen

eine Mikrophonprobe: Da, das leere Grab, der Schließstein an der Seite, Spuren eines Bebens, Interview mit immer noch verstörten Frauen ... Seid ihr nun zufrieden, ihr neugierigen, nachdenklichen, kritischen Menschen? Nein? Es gäbe noch weiteren Aufklärungsbedarf, andere Erklärungsmöglichkeiten, noch zu viele Ungereimtheiten, man müßte noch weiter suchen, messen, prüfen?
Ach, technische Erzählungen machen doch nicht heil! Sie zeigen euch nichts als - Technik. Soll denn Technik euch erlösen? - Laß dich fragen, Matthäus, erzähl du, was wirklich geschehen ist! - Wirklich? Was ist Wirklichkeit ...? Ihr wollt meine Erzählung noch einmal hören. Gut denn ...

Zum weiteren Verlauf
Meine Erzählung im Namen von Matthäus:
»Zwei Frauen machten sich auf den Weg, den Tod zu besuchen, das Ende, den stummen, alles Leben besiegelnden Stein. ›Alles ist aus‹ mit dem Tod. Und erst recht Er, der unordentliche Nazarener, sollte endlich aus sein. So bestimmte es die Wirklichkeit. Und die Wächter dieser Wirklichkeit standen todesgewiß und aufrecht davor.
Da beginnt die Erde zu beben, ein Blitz stürzt vom Himmel herunter, der schwere Schlußstein rollt an den Anfang, das Ende ist Ende nicht mehr, die Wächter der alten Ordnung liegen wie tot, und Er, er steht auferstanden! Die den Tod besuchen wollten, fliehen zurück, entsetzt! Und laufen dem Leben in die Arme - Fürchtet euch nicht!«
Ein Märchen aus uralten Zeiten?
Dann hilf den Wächtern wieder auf die Beine und stell dich neben sie! Gib der tödlichen Wirklichkeit alle Macht zurück!
»Ach frag du mich nach der Auferstehung
ach hör nicht auf mich zu fragen«
Wer nicht aufhört zu fragen, den nehmen wir mit nach Galiläa. Dort fing alles an, tauchte er auf aus dem Geheimnis der Geschichte ...
Dort gehen wir noch einmal, an seiner Seite, durch die Störungen, Überraschungen, Heilungen seines Lebens; lernen Leben kennen, in dem »vor einem die liebe ist« und neben einem und über einem; lassen uns einweisen in die Kunst, an die Gegenwart des Vaters im Himmel zu glauben, und hören - wie neu -, daß dieser Vater dieses Leben für unendlich wertvoll erklärt hat.
Und fragen schließlich, ob es möglich ist, in ein solches Leben verwickelt und verwoben zu werden, untrennbar, so daß »der tod hinter uns liegt« ... Ja! Und längst. Und für immer.

Möglicher Schluß
»daß der tod hinter einem sein kann
weil vor einem die liebe ist«

Eine alte Frau geht über die Straße, sie hat Kinder erzogen und Undank geerntet und lebt im Elend, geliebt und ist alleingeblieben. Aber sie ist fern von allem Haß und hilft, wo sie kann. Jemand sieht sie ihren Weg gehen und sagt: ›Ça doit avoir un lendemain‹, das muß ein Morgen haben.
(Max Horkheimer, Kants Philosophie und die Aufklärung (1962), in: Ders., Zur Kritik der instrumentellen Vernunft. Aus den Vorträgen und Aufzeichnungen seit Kriegsende, hrsg. v. Alfred Schmidt, Frankfurt (M.) 1974, Seite 212)

Kontexte

Der Blitz und das neue Sehen der bekannten Wirklichkeit:
Da spricht er im Gleichnis: »Zwei sahen aus ihrer Höhle in einer Nacht. Drinnen brennt aber kein Feuer, denn sie kannten ihre Höhle und benötigten nicht des Lichts. Da kommt Regen. Auch Donner ist fernher zu hören. Dunkel liegt vor ihnen das Land, das sie, wie sies tags wohl kannten, auch als nachtbeschattetes noch immer zu kennen glauben. Sie sehen, und sehens doch nicht. Das sind die Teilenden. Sie sind sich einig, denn sie haben gesehn. Da bricht durch das Dunkel ein Blitz, reißt durch Himmel und Land. Hellt auf jedes, das ist. Der Blitz aber wird die teilen, die sehen. Und sie werden sich sehnen nach Licht und in der Nacht nicht finden.«
(Patrick Roth, Riverside, © Suhrkamp Verlag Frankfurt am Main 1994, Seite 54)

Zufällige Gedanken zweier Liebender der »Generation X«:
Eines Morgens, nach einer besonders turbulenten Nacht, gingen Cathy und ich die Drake Street hinunter und sahen eine Krähe bewegungslos in einer Pfütze stehen, auf der sich der Himmel widerspiegelte, so daß es den Anschein hatte, als stünde die Krähe auf dem Himmel. Daraufhin erzählte Cathy mir, sie glaube daran, daß es genau unter der Oberfläche unserer eigenen Welt eine verborgene Welt gebe. Sie behauptete, diese verborgene Welt sei bedeutender als die, in der wir leben. »Stell dir bloß vor«, sagte sie, »wie überrascht die Fische wären, wenn sie wüßten, was für Dinge jenseits des Wassers vor sich gehen. Oder stell dir vor, du wärest imstande, unter Wasser zu atmen und mit den Fischen zu leben. Die verborgene Welt ist so nahe und dabei so anders.«
Ich sagte, daß mich diese verborgene Welt an die Welt des Schlafes erinnerte, in der Zeit und Schwerkraft und Dinge dieser Art keine Rolle spielten. Sie erwiderte, daß sie beide vielleicht dasselbe seien.
(Douglas Coupland, Life after God, Die Geschichten der Generation X, Goldmann Taschenbuch 43276, Berlin 1997, Seite 29 f.)

Eine nicht mehr gebrauchte, geschlossene kleine Kirche auf dem Lande in Holland läßt fragen: »Besteht noch Gott?«

Kirchlein in Fransum

Besteht noch Gott, kleiner Sarkophag
des Glaubens, genauso leer
wie die dorischen Tempel von Paestum:
ihre Säulen ein Versteck für andere Vögel
als Götter – wenn ich nach ihm frage?

Kleine Mumie aus Stein
ohne Herz, Tabernakel,
ohne Platz für eine geweihte Kerze, beschützt du
mit deinem Körper unsere Landschaft
als Boden für Himmel? Ich frag nur.
Stiller Klangraum für draußen, für Schnepfen
im Juni, das brüllende Milchvieh am Zaun -
so geschlossen, ein Abend, ich sitze im Gras
zwischen deinen Grabsteinen, so bist du am schönsten:
zu, für die ausbleibende Antwort der Schrein.
(C. O. Jellema in: NRC Handelsblad vom 23. 8. 96, aus dem Holländischen übers. von Heinz-Georg Surmund)

Ostermontag

Annäherungen an den Predigttext Lukas 24,36–45

Helmut Siegel

Jeden Dienstag trifft sie sich, die Kaffeerunde von 9–15 alten Damen bei uns im Gemeindehaus. An einer von der ehrenamtlichen Leiterin liebevoll gedeckten Tafel »klönt« man, oft gibt es auch ein kleines Programm. Regelmäßige Gottesdienstbesucherinnen darunter, aber auch viele, die nur zu dieser Runde kommen.
Heute - es ist das zweite Treffen im neuen Jahr - sind 8 Damen erschienen: »Fünf machen heute irgendetwas beim ›Reichsbund‹«, entschuldigt die Leiterin.
Meine Bitte, doch einmal mit mir über einen Bibeltext nachzudenken, wird wohlwollend aufgenommen.

Die erste Runde

Ich schlage eine Fragerunde vor und lese den Text.
Meine Beobachtungen:
Ratlos oder verwirrt ist keine, auch daß dies ein Ostertext ist (immerhin haben wir Mitte Januar), wird sofort erkannt und fraglos akzeptiert. Auch der unvermittelte Anfang, der eigentlich zumindest die kurze Erwähnung der vorangehenden Perikope voraussetzt, stört nicht, wird vielleicht gar nicht wahrgenommen. V. 43–45, die Lukas wohl besonders wichtig waren und in denen m. E. das Sepzifikum dieser Perikope liegt, werden überhaupt nicht wahrgenommen, sie tauchen jedenfalls im Gespräch nicht auf.
Die Fragen, die dann kommen, schon gemischt mit Vermutungen, konzentrieren sich vor allem auf folgende Themenkreise:

1) Allgemein:
»Also, der Text ist schon schwer.« - »Warum meinen Sie das?« - »Weil er nicht unsere Sprache spricht.« – Näheres Nachfragen macht deutlich, was gemeint ist: Er entspricht nicht unseren Vorstellungen und Denkgewohnheiten.

2) Die Identifikation mit den Jüngern:
Wieso erkennen sie den Auferstandenen nicht?
Geäußerte Vermutungen, die oft zu spontanen Dialogen untereinander führen: »Sie sind zu erschrocken über sein plötzliches Erscheinen.«

»Man erkennt ja oft auch einen nicht, den man trifft, weil er sich verändert hat.« – »Aber nach 3 Tagen!?« – »Na immerhin, er war ja tot. Und dann, wie schrecklich er gestorben ist, die Kreuzigung und das alles, das verändert doch sehr.«
»Woran erkennen eigentlich die anderen den auferstandenen Jesus?« – »Die Emmaus-Jünger daran, wie er das Brot verteilt. Aber das macht er hier ja nicht.« – »Aber hier ißt er ja auch! Er bekommt etwas zu essen, weil er Hunger hat (!). Und am Essen erkennen sie ihn.« – »Ja, aber er ißt nur allein. Er verteilt nicht.« – »Haben sie ihn nun *nach* dem Essen erkannt oder *vor* dem Essen?« »Hm, weiß ich nicht. Dazu müßte ich Text noch einmal hören.«
»Hätten sie ihn nicht erkennen *müssen?* Immerhin waren sie doch lange mit ihm zusammen, und er hatte doch gesagt, daß er auferstehen würde.« – »Ja, hier wir doch auch von den Prophezeiungen gesprochen. Haben die Jünger die gekannt?«

3) Wie erscheint Jesus denn?
»Eben war er noch in Emmaus, jetzt ist er hier!«
»Und zwar mitten im Raum!«
»Erscheint er ihnen als Mensch, so ganz normal? Oder als Lichtgestalt, so mit einem Strahlen drum herum?«
»Oder vielleicht durchsichtig?«
»Sie halten ihn jedenfalls für einen Geist, da kann das noch nicht so ganz normal gewesen sein.«
Das Gespräch wandert vom Text zur Erscheinung von Verstorbenen, die Frauen sind alles Witwen, es wird deutlich, fast alle hatten Erlebnisse, wo sie plötzlich ihren verstorbenen Mann hörten, manchmal auch sahen. Bewegend für mich, wie frisch auf einmal die Trauer wirkt, obwohl die Männer seit Jahren, oft Jahrzehnten verstorben sind. Ich lenke zurück zum Text.
Ich schlage eine zweite Runde vor, bei der sie einmal überlegen sollten, welche Botschaft sie aus dem Text hören. Sie willigen ein, sind zum Teil sogar gespannter als vor dem ersten Hören.

Die zweite Runde

Folgende Botschaften wurden gehört:
- »Damit will Jesus sagen, daß er immer bei uns ist, nicht nur damals für den Moment (meine Vermutung: Mt 28,20, wird aus dem Gedächtnis »mitgehört«).
- »Er ist gekreuzigt worden, alles schien falsch zu sein, was er gesagt und getan hat. Und nun zeigt Gott durch die Auferstehung: Es war und ist doch alles wahr.«
- »Friede sei mit euch, auch wenn ihr nicht glaubt. Nun laßt mal eure Zweifel fahren, seid doch mal zufrieden damit, was ihr jetzt erlebt und hört.« (Spürbar ist: Die Sprecherin hat zwei, vielleicht drei Adressaten:

das »sie« sind einmal die Jünger, zum anderen die, die mit ihr in der Runde sitzen und drittens sie selbst.)
- »Nach dem Tod haben wir ein anderes Leben, so eins, wie es der Auferstandene bekommen hat.«
- »Nehmt den Glauben an Jesus an. - Aber da kommen immer wieder Zweifel, wenn man das Weltgeschehen betrachtet.«
- »Jesus gibt sich große Mühe mit seinen Jüngern, er versucht sie mit vielerlei zu überzeugen. Er geht nicht einfach beleidigt weg, weil sie ihn für einen Geist halten und zweifeln. Sie sind ihm als Glaubende wichtig.«

Zum Schluß nenne ich noch eine Botschaft: »Auch als Auferstandener behält Jesus seine Wundmale. Ja, an seinen Wunden ist er zu erkennen.«
Aber das erscheint allen als nichts Besonderes, das weiß man doch.
Weiß man es? Und versteht man es in seiner Wichtigkeit? Ich bin mir nicht sicher. Und doch: Hätte ich über den Tod zu predigen, so würde mich nach diesem Gespräch am meisten reizen, an der zuletzt zitierten Botschaft weiterzudenken.
Als ich mich bedanke, ist allgemeiner Tenor: »Wir haben zu danken, das war wirklich interessant!« Mein Hinweis, daß sie mir wirklich geholfen haben, wird eher ungläubig aufgenommen: »Was können wir alten Frauen Ihnen schon helfen, Herr Pastor? Sie haben das doch studiert, wir wissen doch nur wenig.«
Vielleicht geben wir uns erheblich weniger Mühe mit unseren Alten (Gottesdienstbesucherinnen) als der Auferstandene mit seinen Jüngern?!

Zum Gottesdienst

Dietrich Korsch

Exegetisch-homiletische Skizze

Der Predigttext Lukas 24,36–45 schließt sich unmittelbar an das Evangelium des zweiten Ostertages an, die Emmausgeschichte. Lukas hat beide Erzählungen kompositorisch aufeinander bezogen. Die erste (V. 13–35), »die erzählerisch schönste aller Ostergeschichten« (Eduard Schweizer), besitzt zwei Gravitationszentren. Das eine ist die Bibelunterweisung, die die Jünger von Jesus erhalten, der sie anonym begleitet. In dieser das Geschick Jesu im Spiegel der Schrift deutenden Auslegung wird das Verfahren der frühen Gemeinde anschaulich, durch vertiefte Lektüre des Tenach diejenigen Kategorien zu erringen, die ein Verständnis des Todes Jesu erlauben. Der andere Schwerpunkt, erzählerisch sorgfältig davon unterschieden, ist das Erkennen Jesu beim abendlichen Mahl, also eine personale Repräsentanz, eine erinnerungsgesättigte Evidenz, durch die die schrifttheologischen Kategorien erst ihre Schlüssigkeit gewinnen. Ohne die Gegenwart Jesu beim Mahl zündet des theologische Verständnis seines Todes nicht; ohne den klärenden Blick in den Tenach bliebe ein persönliches Widerfahrnis der Begegnung unverständlich.

Die Erscheinungsgeschichte, die der Predigttext enthält, knüpft an beide Momente an, indem sie diese anders zusammenstellt - aber darin dasselbe Ziel verfolgt. Jetzt tritt Jesus als schon Bekannter unter die Jünger, die sich offenbar wieder bei einem gemeinsamen Mahl befinden, wie V. 42 nahelegt. Was man nun, nach dem plötzlichen Verschwinden Jesu vom Tisch der beiden Emmausjünger, erwarten müßte, ist doch die Bestätigung der wirklich geschehenen Auferstehung, also die offenkundige Veranschaulichung der - zuvor nur als Synthesis von Schriftkenntnis und Begegnungswiderfahrnis möglichen - Gewißheit der Auferweckung Jesu. In der Tat sind die antidoketischen Momente ja unübersehbar: die Anschaulichkeit des Auferstandenen (nur hier ist im NT von »Fleisch und Knochen« des Auferstandenen die Rede), das demonstrative Essen. Aber schon diese massiven Züge werden eigentümlich in der Schwebe gehalten. Dadurch, daß die erste Reaktion der Jünger gerade nicht Freude über das Wiedersehen mit Jesus ist, sondern Furcht. Dadurch, daß es offenbar zum angebotenen Betasten seines Leibes gar nicht kommt. Dadurch - und das ist besonders überraschend -, daß die Freude, die durch die anschauliche Gegenwart Jesu aus der Furcht entstanden ist, ihrerseits eine klare Erkenntnis des Auferstandenen verunmöglicht (V. 41). Erst jenseits der antidoketischen Erzählzüge liegt mithin die Wahrheit dieser Geschichte - nämlich in dem, was folgt: der abermaligen Unterweisung Jesu, die nun sein Leben und seine Verkündigung mit seinem Tod verknüpft. Erst durch die Begegnung mit dem Auferstandenen eröffnet sich der Sinn von Jesu Verkündigung und zugleich damit der Sinn der Schrift. Beide, Verkündigung und Sinn der Schrift, koinzidieren darin, daß Christus - mit göttlicher Zustimmung - leiden wird und auferstehen von den Toten - und daß diese Erkenntnis die Basis legt für die in Jesu Namen ausgehende Verkündigung der Buße zur Vergebung der Sünden unter allen Völkern (V. 46-47 a). Indem der Verkündiger des Gottesreiches stirbt, ja sterben muß, macht das Gottesreich selbst eine Veränderung durch; es ist nun für alle Menschen als die Todverfallenen, die Sünde da. Die Pointe dieser lukanischen Erzählung besteht darin, daß von dem wunderhaften Auftreten Jesu gerade wieder wegverwiesen wird auf seine Geschichte mit dem Gottesreich und auf dessen Veränderung durch seinen Tod, durch welche es sich für alle öffnet - und die, die zu dieser Evidenz gelangen, schon in sich aufnimmt, ja zu Zeugen und Boten macht. Diese Spitze der lukanischen Botschaft wird abgebrochen, wenn man den Predigttext mit V. 45 enden läßt; mindestens V. 46-47 a sollte man hinzunehmen.

Was diese Geschichte bietet, ist eine Realitätsprüfung von Ostern, lange vor den modernen und gar den jüngsten Debatten. Fraglos ist die Leiblichkeit des Auferstandenen drastisch und kräftig herausgearbeitet. Es ist aber unübersehbar, daß auch und gerade angesichts der Auferstehungs-Botschaft die Zweifel an der Vorstellbarkeit nicht verstummen – sei es aus Furcht vor dem wiederkehrenden Toten, sei es aus freudigem Überschwang religiöser Einbildung. Die Realität der Auferstehung Jesu erkennen, heißt diese Zweifel überwinden. In der Geschichte geht das so vor sich, daß sich Jesus mit seinem Essen in die Gemeinschaft des Mahles der Jünger hineinstellt; daß er sich selbst verkündigt; daß er das Leben aufnimmt. Wer in sie aufgenommen ist, der weiß, wo er herkommt und wo er hingeht, der weiß, wo er zu Hause ist. Dieses Aufnehmen in die Jesus-Geschichte ist die Realität von Ostern.
Natürlich verlangen wir auch eine Realitätsprüfung nach modernen, historischen, also die Dinge von außen betrachtenden Maßstäben. Was mag, in dieser Perspektive betrachtet, vorgefallen sein? In seiner kritischen Analyse »Ostergeschehen und Osterberichte« hat Hans Graß 1960 eine »objektive Visionshypothese« der Erscheinungen des Auferstandenen entwickelt – und meinte damit eben das, was der lukanische Text der Emmausgeschichte auch zu erkennen gibt: das Zusammenspiel von Schriftforschung zum Verständnis des Todes Jesu und einer »personalen« Erfahrung als Auslöser für die Evidenz solcher Deutung. Klaus Berger hat in seiner »Historischen Psychologie des Neuen Testaments« von der »Funktion von Visionen« gesprochen, »eine Art *Summe von Erfahrungen* zu bilden« (124): »Die Vision ist ›evidente Zusammenfassung‹ dessen, was Jesus ›ist‹.« (128) *Wo* solche Vergewisserungserfahrungen sich eingestellt haben, darauf könnten die Erzählungen des Lukas in Kap 24 auch einen Hinweis geben: vielleicht im Rahmen von gemeinsamen Mahlfeiern derjenigen, die um Jesus trauerten und die sein Schicksal zu verstehen suchten. Aber auch diese historisierenden Erwägungen leiten nicht von der Einsicht weg, daß die Gewißheit der Auferstehung sich nur als in die Geschichte Jesu einschließende Selbstvergewisserung des Auferstandenen ereignet hat, die eine Neuorientierung des eigenen Lebens einschließt und zur Folge hat. Daß die Auferstehungsgewißheit sich in diesem Gefälle aufbaut, daran ändert auch die Überlieferung vom leeren Grab gar nichts: Kein Unbeteiligter hat je das leere Grab bestätigt und keiner hat je den Leichnam Jesu gefunden; daher ist und bleibt die Behauptung des leeren Grabes zweideutig. Ein leeres Grab allein spricht nicht schon für die Auferstehung; der Glaube braucht das leere Grab aber auch nicht zu suchen, denn die Vergewisserung der Auferstehung folgt einer anderen Logik: wie nämlich der Tod Jesu im Verhältnis zum eigenen Leben gedeutet wird.

Vorschläge zur Liturgie

Das größte Pfund, mit dem wir zu Ostern wuchern können, sind die Choräle; darum möchte ich viel singen lassen.
Wahrscheinlich ist das Singen ja auch die angemessene Weise, die Realität der Auferstehung zu bezeugen. Mustergültig für das Ineinssetzen von religiöser Aussage und dem Empfinden ihrer Wahrheit ist Paul Gerhards Lied »Auf, auf, mein Herz, mit Freuden«, EG 112 (besonders Vers 1-6): Auferstehung als Aufstehen. Diesem Lied entnehme ich den Rhythmus der liturgischen Stücke.

Sündenbekenntnis
Hell leuchtet das Licht von Ostern, Gott, zu hell für mich an diesem Morgen. Ich bin geblendet und schließe die Augen. Schaue in mich selbst und finde, dem Licht ganz zuwider, lauter Finsternis, Verzagtheit, Angst. Finde mich selbst nicht und finde nicht zu dir. Darum rufe ich: Suche mich in meiner Verborgenheit.

Gnadenverkündigung
Ich habe dich je und je geliebt, darum habe ich dich zu mir gezogen aus lauter Güte. (Jeremia 31,3)

Kollektengebet
Deine Treue, Herr Jesus, suchen wir. Deine Verläßlichkeit. Über die Brüche, die Abbrüche in unserem Leben hinaus. Damit wir es wagen, aufzustehen, mit dir zu gehen. Dazu öffne uns die Ohren und die Herzen.

Lesung
aus dem AT: Jesaja 25,8 f.

Evangelium
Lukas 24,1-34

Fürbittengebet
Gott, du bist größer und mächtiger als der Tod, wir danken dir für unseren Herrn Jesus Christus: daß du ihn als den Herrn erwiesen hast über Leben und Tod. Wir bitten dich: Stärke die Menschen, die gegen den Tod kämpfen, in den Krankenhäusern und Pflegestationen, in der Forschung und in der Lebenshilfe.
Du bist menschenfreundlich, Gott, du überläßt uns nicht dem Verderben, wir danken dir für unseren Bruder Jesus Christus: daß du ihn uns gegeben hast als Begleiter. Wir bitten dich: Laß alle ihn finden, die ihn suchen. Laß ihn denen begegnen, die ihn nicht suchen, aber seinen Beistand brauchen.

Du bist treu, Gott; du bist bei uns alle Zeit und in alle Ewigkeit, wir danken dir für unseren Erlöser Jesus Christus: daß wir dir durch ihn vertrauen können, was immer auch geschehen mag. Wir bitten dich: Hilf uns aufstehen, ohne Angst vor der Zukunft vorwärts gehen, stets dir entgegen. Denn dir sei Ehre und Preis und Macht an allem Ort, zu aller Zeit. Amen.

Vorschlag zur Predigt

Predigtanfang
Ostermontag - der Tag nach der Osterfreude. Innehalten ist heute an der Zeit. Einen Schritt zurücktreten, noch einmal sich besinnen. Was ist da geschehen, früh am Ostermorgen? Was ist aus Jesus geworden? Was wird nun aus uns?
Unsere Fragen - aber auch die der Jünger, die da am Abend in Jerusalem beim Mahl zusammensitzen. Die Botschaft der Auferstehung haben sie gehört, von den Frauen, von Petrus, von den beiden Männern aus Emmaus. Was ist da geschehen, am Ostermorgen? Was ist aus Jesus geworden? Was wird aus uns?
Die Nachricht von der Auferstehung bricht hinein in die Trauerarbeit der Jünger, in die Versuche, zu verstehen, wer das war, der da gestorben ist.

Weitere Gliederung
1. Verlust und Trauerarbeit.
Die Jünger versuchen, Jesu Leben zu deuten. Sie stoßen dabei auf das Phänomen, das auch unserer Trauerarbeit eigen ist: mit diesem Deuten nicht zu Ende zu kommen, weil sich nicht definitiv sagen läßt, wer das war, der da gestorben ist. Seine Geschichte geht irgendwie in unserer Geschichte weiter, wir sind für sie verantwortlich. Aber die Wer-Frage bleibt doch unbeantwortbar. Denn es ist nicht zu übersehen, was alles folgen wird, wie wir von dem Verstorbenen geprägt sind und was wir daraus einmal machen werden. Die Offenheit der Zukunft verhindert Eindeutigkeit.
2. Eindeutigkeit als Aufhebung des Verlustes.
Daß Jesus selbst kommt und sagt, wer er ist, beendet die Unendlichkeit der Deutungsversuche. Definitiv wissen, wer Jesus ist: Das ist Auferstehung. Denn das kann man nur dann endgültig wissen, wenn das letzte Ende nicht mehr aussteht, wenn der Tod als die große Frage beantwortet ist, wenn alle Zukunft nur noch Zukunft dieses selben Menschen ist. Wenn also Jesus ganz und gar zu Gott gehört. Das zu erkennen, dazu dient das sorgfältige Studium der Schrift: Gott ist schon immer auf dem Weg gewesen, sich der Menschen anzunehmen. Und nun hat er sich auch noch, jenseits allen möglichen Erwartens, selbst dem Tod gestellt. Jesus, der Verkünder und Herold des Gottesreiches, hat das Gottesreich gewissermaßen dem Reich des Todes übergestülpt. Die Evidenz dieser Einsicht ist das Wissen um die

endgültige Identität Jesu; daß sich diese Evidenz, wo sie zum ersten Mal aufleuchtet, im Medium von realistischer Vision abspielt, paßt zu ihrem Inhalt.
3. Das endgültige, gewisse Wissen um die wahre Identität Jesu schließt das tatsächliche Verständnis seines Todes ein. Die Gottesreichgeschichte öffnet sich für die Toten ebenso wie für alle, die auf den Tod zugehen und die den Tod verdient haben (also für uns alle). Durch die Inklusion unseres Sterbens und Lebens in das Sterben und Leben Jesu ist aber auch unser eigenes Sein definitiv bestimmt - in welchen geschichtlichen Abläufen es sich auch darstellen und entwickeln mag. Das treibt die Dunkelheit aus dem Herzen aus, das überwindet die Angst, das weckt Hoffnung, motiviert zum Aufstehen. Wer so lebt, wird zum Zeugen Jesu Christi; in expliziter Verkündigung, aber auch durch die Form seines Lebens, seinen Lebens- und Glaubensstil. Das ist die Wirklichkeit der Auferstehung Jesu, die gerade darin wirklich wirkt.

Schluß
Vergewisserung der Osterfreude - über die spontane Freude hinaus: Ostern als dauernde Bestimmung unseres Lebens erkannt.

Kontexte

»Auch in den Erscheinungen Jesu vor seiner Himmelfahrt ... ist dieses merklich, daß sie insgesamt allen übrigen ehrlichen Leuten unsichtbar, allein aber seinen Jüngern sichtbar gewesen sein sollen. (...) Mein! ist er darum vom Himmel gekommen, um incognito zu sein? Um sich nicht als einen solchen, der vom Himmel gekommen sei, zu zeigen? Leiden und Sterben können auch andere Menschen, aber vom Tode können sie nicht wieder aufstehen. Warum lässet er denn jenes alle Welt sehen, dieses aber nicht? Warum sollen die Menschen mehrere Gewißheit davon haben, daß er sei, wie einer der übrigen Sterblichen, als davon, worauf ihr Glaube soll gegründet werden, daß er die Menschen vom Tode erlöset habe? Konnte wohl die Welt von einer an sich unglaublichen Sache zu viel überführet sein? Ist es denn genug, daß einige wenige seiner Anhänger, die noch dazu großen Verdacht auf sich laden, daß sie den Körper des Nachts heimlich gestohlen haben, seine Auferstehung wider alle Wahrscheinlichkeit und mit vielem Widerspruche in Welt hinein schreiben?«
([Samuel Hermann Reimarus] Aus den Fragmenten eines Ungenannten: V. Über die Auferstehungsgeschichte (1774), in: G.E. Lessing, Werke (hrsg. v. H.G. Göpfert), Bd. VIII, 456f. © Carl Hanser Verlag, München)

»... der Anfang wird tatsächlich erst mit dem Ende fertig geschehen sein, und es ist nicht bedenklich zu sagen, daß er rätselhaft ist ... Noch tiefer aber ist unbekannt, zu was wir Menschen, ist unser Geheimnis endlich gelöst, auferstehen werden ...«
(Ernst Bloch, Geist der Utopie (stw 35), 285f.)

»Immer wieder ist der Herr auferstanden, ohne Ostern abzuwarten.«
(Dario Fo, Zitat aus dem Fernsehen)

Quasimodogeniti

Annäherungen an den Predigttext Johannes 21,1-14

Gunnar Sinn

Wir versuchen in einer Gruppe junger Erwachsener, den Text mit der Methode des Sozialtherapeutischen Rollenspiels zu erschließen. Joh 21 wird vorgelesen. Jeder Teilnehmer, jede Teilnehmerin identifiziert sich mit einem Gegenstand der biblischen Szenerie und versucht als solcher mit anderen in Kommunikation über das Gehörte zu treten.

Es gestaltet sich schwierig: Zu mysteriös ist die Szenerie. Viele haben den Eindruck, hier wird symbolisch geredet oder »einfach aneinander vorbei«. Immer wieder die Frage: Warum?

Warum erkannten die Jünger Jesus nicht? Warum hat er eine andere Gestalt? Warum wirft sich Petrus ins Wasser? Warum ausgerechnet 153 Fische? Warum fragt niemand Jesus: »Wer bist du?« Warum solche Angst vor Jesus? Die anschließende Debatte dreht sich vor allem um die Frage, warum es ein Wunder sein mußte und Jesus sich einfach so offenbaren kann. Wird hier dem Glauben nicht mehr zugemutet als nötig?

Emotional ist keiner so recht von dem Text angerührt. Er reizt auch kaum zum Widerspruch. Die Gestalt Jesu wirkt wenig menschlich, ja geradezu arrogant, die Dialoge aufgesetzt. Ein Votum: »Warum ist Jesus dann Mensch geworden – er ist ja doch nicht wie wir und wirkt arrogant auf mich.« Als ansprechend wird mehrfach eher das »verrückte« Unterfangen der Jünger bewertet, *am Tag* fischen zu gehen.

In einem weiteren Reflexionsgang entdecken wir dann einige Parallelen zur eigenen Situation: Ein Student äußert: »Hoffnungslose Situation – unerwartete Hilfe ist selten, kommt aber doch mal vor.« Eine andere: »Manchmal tut man etwas Widersinniges und weiß nicht warum, aber es klappt. Unser Handeln muß nicht immer logisch sein. Gott hat viele Wege, uns ›sich‹ und sein Wirken zu beweisen.« Ein anderer ergänzt: »Gute Ratschläge von anderen sollte man zunächst einmal ausprobieren.« Eine Sozialpädagogin beschrieb eine ähnliche Erfahrung: »Manchmal plage ich mich, und es hat nicht den gewünschten Erfolg, aber dann spüre ich den Impuls (Gott?), es noch einmal zu versuchen, und dann – kurz bevor ich aufgeben will – klappt es plötzlich.« Ein anderer findet im Text seinen persönlichen Glauben ausgedrückt: »Auf Jesus kann ich vertrauen. Er sorgt für mich.«

Worüber also reden in einer Predigt? Einige wünschen sich, daß das Vertrauen zu Gott thematisiert wird, andere, daß die Botschaft von der Auferstehung weitergegeben wird. Die Frage, warum die Offenbarung mit einem Wunder einhergehen muß, bewegt uns noch lange. Gerade an dieser Stelle erscheint es so überflüssig.
Immer wieder aber kreisen unsere Gedanken schließlich um den unvermuteten Erfolg der Fischer, die unerwartete Hilfe in einer trostlosen, ja lebensbedrohenden Situation. Macht das den - unseren - Glauben aus? Darüber ließe sich reden.
Vielleicht liegt gerade hier der theologische Ansatzpunkt, wenn verzweifelte Menschen nach nächtelanger Sisyphusarbeit, ausgehungert auf ein Wort hin - quasimodogeniti - zu solchen werden, die frisch genährt, sich ihres Glaubens wieder sicher werden. »...Sie wußten, daß es der Herr war.« (V. 12) In ein solches Kerygma läßt sich manch eine Lebensgeschichte der Predigthörer und -hörerinnen einzeichnen und wiederfinden. Daß dies in kommunikativer und sakramentaler Weise geschieht, kann Auswirkungen auf die Gottesdienstgestaltung haben.

Zum Gottesdienst

Reiner Jansen

Exegetisch-homiletische Skizze

Vieles in dieser Geschichte macht den Eindruck, hier werde vor allem symbolisch geredet. Das wurde bereits in den »Annäherungen« festgestellt. Wer einen logischen oder psychologischen Handlungsablauf sucht, gerät immer wieder in Schwierigkeiten. Darum versuchen die Kommentare diese späte Ostergeschichte historisch-kritisch bzw. traditionsgeschichtlich in ihre Teile zu zerlegen. Bultmann betont, wie unklar »die ganze durch die Redaktion verwirrte Erzählung ist«. Er leitet daraus ab, daß »die genauen Angaben von V. 11 einen allegorischen Sinn haben« müssen. Die Geschichte bietet »in der vorliegenden Form ein so merkwürdiges Durcheinander von Motiven ..., daß man kaum sagen kann, worin ihre eigentliche Pointe liegt«. (Das Ev. nach Johannes, 17. Aufl. 1962, Seite 548-60). Ich gehe von der Geschichte in ihrer jetzigen Form aus. Und zwar nicht nur deswegen, weil jede Rekonstruktion notwendigerweise hypothetisch ist. Noch wichtiger scheint mir, daß diese Ostergeschichte gerade in ihrer »Verworrenheit« deutlich macht, daß die Auferstehung Jesu nicht einfach die geradlinige Fortsetzung seines Todes am Kreuz ist. Das absolut Unanschauliche der geglaubten Auferstehung Jeus läßt sich nicht in unsere Begriffe einordnen, auch nicht in psychologisch überzeugende Erzählregeln.

Nach V. 14 war dies bereits die dritte Erscheinung des Auferstandenen vor den Jüngern. Ich möchte sie freilich als Ersterscheinung auslegen. Wohin man kommt, wenn man die johanneischen Auferstehungsgeschichten in eine logische und chronologische Reihenfolge bringt, zeigt sehr schön Calvin. Er geht davon aus, daß Petrus zwar schon durch das Anhauchen Jesu zum Apostel geweiht worden war (Joh 20,22), sein Amt aber noch nicht angetreten hat. »Jenes Anblasen mit dem Geiste war noch kein Befehl zu sofortiger Ausübung des Lehramtes, sondern nur ein Hinweis auf die bevorstehende Amtseinsetzung, welcher dem Petrus und den anderen Jüngern verbürgen sollte, daß ihre frühere Erwählung nicht vergeblich war. In der Zwischenzeit treiben sie ihr gewohntes bürgerliches Geschäft:« Zur Erfolgslosigkeit ihres nächtlichen Fischzugs und dem dann folgenden reichen Fang bemerkt Calvin dann sehr treffend: »Hätten wir immer nur frohes Gelingen, sobald wir nur die Hände regen, würde kaum einer den immerwährenden Segen Gottes mit Dank hinnehmen! Dann würde jeder mit seinem Fleiße prahlen und statt Gottes Hände, die eigenen Hände küssen.« (J. Calvins Auslegung der Heiligen Schrift in dt. Übersetzung, Bd. 9, Neukirchen o. J. Seite 529).
Nach der gültigen Perikopenordnung wird dieser Text eine Woche nach Ostern gelesen und gepredigt. Er spricht also in eine nachösterliche Situation hinein, wo einen der Alltag längst wieder eingeholt hat. H. Stoevesandt fragt in einer anregenden Meditation der Geschichte (ich habe einzelne Formulierungen in meinem Predigtentwurf übernommen): »Wie tritt diese Geschichte in unser unösterliches Dasein hinein? Da reibt man sich die Augen. Es ist – in allen Zügen der Geschichte –, als wenn wir träumen.« (GPM, Pastoral-Theologie 1987/2, Seite 219).
So schlage ich vor, diese Ostergeschichte wie einen Traum zu nehmen und nacherzählend auszulegen. Auch im Traum ist ja manches verworren und verwirrend. Vielleicht kann auf diese Weise das Geheimnis von Ostern am besten gewahrt werden. Im Zentrum steht das Bild vom Auferstandenen, der im Morgengrauen am Ufer steht auf uns wartet – in unserer alltäglichen Beschäftigung.

Vorschläge zur Liturgie

Eingangsvotum
In dieser österlichen Zeit feiern wir das Leben, das über den Tod siegt. Wir feiern die Auferstehung Jesu. Möge sein Licht allen leuchten, die von Tod und Gewalt, Leid und Vergänglichkeit betroffen sind.

Lieder
Wir wollen alle fröhlich sein (EG 100)
Frühmorgens, da die Sonn aufgeht (EG 111)

Freunde, daß der Mandelzweig wieder blüht und treibt (EG 620: Ausgabe für Niedersachsen und Bremen)
Wie schön leuchtet der Morgenstern (EG 70)

Kollektengebet

Gott,
du bist uns
Grund und Halt.

Bei dir
können wir
uns fallenlassen
und sind nicht
haltlos.

Furcht, Angst, Entsetzen
haben uns oft
krumm, blind und
stumm gemacht.
Wir waren dann
wie tot, dem Leben entflohen.
Bei dir aber
erfahren wir:
Die Todesstarre fällt ab,
unsere Flucht hat ein Ende.

Denn du
Gott, gibst uns
Grund und Halt
und führst uns
mitten im Leben
über den Tod hinaus
durch Jesus Christus.

(aus: H. Rosenstock, H. Köhler, Du Gott, Freundin der Menschen, Kreuz Verlag Stuttgart 1991, Seite 82)

Wenn im Gottesdienst das *Abendmahl* gefeiert wird, was vom Text her nahe liegt:

Feier des Lebens

Mitten in Hunger und Krieg
feiern wir, was verheißen ist: Fülle und Frieden.

Mitten in Drangsal und Tyrannei
feiern wir, was verheißen ist: Hilfe und Freiheit.

Mitten in Zweifel und Verzweiflung
feiern wir, was verheißen ist: Glaube und Hoffnung.

Mitten in Furcht und Verrat
feiern wir, was verheißen ist: Freude und Treue.
Mitten in Haß und Tod
feiern wir, was verheißen ist: Liebe und Leben.
Mitten in Sünde und Hinfälligkeit
feiern wir, was verheißen ist: Rettung und Neubeginn
Mitten im Tod, der uns von allen Seiten umgibt,
feiern wir, was verheißen ist durch den lebendigen Christus.

(OeRK 1983, Vancouver)

Vorschlag zur Predigt

Möglicher Anfang
Diese Geschichte klingt wie ein Traum. Und etwas Ähnliches war sie wohl auch für die Jünger damals. Wie in einem Traum ist manches darin, das uns verwirrt. Und manches scheint sich zu widersprechen.
Träume können wir wegschieben, auf die Seite legen: »Ach, das war nur ein Traum. Träume sind Schäume.« Aber oft ist in einem Traum etwas, von dem wir nicht so schnell loskommen. Immer wieder fragen wir: Was soll das heißen? Was hat das mit mir zu tun? Genauso wollen wir es auch mit dieser eigenartigen Geschichte aus dem Neuen Testament halten.
Bei einem Traum fragt man sich oft: Was war denn vorausgegangen? Während Jesus festgenommen wurde, waren die Jünger geflohen. Nun war für sie alles zuende. Ihre Hoffnung war zusammengebrochen. Jesus starb am Kreuz. Zwar kamen dann einige Frauen vom Grab Jesu und erzählten, das Grab sei leer gewesen. Der Engel habe gesagt, Jesus sei auferstanden. Aber änderte das etwas an ihrem Leben? »Jesus ist jetzt bei Gott, in der himmlischen Herrlichkeit. Er ist erlöst« mochten sie denken. »Aber wir sind noch hier. Und wir müssen jetzt weiterleben ohne ihn. Mit all unserer Trauer und mit all den enttäuschten Hoffnungen.«
So kehrten die Jünger wieder dorthin zurück, woher sie gekommen waren: an den See Genezareth. Petrus und einige andere gingen wieder fischen – wie einst, bevor ihnen Jesus zum erstenmal begegnete und sie in seine Nachfolge berief. Was sollen sie jetzt auch anderes machen – ohne ihn? Der Alltag hat wieder angefangen. Das Leben geht weiter – muß irgendwie weitergehen. Die Arbeit soll helfen, die Leere zu überbrücken ...
Nur dieses Mal fangen sie nichts ...
Eine typische Alltags-Erfahrung damals wie heute. Geht es uns nicht auch manchmal wie den Jüngern? Wir geben uns Mühe in unserer täglichen Beschäftigung, wollen alles gut und richtig machen. Nur manchmal fangen wir nichts, erreichen wir nichts. Alles vergeblich! Die Netze sind leer. Und wenn das öfter geschieht, dann fragen wir uns: Wozu bin ich denn über-

haupt da? Wem nütze ich? Oder ist mein Leben unnütz, vergeblich? Und besonders, wenn man älter wird und die körperlichen (manchmal auch die geistigen) Kräfte nachlassen, dann wird die Frage oft immer lauter und dringlicher: Wozu bin ich denn überhaupt noch da?
Wenn der Wert oder die Berechtigung unseres Lebens nur darin liegt, daß wir nützlich sind, daß wir etwas erreichen, dann sind leere Netze jeweils ein schwerer Schlag. Wer kennt nicht die Enttäuschung: »Jetzt habe ich mir soviel Mühe gegeben, und es war wieder nichts!?« Oft wissen wir nicht einmal, warum …

Zum weiteren Verlauf
Freilich: Auch diese Nacht mit ihrer Enttäuschung geht zuende. »Als es aber schon gegen Morgen ging, trat Jesus ans Ufer.« Und hier kommt wieder etwas Verwirrendes wie im Traum: »Die Jünger aber wußten nicht, daß es Jesus war.« –
Der Auferstandene ist irgendwie fremd, begegnet ihnen neu. Sie (und wir) können nicht einfach sagen: »Ach, natürlich, das ist ja Jesus, den kennen wir ja schon lange. Wir wissen genau, wie er ist.«
Und auch dahinter stehen Erfahrungen der ersten Christen, die sich in dieser Geschichte verdichtet haben. Der Auferstandene ist schon da. Er wartet am anderen Ufer. Wo wir nur die Finsternis sehen und alles hoffnungslos und vergeblich erscheint, da dämmert schon der Morgen. Das Licht kommt und zeigt uns den Tag. Und vielleicht ahnen wir in solchen Erfahrungen den Auferstandenen. Er steht schon am Ufer und will uns ansprechen mitten in unserer alltäglichen Beschäftigung …
Und dann stellt er diese eigenartige Frage: »Kinder, habt ihr nichts zu essen?« Und obwohl sie nun nachts hinausgefahren waren, um zu fischen – und sie wußten ja, wie und wo man in diesem See fischt, sie waren ja schließlich keine blutigen Anfänger in diesem Beruf – müssen sie sagen: »Nein. Wir haben nichts.«
Und ob wir nun an leibliche Nahrung denken oder an das rechte Wort, das tröstet und aufrichtet, an geistliche Nahrung für andere, die hungrig sind und durstig nach Licht, nach Gerechtigkeit und Frieden – auch wir müssen ja immer wieder einmal sagen: »Nein, wir haben nichts. Nein, wir können nicht helfen. Nein, wir sind im Augenblick machtlos.«
Christsein beginnt eigentlich erst dort, wo wir ganz beklommen und leise sagen müssen: Nein, wir haben nichts. Wo wir alle Illusionen und Weltverbesserungsprogramme fahren lassen.
Nein, wir können Jesus, dem Auferstandenen nichts bringen. Wir können ihm nicht helfen. Wir stehen mit leeren Händen da wie Bettler. Das ist die Situation der Christen, der Gemeinde. Alles andere wäre nur eine fromme Selbsttäuschung!
Auf sein Wort hin werfen die Sieben ihre Netze nochmals aus. Sie tun es entgegen den Regeln ihres Handwerkes und obwohl jeder Fachmann ihnen

davon abraten würde. Und wie im Traum ist das Netz so gefüllt mit Fischen, daß sie es gar nicht mehr einholen können. Was eben noch wie ein verzweifelter vergeblicher Versuch aussah, wird jetzt zum überwältigenden Erfolg. Ein gesegneter Fang. Jetzt liegt ein Segen darauf.
Und Petrus, der immer ganz nahe dran sein will am Geschehen, muß durch einen anderen darauf aufmerksam gemacht werden: Es ist der Herr, der vor uns steht! Nicht ein Phantom im Morgengrauen, sondern der auferstandene Herr. Und jetzt will Petrus - wie so oft - der Erste sein. Und diesmal verläßt ihn nicht sein Mut. Er verleugnet den Herrn nicht wie kurz vorher im Hofe des Hohenpriesters, als der Hahn zum dritten Mal krähte. Dieses Mal kennt er keine Bedenken und wirft sich ins Wasser. Die anderen bleiben im Boot. Und am Schluß kommen sie doch alle gleichzeitig an. Und wenn auch Petrus das Netz dann schließlich ans Land zieht, kann niemand diesen »Erfolg« für sich buchen. Alle sitzen im gleichen Boot. Niemand hat dem anderen ernsthaft etwas voraus ...
Nur Jesus ist ihnen vorausgegangen. Er ist durch den Tod gegangen und steht jetzt am anderen Ufer. Er ist nicht mehr Wind und Wellen ausgesetzt, kämpft nicht mit den Mißerfolgen und Erfolgen und all den Verzweiflungen und Hoffnungen, denen wir immer wieder ausgesetzt sind wie in einem Wechselbad.
Eben noch, als sie gefragt wurden: »Kinder, habt ihr nichts zu essen?«, mußten sie kleinlaut antworten: »Nein.« Jetzt haben sie Fische in Hülle und Fülle, mehr als sie essen können: 153 Fische!
Warum gerade 153? Darüber hat man immer wieder gerätselt. Ein Bibelausleger hat schon im Altertum darauf hingewiesen, daß damals genau 153 Fischsorten in Israel und Umgebung bekannt waren. Und das meint dann die Fülle der Fische, mehr als genug ...
Jetzt könnten sie also dem großen Unbekannten etwas zu essen anbieten. Aber ER steht bereits am Ufer, hat ein Feuer mit Kohlen gemacht. Und Fische und Brot sind längst da, bevor sie von ihrem wunderbaren Fischfang etwas bringen können. Und er lädt sie ein zum Mahl und bricht das Brot. Und es wird wie ein zweites, ein neues Abendmahl - dieses Mal am frühen Morgen.

Möglicher Schluß

So, wirkt der Auferstandene. Das ist die geheimnisvolle Wirklichkeit der Auferstehung, in der der verborgene Gott wirkt. Mitten in unseren Alltag hinein mit seinen Enttäuschungen und mit seinen Erfolgen. Er kommt auf uns zu im Morgengrauen, wo wir das Licht noch nicht wahrnehmen. Nicht wir nähren ihn. Nicht einmal mit dem, was dann vielleicht doch als Segen auf unserer mühevollen Arbeit liegt. Er nährt uns. Darum wird unser Glaube, der sich selbst nicht einmal eine Stunde am Leben erhalten kann, nicht sterben. Er wärmt uns und schenkt uns Geborgenheit wie damals den Jüngern am Kohlenfeuer. Eine große Filmdiva wurde einmal von einem

Verehrer gefragt: »Ist es nicht wunderbar, so berühmt zu sein?« Sie sagte: »Ja, manchmal ist es schön, anerkannt zu sein. Aber mein Ruhm gibt mir nachts im Bett keine Wärme.«
Wir verbringen einen großen Teil unseres Lebens mit Arbeit und irgendwelcher Beschäftigung. Ohne das wäre unser Leben vermutlich öde und ziemlich trostlos. Aber noch trostloser wäre es, wenn alles vom Gelingen unseres Tuns abhänge und das Leben nur der Ertrag unserer Arbeit wäre – und die Anerkennung, welche uns dadurch zuteil wird. Der Auferstandene ruft uns in die Arbeit. Und er schenkt uns das Leben. So läßt er uns gewahr werden, daß die Quelle des Lebens nicht das Feld ist, auf dem wir uns abmühen. Die Erfolge, die wir erleben, machen nicht das Leben aus. Und die Mißerfolge, die wir erleiden, zerstören nicht das Leben.
So wartet der Auferstandene am anderen Ufer auf uns. Er tritt in unser eigenes, gewöhnliches Leben und lädt uns zum Fest des Lebens. Er sagt: »Ich lebe und ihr sollt auch leben.«

Kontext

Zum Thema Auferstehung im Alltag

Wo Himmel und Erde sich berühren
Es waren zwei Mönche, die lasen miteinander in einem alten Buch, am Ende der Welt gebe es einen Ort, an dem Himmel und Erde sich berühren. Sie beschlossen, ihn zu suchen und nicht umzukehren, ehe sie ihn gefunden hätten. Sie durchwanderten die Welt, bestanden unzählige Gefahren, erlitten alle Entbehrungen, die eine Wanderung durch die ganze Welt fordert, und alle Versuchungen, die einen Menschen von seinem Ziel abbringen können. Eine Tür sei dort, so hatten sie gelesen, man brauche nur anzuklopfen und befinde sich bei Gott. Schließlich fanden sie, was sie suchten, sie klopften an die Tür, bebenden Herzens sahen sie, wie sie sich öffnete, und als sie eintraten, standen sie zu Hause in ihrer Klosterzelle. Da begriffen sie: Der Ort, an dem Himmel und Erde sich berühren, befindet sich auf dieser Erde, an der Stelle, die Gott uns zugewiesen hat.
(zitiert nach W. Hofsümmer (Hrsg.), Geschichten wie offene Türen, 2. Auflage 1993, Seite 14)

Miserikordias Domini

Annäherungen an den Predigttext
Hesekiel 34,1.2.10–16.31

Klaus Johanning

Ich habe den Text zunächst verschiedenen kirchenfernen Jugendlichen und jungen Erwachsenen gezeigt, die alle große Schwierigkeiten hatten, überhaupt zu verstehen, worum es eigentlich geht.

Gerrit, 22 Jahre, Musiker:
»Ich finde, das ist bar jeglichen Zusammenhangs, und ich verstehe nicht, warum ihr darüber predigen müßt. Man sollte den Text so umformulieren, daß jeder Depp ihn verstehen kann.
Wer sind diese Hirten eigentlich, von denen dauernd die Rede ist?
Ich würde sagen, die Hauptaussage ist: Konzentriert euch auf das Wesentliche, laßt euch nicht vom Wichtigen abbringen. Das Wesentliche ist wahrscheinlich der christliche Glauben. Auf den soll man sich konzentrieren, ohne sich durch andere Dinge – zum Beispiel Geld – davon ablenken oder irritieren zu lassen.«

Marc, Markus und Rene, 13 Jahre, Katechumenen:
»Was sind ›Auen‹?« Ich erkläre ihnen, daß es sich um ein altes Wort für »Wiesen« handelt. Dann geben sie wieder, was sie verstanden haben:
»Das handelt von Schafen auf der Weide. Einer will die Schafe führen, wahrscheinlich Gott. Außerdem will er verlorene Schafe oder Weiden wiederfinden. Es sind nämlich Schafe verschwunden.
Darüber gibt es auch eine andere Geschichte, die handelt von einem Hirten, der ein Schaf vorloren hat. Deshalb läßt er alle anderen zurück, um es zu suchen …«

Werner, 68 Jahre, Kirchgänger:
»Mich erinnert das an den 23. Psalm, den ich als Konfirmand gelernt habe und der mich durch das Leben begleitet hat. Für mich ist Gott immer der gute Hirte gewesen. Er hat mich so manches Mal auf den richtigen Weg zurückgeführt, wenn ich nicht mehr weiter wußte oder wenn ich eigenmächtig war und nicht auf sein Wort gehört hab'. Wir brauchen im Leben den guten Hirten, weil wir sonst unweigerlich in die Irre gehen, das habe ich gelernt.«

Als ich ihm vom Unverständnis der anderen erzähle: »Junge Leute können das noch nicht so nachvollziehen. Das ging mir früher genauso. Man muß erst einige Jahre auf dem Buckel haben, bis man merkt, wie wichtig das alles ist.«

Zum Gottesdienst

Wolfram Braselmann

Exegetisch-homiletische Skizze

Zum Exegetischen scheint mir klar, daß der vorgeschlagene Text insgesamt im Exil gesprochen und niedergeschrieben wurde, der weitaus größte Teil vom Propheten selber, einige Teile des Textes mögen nachträglich vom Schülerkreis des Propheten bei der redaktionellen Arbeit hinzugefügt worden sein.

Insgesamt nehme ich mit Zimmerli (BKAT z. St.) an, daß der Text als Reaktion auf die Katastrophe des Jahres 587 zu verstehen ist: Die Exilierten in Babylon erfahren vom Untergang des Staates Juda und vom Ende Jerusalems, vom Ende des Königtums und vor allem von der Zerstörung des Tempels, und sie müssen sich fragen: Was trägt, wenn all diese Grundlagen des Volkes und seines Glaubens zerbrochen sind?

Hesekiel greift in seiner Antwort auf das uralte, im Alten Orient wohl verbreitete und in der hebräischen Bibel wie im Neuen Testament immer wieder aufgenommenen Bild vom Hirten zurück: Die »Hirten« des Volkes haben versagt, die führenden Kreise des Volkes haben nicht getan, was ihre Aufgabe gewesen wäre: Für Recht und Gerechtigkeit sorgen, sie haben sich als schlechte Hirten erwiesen. Das ist seine Erklärung der Katastrophe, eine Erklärung, die auf einer Linie mit der Kritik der Propheten an den politischen und religiösen Verhältnissen des späten Königtums und der sie tragenden Oberschicht Judas und Jerusalems liegt.

Und demgegenüber verheißt Hesekiel seinem Volk den anderen, neuen »guten Hirten«, indem Gott selbst sozusagen die Aufgabe des Hirten wieder in die Hand nimmt, so, wie es ein guter Hirte tun wird (V. 11–16). Eine große, und zugleich eine vage Verheißung, am Tiefpunkt der bitteren Erfahrungen eines Volks: »Ja, ihr sollt meine Herde sein, die Herde meiner Weide, und ich will euer Gott sein, spricht Gott der Herr.«

Und vielleicht ließ sich an diesem Tiefpunkt nur so großartig, so voller Hoffnung reden, wenn denn überhaupt noch etwas zu sagen war.

Und dies also ist dann der Predigttext am Sonntag Miserikordias Domini, am zweiten Sonntag nach Ostern, dem »Sonntag vom guten Hirten«: eingerahmt in Lesungen zum gleichen Motiv, von Liedern, die in der Tradition

dieses Bildes vom guten Hirten stehen. Und es ist ja auch so, wie es in den »Annäherungen« anklingt: Für ältere Gottesdienstbesucher, und selbst für Randsiedler der Kerngemeinde sind und bleiben Texte wie der Psalm 23 Fixpunkte des Lebens und des Glaubens, oft genug als Konfirmationsspruch, als Trauspruch, als Text von Beerdigungsansprachen gewünscht, und das Bild vom guten Hirten hat eine unglaubliche Kraft, die sich immer wieder bis in kitschige Bilder auf Flohmärkten zeigt. Es scheint eine tiefe Sehnsucht im Menschen anzusprechen oder wachzurufen, es möge einen solchen Hirten geben, der gut zu einem ist, der einen trägt und hält in guten wie in schlechten Zeiten, und, in der Tat, was meint das Wort vom guten Hirten anderes, als daß es dies verspricht?
Vom Kirchenjahr her fällt der Sonntag »Miserikordias Domini« in die Zeit nach Ostern, so daß zumindest erwogen werden muß, wieweit sich österliche Erfahrungen und österliche Verkündigung im Text findet. Immerhin mag das Wort von der Auferstehung ja auch das meinen, daß jenseits unserer Versuche, einander »gute Hirtinnen und Hirten« zu sein, das Wort von der Auferstehung sagt, daß ein ganz anderer aufgestanden ist, uns allen ein guter Hirte zu sein, uns alle zu einem Leben in Recht und Gerechtigkeit und der Hoffnung darauf zu ermutigen. Und das Neue Testament hat ja an vielen Stellen auf diese alte Überlieferung vom guten Hirten zurückgegriffen, bis hin zu dem nachjohanneischen Text Joh 21, in dem der Auferstandene seinem Jünger die Aufgabe gibt: »Weide meine Schafe!«
Der Sonntag liegt auch in den meisten Gemeinden in zeitlicher Nähe zur Konfirmation, so daß sich die Frage stellt, was Konfirmandinnen und Konfirmanden in dieser Zeit und in ihrer Zukunft an Begleitung, Schutz und Hilfe zugesagt wird. Wieweit sie auf den eigenen Wegen ihres Lebens doch auch die Zusage eines solchen Textes erfahren werden, und was die Gemeinde dazu tun kann, ihnen dazu zu helfen.
Angeregt durch die »Annäherungen an den Predigttext« sowie durch die »Memoiren eines alten Mannes« von Walter Hollenweger (München 1978) entscheide ich mich für eine erzählende Predigt, in der Hesekiel im Gespräch mit den Personen aus den »Annäherungen« versucht, zu klären und zu deuten, was das heißen kann: »Ihr sollt meine Herde sein«.

Vorschläge zur Liturgie

Ich beginne den Gottesdienst nach dem Orgelvorspiel mit einer *Begrüßung:* Liebe Gemeinde, ich begrüße euch zu diesem Gottesdienst. Der Sonntag heute trägt den Namen »Miserikordias Domini«, früher nannten man ihn auch den »Sonntag vom guten Hirten«. Denn an diesem Sonntag werden im Gottesdienst diese Texte verlesen, in denen Gott der »gute Hirte« genannt wird, viele von euch kennen aus dem Konfirmandenunterricht ja noch den Psalm 23. Immer wieder haben Menschen sich daran festgehalten, daß Gott für sie und in ihrem Leben ein guter Hirte ist, und darüber, was das für uns bedeutet, wollen wir miteinander in diesem Gottesdienst nachdenken.

Als *Eingangsgebet* kann ganz einfach gemeinsam oder im Wechsel der Psalm 23 gesprochen werden, er ist ja im EG (niedersächsische Ausgabe) unter 711 leicht zu finden.
Vielleicht schließt der Liturg/die Liturgin das Psalmgebet mit diesen Sätzen: »Das haben viele von uns im Leben erfahren, Gott, das hast du uns manches Mal gegeben, und darauf bauen wir, daß das so ist und war und bleibt. Amen.«

Als *Lesungen* sind 1. Petrus (Epistel) und Johannes 10 (Evangelium) vorgesehen, es legt sich nahe, wegen der Nähe zum Hirtenmotiv bei diesen Lesungen zu bleiben; evtl. an Stelle der Epistellesung den Predigttext lesen, der ja auch alttestamentliche Lesung ist.

Als *Fürbittengebet* schlage ich vor:
Gott, so oft im Leben hast du dich für so manchen von uns als guter Hirte gezeigt:
Hast den einen getragen und geschützt, wenn sein Leben in Gefahr war, hast die andere vor bösen Wegen bewahrt,
hast die und den viel Gutes im Leben erfahren lassen: Erfolg und Weiterkommen, Menschen, die einem zur Seite stehen, Ratschläge, die weiterführten, Hilfe, wenn alles zu spät erschien:
Dir danken wir für jeden Tag, für jede Stunde, in denen du einem oder einer von uns guter Hirte gewesen bist, in Dankbarkeit erinnern wir uns daran, daß das so gewesen ist bis heute.
Dich bitten wir: Laß das so weiter geschehen, bleib du der gute Hirte in Leben von uns allen.
Laß nicht zu, daß auch nur eins von uns verloren geht. Geh uns nach, wenn wir uns im Leben verlaufen, bring uns zurück.
Den Alten steh zur Seite, wenn sie sich einsam oder verloren vorkommen und meinen, daß all das, was ihr Leben bedeutet, nicht mehr gefragt ist.
Den Jungen steh bei, wenn sie sich auf den Weg machen in ihr Leben, wenn da so vieles ist, das sie im Leben verlockt und das ihnen Zukunft verspricht: Geh du mit ihnen auf ihren Weg, laß sie nicht allein.
Den Kranken und Schwachen steh bei, daß sie Menschen haben, die ihnen zuhören, die ihnen beistehen, laß sie erfahren, daß es wieder besser wird mit ihnen.
All denen, die Verantwortung tragen in diesem Leben, Verantwortung auch für andere Menschen in Betrieben und Schulen, in der Politik und in der Kirche: Gib, daß sie ihre Entscheidungen treffen zum Guten für alle, zum Guten für uns, die wir mit unseren Sorgen vor der Zukunft leben.

Eine jede, ein jeder von uns hat Verantwortung in der Familie, bei der Arbeit, in der Nachbarschaft und im Zusammenleben: Schenk uns, daß wir immer wieder füreinander gute Hirten sein können, aufeinander Rücksicht nehmen, aneinander denken und füreinander da sind.
Und laß uns miteinander dir folgen, der du für uns gute Hirtin und guter Hirte bist.
Vater unser ...

Als *Lieder* schlage ich zum Hirtenmotiv vor:
EG 288 (Nun jauchzt dem Herren, alle Welt), insbes. Vers 3 (... zu Schafen, die er ist bereit, zu führen stets auf gute Weid.)
EG 274 (Der Herr ist mein getreuer Hirt ...), zugleich Wochenlied
EG niedersächsische Ausgabe 574 (Der Herr ist mein Hirte), nach Absprache mit dem Kirchenmusiker
EG 400 (Ich will dich lieben, meine Stärke ...), insbes., Vers 4 (Ich lief verirrt und war verblendet ...)
EG 353 (Jesus nimmt die Sünder an ...), insbes. Vers 3 (Wenn ein Schaf verloren ist ...)

Vorschlag zur Predigt

Möglicher Anfang
Die Sonne stand schon tief über den Bergen jenseits des Stromes, als Hesekiel mit den drei Jungen vor sein Haus trat. Drei Jungen, dreizehn Jahre alt etwa, die bei ihm, wie es Mode geworden war bei den Juden in der Verbannung in Babylonien, »das Gesetz lernten«. Früher, als wir noch zu Hause waren, in Jerusalem, in unserm Land, da lernten die jungen Leute die Bestimmungen unserer Religion wie von selber. Hier aber, im fremden Land, bei den vielen fremden Einflüssen, da schien es vielen Juden notwendig, die jungen Leute das Gesetz lernen zu lassen, einige Zeit lang. Danach durften sie in einem Gottesdienst öffentlich, wie es jeder Jude durfte, aus der Bibel vorlesen, und dann waren sie vollberechtigte Glieder der Gemeinde.
Mach du das, Hesekiel, so hatten sie gesagt, du kennst dich am besten aus in unserer Geschichte und unserm Gesetz, du kannst ihnen am besten erklären, was das für uns heute bedeutet, Juden zu sein und nach der Bibel zu leben, du hast die Bücher und die Bildung, und so war Hesekiel dazu gekommen, den Jungen den Glauben Israels zu erklären.
Als ob das so einfach wäre, in solch veränderten Zeiten jungen Menschen zu erklären, was der alte Glaube bedeutet. Die gehen, so sagten viele, nachher ja doch ihre eigenen Wege in dieser neuen Zeit. Nur weil die Eltern es wollen, machen sie das noch mit. Ihr werdet sehen, es hilft nicht viel, diese Neuerung.

Und mancher schien sich, offen oder versteckt, lustig zu machen über Hesekiel und seine Versuche, den Glauben zu lehren.
Und richtig, als Hesekiel noch mit den drei Jungen im Garten vor seinem Haus stand, da kam auch schon Gedalja, der Nachbar, vorbei, zurück von den Proben des städtischen Orchesters, in dem er Musiker war. Ein junger Mann noch, aber begabt, wie der babylonische Orchesterleiter sagte, und Gedalja fragte nur: Na, was habt ihr denn gelernt heute abend? Und die drei Jungen sagten: Hesekiel hat erzählt, von Schafen auf der Weide. Viele Schafe sind verlorengegangen, und einer will sie wiederfinden.
Na, das war genau das Richtige für Gedalja: Wer soll das denn verstehen, so fragte er Hesekiel, was meinst du denn damit? Wer sind denn heutzutage Hirten und Schafe? Das hat doch überhaupt keinen Zusammenhang mehr. Ja, ich weiß, ihr Alten, ihr habt in der Heimat noch eure Schafherden gehabt, selbst die Priesterfamilien in Jerusalem, von denen du abstammst, haben noch eigene Schafherden gehabt. Aber das ist doch eine alte Welt, mit der die jungen Leute heute nichts mehr anfangen können, da mußt du schon klarer reden. Sag ihnen doch genau, worauf es ankommt, auf das Wesentliche im Leben.
Wer will schon mit einem Schaf verglichen werden, mit diesen schläfrigen Tieren, die da auf den Weiden liegen? Es ist eine andere Welt hier in Babylon, Hesekiel, eine moderne Welt, in der wir keine Schafe mehr halten. Wir müssen uns schon anpassen an die modernen Städte hier und neue Berufe ergreifen. Hirte sein ist von gestern!
Übrigens, hast du gehört: Jerusalem ist gefallen, der Krieg verloren. Der Tempel ist verbrannt, und vielleicht ist es zu Ende mit unserem Glauben. Wir müssen uns anpassen, sonst sind wir verloren.
Und warum ist Jerusalem gefallen?, fragt da Hesekiel. Ich will es dir sagen: Weil sie sich angepaßt haben, die Herrschenden, der König, sein Hof, die Offiziere, sie alle. Weil sie gesagt haben: Wir sorgen für uns selbst, wie es alle tun, wir bringen unser Schäfchen ins Trockene, jawohl, unser Schäfchen. Und du weißt genauso gut wie ich, wie schlecht sie für das Volk gesorgt haben, wie ungerecht und selbstsüchtig sie waren, ein solcher Staat muß ja zugrunde gehen! Gott kann und wird nicht wollen, daß unser Volk so regiert wird, und so lebt. Sie waren schlechte Hirten.
Denn, so sagte Hesekiel, ich weiß noch, was ein guter und was ein schlechter Hirte ist, ich habe noch die Herde meiner Familie als junger Kerl im Gebirge Juda gehütet. Abends, in der Dämmerung, wurde die ganze Herde durchgezählt, und wenn ein Schaf fehlte, dann suchten wir die ganze Gegend ab, bis wir es wiedergefunden hatten, es darf keines verloren gehen.
Und wenn ein Schaf noch so schwach und verletzt war, es mußte am Abend in der Hürde sein, dafür ist ein Hirte da. Und mein Vater sagte immer: Man muß die Herde selber hüten, läßt man es einen anderen machen, geht früher oder später doch ein Schaf verloren, und wenn das erst einmal anfängt, ist es bald mit der ganzen Herde nichts mehr.

Unser Volk ist vor die Hunde gegangen, weil die, die das Sagen hatten, sich nicht mehr um die Schwachen, um die Armen, um die, denen es schlechter geht als den anderen, gekümmert haben. Das hat uns kaputt gemacht, und deshalb sind wir jetzt hier in der Verbannung.

Zum weiteren Verlauf

Im weiteren Verlauf würde Gedalja wahrscheinlich zugestehen, daß die politische Analyse des Hesekiel richtig ist, er würde aber auch danach fragen, wer denn nun an Stelle der alten Führungsschichten des Volkes treten soll, um guter Hirte zu sein.

Und welche Hoffnungen Hesekiel denn überhaupt angesichts der Katastrophe des Volkes noch hat.

Und die Jungen werden vielleicht danach fragen, wer denn ihr Hirte sein wird, und wem sie trauen sollen, wenn die Vergangenheit ihres Volkes offensichtlich keineswegs so unproblematisch ist, wie ihnen der Großvater gesagt hat.

Und gemeinsam werden sie danach fragen, wer das sein kann, der einen sucht, bis er einen findet, wenn man verlorengegangen ist.

Und sie werden gemeinsam sich klar machen, wie schnell man in einer Welt, die sich so sehr verändert hat, verloren gehen kann:

Kinder verlieren ihre Eltern, dir nur noch in der Vergangenheit leben.

Menschen verlieren in einer sich wandelnden Welt ihre Grundüberzeugungen, ohne daß Neues an die Stelle des Alten treten kann.

Freundschaften zerbrechen, wenn es im Leben in erster Linie um den schnellen Profit, um die Karriere geht.

Jugendliche haben keine Zukunft, weil jeder nur an sich selber denkt. Solche und ähnliche Gedanken lassen sich in diesem Teil der Predigt ausführen.

Und vielleicht wird an dieser Stelle der Geschichte ein Gemeindeältester zu der Gruppe stoßen und wird sagen:

Aber Hesekiel hat es doch gesagt: Nur der, dem die Herde gehört, wird sich wirklich um sie kümmern. Ein Schaf kümmert sich nur um sich selbst, so sind die Schafe, und so seid ihr, und so bin ich auch.

Der, dem die Schafe gehören, der muß sich um sie kümmern. Der muß das Verlorene suchen. Hesekiel hat euch doch gesagt: Gott selbst übernimmt seine Schafe wieder, sonst sind sie verloren.

Und der Gemeindeälteste wird sagen: Ich habe eben auch einen weiten Weg hinter mir. Und er wird vielleicht das ein oder andere von seinem Weg erzählen, von Irrwegen in der Heimat, als er noch ganz anders dachte. Von dem Weg ins Exil, und was ihm das ausgemacht hat, vertrieben zu werden und in der Fremde leben zu müssen.

Und er wird so etwas sagen wie: Für mich ist Gott immer ein guter Hirte gewesen. Er hat mich so manches Mal auf den richtigen Weg zurückgeführt. Und er wird davon erzählen, wie das geht, wenn Gott einen auf den richtigen Weg zurückführt.

Er wird von Eigenmächtigkeiten erzählen, von Zweifeln und vom Glauben, der daraus erwachsen ist.
Und was das ist: Wir brauchen im Leben den guten Hirten, sonst gehen wir unweigerlich in die Irre.
Und wenn Gedalja oder die Jungen fragen, woran er den guten Hirten erkennt, dann wird er sagen: Du wirst ihn erkennen, so, wie das Schaf seinen Hirten erkennt.
Hesekiel hat es euch doch erzählt, wie er früher seine Herde gehütet hat. Schafe sind nicht schläfrige Tiere, wie ihr meint. Schafe sind Fluchttiere, immer hellwach, auch wenn sie ganz still auf der Weide liegen. Kein Fremder kann sich ihnen nähern, sie laufen ganz einfach weg, deshalb können sie sich so leicht verlaufen, da sind sie so, wie wir Menschen sind.
Die Stimme des Hirten aber kennen sie, auf den laufen sie zu. Glaubt mir: Die Stimme eures guten Hirten, die Stimme Gottes werdet ihr aus tausend andern Stimmen heraushören, wenn ihr nur wollt.

Möglicher Schluß
Und wenn ihr mich fragt, liebe Gemeinde, warum ich euch diese Geschichte vom guten Hirten erzählt habe an diesem Sonntag, zwei Wochen nach Ostern und eine Woche vor der Konfirmation: Ich habe sie euch erzählt, weil wir Ostern gehört haben, daß einer mit Gottes Stimme uns alle ins Leben gerufen hat, in ein hoffnungsvolles Leben mitten in unserer Welt.
Ich habe sie euch erzählt, weil wir bei der Konfirmation darauf vertrauen werden, daß junge Menschen mit diesem Segen, daß Gott der Hirte ihres Lebens ist, in ihr Leben hinausgehen.
Und ich habe sie euch erzählt, weil ich von vielen von euch weiß, wieviel euch das Wort und das Bild vom guten Hirten bedeutet. Ein Konfirmand hat mir gesagt: Der Herr ist mein Hirte, das soll mein Konfirmationsspruch sein, das hat mir meine Mutter gesagt; denn sie hat ihn auch gehabt.
Und viele von euch hat dies Bild und dies Wort begleitet und getragen, und es kann nur gut sein, wenn jeder von uns sich immer wieder daran erinnert: Selbst dann, wenn wir uns im Leben verlaufen - und wem von uns wäre das nicht schon einmal geschehen? - selbst dann werden wir die Stimme des guten Hirten erkennen, und er wird uns zurückbringen.

Jubilate

Annäherungen an den Predigttext Johannes 16,16 (17-19) 20-23a

Bernd Giehl

Gespräch im Kirchenvorstand. Mit dem Kirchenvorstand habe ich schon einige Gottesdienste gemeinsam gestaltet; deshalb wage ich mich mit ihm an diesen Text. Den Text, über den wir reden werden, habe ich schon vorher benannt. Schon im Vorfeld haben einige gemeint, der Abschnitt sei ausgesprochen schwierig, und es fiele ihnen nichts dazu ein. An dem Abend sind drei Männer und vier Frauen im Alter zwischen Dreißig und Mitte Sechzig anwesend. Das Gespräch ist mühsam; nur selten ergibt sich ein Gedanke aus dem anderen. Da ich die Textabgrenzung im Vorfeld nicht genau genug benannt hatte, wird auch der Vers 23 b hinzugenommen. Wir lesen den Text gemeinsam, dann bitte ich die Teilnehmenden des Gesprächs, den Vers oder das Wort zu unterstreichen, der (oder das) ihnen am wichtigsten ist. Äußerungen der Teilnehmerinnen und Teilnehmer:

- Das für mich wichtigste Wort in diesem Text ist »Freude«.
- Ich habe diesen Text erst verstanden, als ich ihn in der »Guten Nachricht« gelesen habe. Hier geht es um Glück und um Traurigkeit.
- Mir ist am wichtigsten der Vers, wo es heißt: »Wenn ihr den Vater etwas bitten werdet, so wird er es euch geben in meinem Namen.« Wenn ich ein Problem mit mir herumtrage, dann gehe ich in die Kirche und bete. Das hilft mir meistens.
- Das mit der Schwangerschaft habe ich so ähnlich erlebt. Man hat Sorgen, manchmal geht es einem nicht gut. Und dann die Schmerzen bei der Geburt. Aber durch all das wird man hindurchgetragen. Wenn dann das Kind geboren ist, sind die Sorgen und Schmerzen nicht mehr wichtig; man vergißt sie ganz einfach. Wichtig ist dann nur noch die Freude.
- Ich lese aus dem Text, daß ich nicht allein bin mit meinen Sorgen.

Als nächstes bitte ich die Anwesenden, den Text noch einmal daraufhin zu befragen, was sie nicht verstehen oder was ihnen seltsam vorkommt.

- Ich finde es merkwürdig, daß Jesus sagt: »Am selben Tag werdet ihr mich nichts fragen.« Warum werden sie dann nichts fragen?
- Vielleicht, weil sie dann erkennen, daß Jesus die Wahrheit gesagt hat.
- Was bedeutet »Über ein kleines dann werdet ihr mich nicht sehen und über ein kleines, dann werdet ihr mich sehen?«

- Gott gibt die Zeit vor.
- Das bedeutet: Erst muß Jesus sterben, danach wird er auferstehen.
- Mit dem Sehen ist eher ein innerliches Schauen gemeint, ein Begreifen seines ganzen Wirkens.
- Dieses Wirken Jesu können wir erst begreifen, wenn Jesus uns seinen Geist schenkt.
- Das ist ein Denken durchs Gefühl. Das heißt, ich fühle mehr, als daß ich das alles rational durchdenke. Wenn ich nur mit dem Verstand an den Glauben ginge, würde ich wohl bald ins Zweifeln geraten. Aber vermutlich könnte ich mich gar nicht vom Glauben trennen. Der ist durch die Erziehung einfach zu tief in mir verwurzelt.

Weil das Gespräch an diesem Punkt erneut stockt, frage ich den Teilnehmer, der gesagt hat, das Wort Freude sei ihm am wichtigsten, ob er noch etwas zu dieser Freude sagen könne.

Er verweist auf das Bild von der Geburt. Wenn die Schmerzen vorbei sind, ist die Freude groß. Ja, ergänzen einige Frauen, am intensivsten erlebe man Freude nach der Geburt eines Kindes. Ob man sich also am ehesten dann freue, wenn man Schlimmes erlebt habe, frage ich. Das bestätigen einige.

- Aber vielleicht bitten wir Gott nicht genug um Hilfe, wenn der Alltag uns krank macht.
- Das Gebet hilft, und sei es nur dadurch, daß man die Sorgen ausspricht. Dann sieht man auch wieder einen Weg.
- Vielleicht fragen wir Gott am Jüngsten Tag nichts mehr, weil uns dann alles klar ist.
- Daß die Jünger »an jenem Tag« nichts mehr fragen werden, bedeutet, der Heilige Geist macht ihnen klar, warum Jesus seinen Weg so und nicht anders gegangen ist.
- Daß einem niemand mehr die Freude rauben kann, kann man sich eigentlich gar nicht vorstellen. Aber wenn man sich mit dem Stärksten verbündet, geht es doch.
- Warum wird die Welt sich freuen, wenn Jesus fort ist?
- Die Welt, das sind die Gegner Jesu. Die Gegner freuen sich, daß sie Jesus besiegt haben.
- Mit denen, die sich freuen, ist die weltliche Macht gemeint.
- Damit sind die gemeint, die nicht an Jesus glauben.

Plötzlich äußert dann doch jemand seinen Unmut.

- Texte, wo zehnmal etwas wiederholt wird, liegen mir nicht.

Ich frage die anderen, wie ihnen dieses »Gespräch« zwischen Jesus und seinen Jüngern vorkomme.

- Vielleicht ist das eine Prüfung, daß Jesus den Jüngern nicht sagt, was los ist. Oder er hält sie noch nicht reif dafür, ihnen die ganze Wahrheit zu sagen. Auch bei Kindern, denen man etwas erklären will, was sie noch nicht verstehen, benutzt man ja Bilder.

- Womöglich war Jesus selbst noch nicht ganz überzeugt, daß Gott ihn durchbringen würde. Sonst hätte er, statt in Bildern zu reden, vielleicht gesagt: Ich gehe zwar ans Kreuz, aber in drei Tagen bin ich wieder bei euch.

Zum Schluß bitte ich die Teilnehmer sich vorzustellen, sie müßten selbst über diesen Text predigen oder könnten einem Pfarrer gegenüber einen Wunsch äußern, worüber der predigen solle.

- Er soll über das Thema predigen: Wenn ihr den Vater bitten werdet, dann wird er eure Wege lenken.
- Ich würde das Thema wählen: Jesus legt Fürbitte für uns ein.

Zum Gottesdienst

Bärbel Schäfer-Goetz

Exegetisch-homiletische Skizze

»Das Vermächtnis Jesu an seine Jünger«, so wird von Johannes Schneider die Kapitelfolge überschrieben. Diese und andere gliedernde Überschriften in den Kommentaren sind hilfreich, um das Thema unserer Perikope herauszuarbeiten, um die zentralen Begriffe systematisch zu verorten. Bei Rudolf Bultmann steht das Kapitel 16 unter der Überschrift »Die Offenbarung der Herrlichkeit vor der Gemeinde«. Bei Jürgen Becker heißt das übergeordnete Thema: »Die Rückkehr des Sohnes zum Vater«. Das Kapitel 16 hat bei J. Schneider die konkrete Bezeichnung: »Der Schmerz der Trennung - die Freude des Wiedersehens«. So möchte ich das Anliegen dieses Textes mit den Stichworten andeuten: Abschied - Trauer - Schmerz - Entbinden von Freude.

Zur Abgrenzung der Perikope: Das Ende bei Vers 23 a anzusetzen ist sinnvoll, da mit Vers 23 b ein neues Thema angeschlagen wird.

Es handelt sich bei diesem Textabschnitt um eines der vielen Gespräche, die Jesus mit seinen Jüngern führt. In denen er ihrem Unverständnis gegenübertritt und ihnen versucht deutlich zu machen, worin seine frohe Botschaft besteht. Er kündigt ein baldiges Wiedersehen an (V. 17 f.). Auf die weiterbestehende Ratlosigkeit der Jünger geht Jesus ein, allerdings wieder in recht verschlüsselter Rede. In den nun folgenden Versen 19–23 benennt und erläutert Jesus die zwei Hauptbegriffe dieser Perikope: Trauer und Freude. Trauer bestimmt das Leben der Jünger, solange sie ihn nicht sehen. Freude wird sie ergreifen, wenn er sie wiedersieht. Die Welt reagiert umgekehrt: Sie freut sich, wenn die Jünger klagen. Diese Grenzziehung Welt–Jünger geschieht bewußt: Hier die einen, die im Glauben erkennen,

dort die anderen, die Welt, die die Botschaft Jesu ablehnen. Die Situation der Klage ist nach Bultmann »die Situation der Einsamkeit im Kosmos, in der diejenigen stehen, die durch Jesus aus dem Kosmos herausgerufen sind und die doch noch im Kosmos stehen und seinem Haß preisgegeben sind. Der Kosmos freut sich über den Weggang Jesu, weil Jesu Erscheinung ihn in seiner Sicherheit in Frage stellt«. (Bultmann Seite 445)
Das ist umso verständlicher, wenn wir die Absicht des Johannes-Evangeliums als Ganzes in den Blick nehmen, ein Glaubensbuch für die christliche Gemeinde zu sein, sie zu ermutigen, Anfechtung und Ablehnung durch die Welt zu ertragen. (Conzelmann/Lindemann Seite 298)
Wann ist diese Situation zu Ende? Wann herrscht Freude statt Trauer? Wann, wie bald, sieht Jesus die Jünger wieder?
Im Text sind mit dem Wiedersehen die nachösterlichen Erscheinungen gemeint, nicht die Wiederkunft am Ende der Zeiten. Dies wird gestützt durch die Tatsache, daß hier lediglich die Jünger Jesus sehen werden, nicht die Welt. Die Parusie am Ende der Zeit geschieht aber vor aller Augen.
Im Bild der Schwangerschaft wird die Situation der Jünger versucht zu beschreiben: Die Gegenwart ist bestimmt von Trauer, Klage, Schmerz-wie eine gebärende Frau. Doch diese Schmerzen werden verwandelt in Freude, eine neue Glaubenssicherheit wird entbunden. Freude ist hier nicht gemeint als Freude woran oder wodurch, sondern als Sicherheit im Glauben (Bultmann Seite 450).
Damit sind aus exegetischen Beobachtungen heraus die systematischen Themen entwickelt: Das Verhältnis der Gemeinde zur Welt (ekklesiologische Fragestellung), die Grundbefindlichkeiten menschlicher Existenz, Freude und Trauer (anthropologische Fragestellung), verknüpft mit der Vorläufigkeit und dem Gebrochensein menschlicher Existenz (eschatologische Fragestellung). Zugrunde liegt alledem die hermeneutische Frage des Verstehens.

Zu den »Annäherungen«
Das mühsam stockende Gespräch dieser Gruppe zeigt an, daß es dieser Text den Hörenden schwer macht, ihn zu verstehen, ihn für das eigene Leben fruchtbar zu machen.
Bezeichnenderweise reagieren die Teilnehmenden am ehesten auf das Wort »Freude« und das Bild der Schwangerschaft. Äußerungen, die sich auf Vers 23 b beziehen, werde ich vernachlässigen, da ich die vorgegebene Abgrenzung für sinnvoll halte (s. o.). Die Gruppe rätselt, fragt – wie die Jünger im Johannes-Evangelium. Ihr Erkennen, ihr Verstehen, unser Erkennen, unser Verstehen ist geknüpft an die Wiederkunft Christi, und dies ist ein Geschehen, das sich nur bruchstückhaft in der Gegenwart ereignet.
Grundsätzlich hermeneutische Fragestellung: Wie verstehen wir diesen Text? Wir rätseln und fragen wie die Jünger. Wir leben, wie die Jünger, nach

Ostern. Angewiesen auf Ostererlebnisse, die »in die stets mögliche und notwendige Erfahrung von uns Glaubenden verlegt« sind. (Bultmann, Seite 448)
... anthropologisch formuliert:
Wir blicken in eine scheinbar leere und dunkle Zukunft.
Glauben, d. i. zurückblicken, fragen, rätseln in der Gegenwart, hoffen in die Zukunft gerichtet. Unser Menschsein ist bestimmt durch Abschied, Trauer, Schmerz. Wir leben in einer abschiedlichen Existenz (Verena Kast, Trauern). Die Gegenwart erweist sich oft als Durststrecke, bestimmt von Erinnerungen - wie tragfähig sind diese? - und durch Hoffnungsaspekte - hoffen, worauf?
... durch systematische Gedanken zu »Freude« ergänzt:
Freude ist die Erfahrung schon geschehener Versöhnung. Sünde ist definiert als Getrenntsein von Gott, abgetrennt vom Heil, von der Erkenntnis. Wenn wir als Gerechtfertigte in uns bereits eine neue Existenz leben können, können wir bruchstückhaft Freude erleben, in dem oben skizzierten Sinn von Verstehen, von Erkenntnis, von Glaubenssicherheit. Freude enthält von daher den Aspekt von geschaffener Verbindung (Aufhebung des Getrenntseins von Gott), von Gemeinschaft. Freude ist gemeinschaftsstiftende Kraft. (Gedanken hierzu finden sich in dem Buch von Verena Kast »Freude - Inspiration - Hoffnung«).
... ekklesiologisch durchbuchstabiert:
Kirche als in der Welt sich befindende Größe muß als anstößig empfunden werden, muß sich Jesus Christus als ihrem Herrn verpflichtet fühlen (Barmer Theologische Erklärung), muß mit offenen Fragen, mit Zweifeln leben können. Kirche ist diesen johanneischen Gedanken nach keine triumphalistische Einrichtung, sondern eher als ein komplexes Ereignis zu verstehen, als eine Vernetzung von Gruppen, die in der Welt leben, aber nicht in der Welt aufgehen. Kennzeichen könnte sein das Aufblitzen von Freude ...

Überführen in die Predigt, Vertiefen dieser Gedanken unter dem Leitmotiv:
»Es muß ohne mich gehen«

Spätsommer 97: Ich stehe in einer persönlichen Krisensituation, die von Tod, Abschied, Trennung gekennzeichnet ist. Ich erlebe im Alltag: Lösen von Leitbildern, Schmerz, verlassen zu werden, hindurchgehen durch die dunkle Wegstrecke, Keime von neuer Freude, von Lebensmut. Entbinden von Freude durch Schmerz hindurch ist keine leere Floskel. Und immer wieder holt sie mich ein, die Durststrecke der Gegenwart.
Spätsommer 97: Unsere kirchliche Lage ist geprägt von der Diskussion um gravierende Einsparungen. Gemeinden werden gestrichen, die Mitgliederzahl schrumpft. Wie soll es weitergehen? Gemeinden müssen sich umstrukturieren. Wohin geht der Weg? Welche Vorbilder, Leitbilder prägen

die ekklesiologisch Diskussion? Kirche und Gemeinde müssen sich als Fragende, Suchende sehen.

Spätsommer 97: Lady Diana und Mutter Theresa sind gestorben. Die Welt ist erschüttert, reagiert tief betroffen. Zwei große weibliche Leitbilder sind tot. »Es muß ohne mich gehen«, soll Mutter Theresa gesagt haben, kurz vor ihrem Tod.
»Es muß ohne mich gehen!«:
Es gilt Abschied zu nehmen von Autoritäten und Vorbildern. Trauer und Schmerz sind konstituitiv für diese Lebensphase. Einsamkeit, Unsicherheit bestimmen das Gefühl. Erwachsenwerden im Glauben ist ein Ziel. Dies muß eine Entsprechung finden in der kirchlichen Struktur. Befruchtend für eine Gesellschaft, die oft unreflektiert Autoritäten und Vorbilder sucht.
So komme ich zu folgenden homiletischen Überlegungen:
Leitgedanke: Es muß ohne mich gehen.
Die Jünger lernen die Ablösung von Jesus. Sie wachsen im Glauben. Sie erleben Trauer - entbinden diese in Freude: Freude verstanden als Erfahrung schon geschehener Erlösung mit gemeinschaftsstiftender Kraft.
Diesen Gedankengang möchte ich individuell, gesellschaftlich und kirchlich beleuchten.

Vorschläge zur Liturgie

Lieder
EG 450 Morgenglanz der Ewigkeit, oder EG 165 Gott ist gegenwärtig / EG 665 Wir haben Gottes Spuren festgestellt / EG 398 In dir ist Freude / EG 628 Ich lobe meinen Gott / EG 643 Fürchte dich nicht, oder EG 171 Bewahre uns Gott, oder EG 633 Alle Knospen springen auf

Psalm 42 Meine Seele dürstet nach Gott

Eingangsgebet mit Bußcharakter:
Schon seit jeher fragen Menschen nach Gott, suchen Gott, rufen wie im Psalm: Wo bist du? Hast du uns verlassen?
Gott, hier und heute, an diesem Ort, zu dieser Stunde
suchen wir dich, haben wir Raum und Ruhe, uns nach dir auszurichten. Der Trubel der Tage verdeckt viel von dem, was wir die frohe Botschaft nennen. Quälende Stunden des Alleinseins machen es uns schwer, an deine hilfreiche Gegenwart zu glauben. Die Welt und ihre Nöte (Konkretionen einfügen) wirkt gottverlassen.
Wir leben und glauben nach Ostern,
wir suchen Spuren der Auferstehung und hoffen auf deine Nähe!
Gott, erbarme dich

Gnadenspruch: Jesaja 35,1.5.6

Kollektengebet:
»Gott, wir danken dir.
Im Dunkel der Zukunft leuchtet dein Licht.
Gib, daß wir den Weg finden,
die Wahrheit erkennen
und das Leben ergreifen
in Jesus Christus, der mit dir
und dem Heiligen Geist lebt und herrscht in Ewigkeit.«
(Nach Winfried Müller, aus Arbeitsbuch Gebete, Gütersloh 1994, Seite 143)

Vorschläge zur Lesung:
Ein Text, der die nahende Freude ankündigt: Philipper 4,4–6.
Alttestamentliche Texte, in denen Menschen aufbrechen, einen neuen Lebensweg einschlagen müssen: z. B. Abraham (in Genesis 12) oder Hagar (in Genesis 21).
Suche nach der Gegenwart Gottes: 1. König 19.
Prophetische Texte, in denen das Friedensreich verheißen wird.

Schlußgebet
Raum und Zeit haben wir hier,
um uns Dir zu öffnen, Gott,
um angestoßen, ermutigt zu werden
für neue Schritte in unserem Leben.
Wir bitten Dich:
Begleite uns auf unseren dunklen Wegstrecken,
begleite uns, wenn wir trauern, wenn wir Orientierung suchen.
Begleite uns in unserm Leben als Gemeinde, als Kirche in der Welt.
Laß uns neue Schritte wagen, laß uns in Zeiten des Umbruchs neue Formen entwickeln.
Begleite uns in unserer Verantwortung für die Welt.
Daß wir als Kirche Zeichen setzen gegen Hunger, Ausbeutung und Gewalt.

Vorschlag zur Predigt

Möglicher Predigtanfang
»Es muß ohne mich gehen«.
Dieser Satz stammt von Mutter Theresa, im Wissen um ihr baldiges Ende. Sie starb im Spätsommer 97, und ihr Tod löste viel Trauer und Erschütterung aus. Ein großes Leitbild des 20. Jahrhunderts ist tot.
Fast noch größer war die Bestürzung und Trauer über den Tod von Lady Di, die ebenfalls im Spätsommer 97 bei einem tragischen Verkehrsunfall ums

Leben kam. Ich denke, liebe Gemeinde, Sie erinnern sich noch gut daran. Zwei große Vorbilder sind tot. Zwei Frauen, die je auf ihre Weise durch humanitäres Handeln beeindruckten. Die faszinierten und zur Nachahmung aufriefen.
Die große Welle von Trauer, die so viele Menschen, ganz unabhängig von persönlichem Glauben und kirchlicher Bindung ergriff, zeigt etwas Wichtiges an: Wir Menschen brauchen Vorbilder. Wir suchen große Persönlichkeiten, in denen wir mitleben können, die unser oft so kümmerliches Leben überstrahlen, die Werte vermitteln, die uns Halt versprechen. Doch: »Es muß ohne mich gehen!«
Hinführung zum Text: Lesen von Johannes 16,16–23

Zum weiteren Verlauf
Ich skizziere die Situation der Jünger, ihre Bindung an Jesus, als Vorbild, als Autorität, ihren Abschiedsschmerz, ihre Glaubenszweifel.
Ich skizziere eine persönliche Krisensituation, Tod und Trennung und die damit verbundenen Gefühle von Schmerz, Trauer, Suche nach Orientierung, Blick zurück und Tasten nach vorn.
Ich überlege: Was sind Vorbilder, wieviel an »Vorbild« brauchen wir, wann behindern sie auch?
Welchen Beitrag leistet dieser Text zu dem Gedanken: selbständig werden, durch Trauer zu einer tragfähigen Freude zu kommen?
Ich übertrage diese Gedanken auf die ekklesiologische Ebene unter dem Stichwort »Mündige Gemeinde«. Der Arbeitskreis mündige Gemeinde, in Karlsruhe gegründet, wäre dafür ein konkretes Beispiel.

Möglicher Schluß
Das sind verhaltene Töne, liebe Gemeinde, am Sonntag »Jubilate«. Ein Sonntag, der zum Jubeln aufruft. »Freut euch!« Diesen Zuruf möchte ich dennoch ernst nehmen.
Selbst wenn wir in persönlichen Krisen stecken, selbst wenn die kirchliche Lage uns zu einschneidenden Veränderungen zwingt …
wir können uns freuen – mit leisen Tönen, indem wir uns dem Schmerz, der Trauer stellen und nicht ausweichen. Indem wir Abschied und Trennung wagen und nicht verschleiern. Vielleicht – hoffentlich – ich formuliere ganz vorsichtig, ist dies eine der großen und tragenden Erfahrungen unseres Lebens, daß wir durch Schmerz und Trauer Freude entbinden.
Die zeitgenössische Dichterin Hilde Domin schreibt in einem Gedicht: Die schwersten Wege werden alleine gegangen. / die Enttäuschung, der Verlust, das Opfer sind einsam. / Man hört den eigenen Schritt. / Stehenbleiben und sich umdrehen. / hilft nicht. Es muß / gegangen sein. / Nimm eine Kerze in die Hand / wie in den Katakomben, / das kleine Licht atmet kaum. / Und doch, wenn du lange gegangen bist, / bleibt das Wunder nicht aus, / weil das Wunder immer geschieht, /

und weil wir ohne die Gnade / nicht leben können: / die Kerze wird hell vom freien Atem des Tags, / du bläst sie lächelnd aus / wenn du in die Sonne trittst / ... und in deinem Hause / dir der Tisch weiß gedeckt ist. / Und die verlierbaren Lebenden / und die unverlierbaren Toten / dir das Brot brechen und den Wein reichen- /
und du ihre Stimmen wieder hörst / ganz nahe / bei deinem Herzen.«
Amen.

Verwendete Literatur:
Jürgen Becker, Das Evangelium nach Johannes, Würzburg 1981
Rudolf Bultmann, Das Evangelium des Johannes, Göttingen 1964
Hans Conzelmann, Andreas Lindemann, Arbeitsbuch zum Neuen Testament, Tübingen 1982
Hilde Domin, Gesammelte Gedichte, Frankfurt 1987
Verena Kast, Trauern, Stuttgart 82
Verena Kast, Freude, Inspiration, Hoffnung, Solothurn 1991
Johannes Schneider, Das Evangelium nach Johannes, Berlin 1967

Kontexte

Ziehende Landschaft

Man muß weggehen können
und doch sein wie ein Baum:
als bliebe die Wurzel im Boden,
als zöge die Landschaft und wir ständen fest.
Man muß den Atem anhalten,
bis der Wind nachläßt
und die fremde Luft um uns zu kreisen beginnt,
bis das Spiel von Licht und Schatten,
von Grün und Blau,
die alten Muster zeigt
und wir zuhause sind,
wo es auch sei,
und niedersitzen können und uns anlehnen,
als sei es an das Grab
unserer Mutter.
von Hilde Domin in Gesammelte Gedichte, © S. Fischer Verlag GmbH, Frankfurt am Main, 1987

Gedicht
»Nie soll er gelacht haben
Ich weiß nicht
Vielleicht
Aber im Flußbett seines Lebens
wo das Leid dahinströmte
blitzte dennoch wie Gold
Freude Freude Freude«
von Zdenêk Svoboda in »Tau und Regen zu sein - Anthologie tschechischer Autoren«, Evangelische Verlagsanstalt Berlin/DDR 1976, Seite 99

Kantate

Annäherungen an den Predigttext Matthäus 21,14–17 (18–22)

Reinhard Kirste

Vergleichende Übung mit Schülerinnen und Schülern einer Klasse 10

Beide Texte, »Tempelreinigung« und »Verfluchung des Feigenbaumes«, wurden mit den Schülerinnen und Schülern gelesen.
Spontanphase: Einige Schüler protestierten – zum einen gegen die Unart Jesu, einfach einen Feigenbaum zu verfluchen, zum anderen gegen die Brutalität, mit der Jesus gegen alles vorgeht, was sich im Tempelbereich abspielt. Allerdings wurde die »Tempelreinigung« teils mit Zustimmung, teils mit Ablehnung quittiert. Die Ablehnung konzentrierte sich auf die Tatsache, daß Jesus auch die Tische der Opfertiere einfach umstieß und damit seinen Zorn auch an unschuldigen Tieren ausließ.
Es gibt vorerst keine Antwort auf die im Protest steckenden Fragen, vielmehr sollten die Schülerinnen und Schüler ohne weitere Kommentierung aufgrund des Gehörten Geschichten zur Gewalt im Alltag erzählen, die ihnen spontan einfielen. Aus der Fülle des Erzählten fielen m. E. die folgenden Erlebnisse besonders auf:

- Schüler sehen morgens auf dem Schulweg ein verlassenes Spielauto (Plastikbagger) am Straßenrand. Sie treten das Spielzeug mit viel Getöse kaputt und haben viel Spaß dabei.
- Ein Schüler geht durch den Flur, sieht die Katze des Hausmeisters, ergreift sie und wirft sie aus dem Fenster. Zur Rede gestellt, warum er das getan hätte, erklärt er, er habe eine solche Wut im Bauch gehabt, daß ihm völlig egal war, was ihm über den Weg lief, es hätte auch ein kleiner Schüler sein können ...
- Ein Schüler, der aus einer anderen Schule kommt, berichtet, der Mathematiklehrer dort hätte die ganze Klasse für völlig blöde gehalten und das immer wieder mit einzelnen Schülern an der Tafel demonstriert. Wenn dann wieder jemand bei der Lösung einer Mathematikaufgabe an der Tafel völlig versagt hätte, habe er oft seine Ausführungen mit dem Satz beendet: »Du bist zu dumm, um in' ne Stulle zu beißen« und eine »5« stand im Notenbuch.

Die Schüler überlegen nun, was diese Beispiele mit der Szenerie der beiden Jesusgeschichten zu tun haben. Dazu gibt es folgende Informationen von seiten des Lehrers:

- Der Tempel als zentrale jüdische Opferstätte zur Zeit Jesu hatte eigenes »Tempelgeld«, in das die Gläubigen ihre mitgebrachte Währung umwechselten (römisch, griechische, persische usw.), um Opfertiere zu kaufen, wie es jüdischer Brauch war (Tauben, Schafe, Ziegen usw.).
- Wegen des spontanen Einwandes, Jesus würde auch Tieren Gewalt antun, wird die Parallelstelle bei Markus 11,15–19 gelesen. Dort läßt Jesus vor seiner Gewaltaktion die Tiere wegtragen. Besonders die Tierliebhaberinnen und Tierschutzengagierten der Klasse hatten hier bereits Protest angemeldet.
- Beim Vergleich von Matthäus und Markus fällt den Schülern auf, daß Jesus bei Markus schon »geladen« war, als er zum Tempel kam, schließlich folgt bei Markus die Tempelreinigung der Verfluchung des Feigenbaumes nach.
- Um die Geschichte mit dem Feigenbaum richtig zuzuspitzen, muß die Frage gestellt werden, ob überhaupt Erntezeit für Feigen war, schließlich war es ein gesunder Feigenbaum voller Blätter: Nach der Chronologie der Evangelisten jedenfalls nicht, denn Feigen werden im Herbst geerntet, es war nun aber Frühjahr oder noch halber Winter in Jerusalem. Davon darf man ausgehen, denn die Abfolge bei Matthäus und in der Passionschronologie der Kirche (Einzug Jesu in Jerusalem am Psalmsonntag, Matthäus 21,1–10, und Hinrichtung am Karfreitag Kap. 27,31–55) beträgt nur eine knappe Woche vor dem Passafest.

Aufgrund dieser Hinweise gibt es recht unterschiedliche und nicht in Einklang zu bringende Äußerungen zum Verhalten Jesu:

1. Jesus übt Gewalt gegen Sachen, das führt sicher zur Eskalation: Die Tempelpolizei wird geholt, die Geldwechsler und Händler drohen vielleicht, Jesus zu lynchen. Was also soll die ganze Aktion?
2. Es ist überhaupt verwunderlich, daß Jesus nach diesem »Happening« nicht sofort festgenommen wurde: Wegen Störung der öffentlichen Ordnung und Mißachtung heiliger Orte und des Gottesdienstes.
3. Gerade wenn man die Markusvariante hinzunimmt, scheint Jesus bei der Tempelreinigung sehr kalkuliert wütend vorzugehen (»er hat sich in der Gewalt«), während er bei der Verfluchung des Feigenbaumes einfach »ausrastet«. Die Schüler können dieses Ausrasten nachvollziehen (vgl. das Beispiel mit der Katze), sind aber teilweise entsetzt, wie sich der »Sohn Gottes« benimmt.
4. Das Verhalten Jesu angesichts des Feigenbaums ist zwar verständlich, aber bei näherem Nachdenken völlig unmöglich.
5. Wahrscheinlich hat Jesus nur eine solche gezielte Provokation als Möglichkeit, um Umdenken zu erzwingen, weil bei einer Diskussion mit den Geldwechslern und Opfertierverkäufern nichts herausgekommen wäre. Wirtschaftlicher Gewinn steht derart im Vordergrund, daß auch die Tempelbürokratie diese gewinnbringende Vermarktung des Opferritus sicher

nicht aufgrund von Argumenten ändern würde. Ergebnis: Auch die organisierte Religion ist käuflich und korrupt.

6. Allerdings provoziert Gewalt sicher neue Gewalt, so daß der Effekt letztlich ein negativer ist. Das kann man auch am Prozeß Jesu sehen, wo seltsamerweise dieses »Delikt« nicht mehr zur Sprache kommt.
7. Wenn der Gottestempel zum Konsumtempel verkommt, dann muß wirklich dazwischengefunkt werden. Hier ziehen einige Schülerinnen und Schüler den Vergleich mit heute.

Bei einer Rückschau auf die erste Diskussionsphase mit den Schülern lassen sich zwei Ebenen aufdecken: Die Situation und das Verhalten Jesu damals – und die zweite Ebene als Frage formuliert: Wie würden wir reagieren, wenn so etwas heute an einem Wallfahrtsort oder an einer berühmten Kathedrale passieren würde (z.B. am Kölner Dom, wo die dortige von Obdachlosen errichtete »Klagemauer« abgeräumt wurde)?

Zwei Diskussionsebenen zur Fortsetzung des Gesprächs

1. Ebene:
Das Verhalten Jesu in der Ambivalenz von sinnvoll bis jähzornig muß am Text noch genauer untersucht werden. Dazu ist auch die Markusvariante wichtig.

Das Zusammennehmen der beiden Geschichten macht das Verhalten Jesu im Blick auf die Konstruktion der Passionsgeschichte nicht gerade einfacher. Für eine Predigt dürfte es zusätzlich Probleme bringen, die Tempelaustreibung und die Feigenbaumverfluchung zusammenzusetzen. Für den Unterricht ist es ausgesprochen reizvoll, das koordiniert-unkoordinierte Verhalten Jesu in seiner Widersprüchlichkeit kurz vor seinem Tod zu bedenken. Wer weiß, was im Symbol des Feigenbaumes noch alles steckt: Soll er vielleicht ein Symbol für Israel sein? Dann hätten wir bei Matthäus einen üblen antijudaistischen Text. Glücklicherweise lagen diese Überlegungen in der Diskussion der Schüler untereinander nicht nahe.

2. Ebene:
Die Gleichsetzung von Tempel und Kirche bietet sich zumindest partiell an: Geld und Macht beeinflussen die Religion und machen die Kirche zur Bank und zum Warenhaus. Vielleicht bräuchte manche Kirchengemeinde und manche schöne, berühmte Kirche solch eine »Tempelreinigung« dringend.

Den Schülern fiel auf, welche große Rolle das Geld spielt. Einige erzählten, daß die Jugendreferentenstelle in ihrer Gemeinde nicht mehr besetzt wurde, weil »die Kirche sparen muß«. Einige ärgerten sich auch über Klingelbeutel und Kollekte, die sie während ihrer Konfirmandenzeit teilweise einsammeln mußten. Originalton: »In die Kirche kommst du umsonst rein, aber nicht umsonst raus!«

Zum Gottesdienst

Ulrich Haag

Exegetisch-homiletische Skizze

Wer ist Jesus? Wie ist Jesus? Was tut Jesus? Anders als die »Kinder und Unmündigen« damals stellen die Jugendlichen heute interessierte und skeptische Fragen. Aus dem Alter des kindlich ungebrochenen Jubels sind sie heraus. Ihre Eltern und Großeltern haben ohnehin mit bedingungslosem Jubeln Erfahrungen gemacht, die niemand wiederholen will.
Jesus hat Gefühle - auch negative -, und er lebt sie aus. Jesus macht nicht nur heil, er macht auch kaputt, er ist hier und da destruktiv. Handelt so der Sohn Gottes? Oder ist hier lediglich ein mehr oder weniger sympathischer Revolutionär am Werk?
Fragen der Menschen damals - Fragen der Menschen heute. Der Evangelist Matthäus greift sie auf. Die Predigt ebenfalls. Manche jedoch werden keine endgültige Antwort finden.
Der Liturgische Kalender begrenzt den Predigttext für den Sonntag Kantate (Reihe I) auf die Verse 14-17, läßt die Perikope aber nach hinten offen (Verse 18-22, Der unfruchtbare Feigenbaum).
Matthäus dagegen ordnet den »Jubel der Unmündigen« (Verse 14-17) der Tempelreinigung (Verse 12-13) zu, und trennt die Feigenbaumperikope zeitlich ab.
Anders als in den synoptischen Parallelen betritt Jesus nach dem Matthäusevangelium unmittelbar nach seinem Einzug in Jerusalem den Tempel und beginnt dort mit der Austreibung der Händler. Matthäus hat den Einzug Jesu geradezu als Ein*marsch* stilisiert, der ohne Zögern bis zur Mitte vordringt. Dabei kommt es mehrmals zu einer Akklamation Jesu als dem neuen Heilskönig. Aber weder die, die beim Einzug Hosianna rufen, noch die Kinder im Tempel scheinen sich bewußt zu sein, wie recht sie haben, wenn sie Jesus als Sohn Davids ehren. Auf diese Weise wird die programmatische Feststellung Jesu aus Kapitel 11,25 Wirklichkeit: Nicht den Weisen und Klugen, sondern den Unmündigen ist das Wirken des Gottessohnes offenbar. Jesus selbst läßt eine eindeutige Stellungnahme zu seiner messianischen Rolle offen.
Im Unterschied zu seinen synoptischen Kollegen läßt Matthäus nach der Tempelreinigung zwei Gruppen von repräsentativen Außenseitern in die Nähe Jesu kommen:
- Blinde und Lahme, deren Gebrechen auf Sünde zurückschließen ließ, und die daher vom Tempelbesuch ausgeschlossen waren. (Vgl. Johannes 9,2);
- Kinder und Unmündige, die noch nicht voll zur Gemeinde gehörten.

»Durch dieses Geschehen: Reinigung des Tempels, Heilung der Blinden

und Lahmen und der Akklamation Jesu durch die Kinder, verwandelt sich der Tempel, entsteht in ihm eine neues Gottesvolk« (Ulrich Luck, Das Evangelium nach Matthäus, Seite 228 f.). Differenzierter könnte man vielleicht sagen, Jesus wendet sich nicht gegen das »alte« Gottesvolk, sondern lediglich gegen dessen Elite, die sich Gott besonders nahe wähnte. An deren Stelle setzt er die »geistlich Armen«. Mit ihrem unwillkürlichen Lobpreis kommen sie Gott näher, als Gelehrte und Priester mit ihrer Rechtgläubigkeit. Jesus ersetzt so die alten Repräsentanten - und das Volk Gottes bekommt eine neue Qualität.
Die folgende Gleichnishandlung am unfruchtbaren Feigenbaum liest sich geradezu wie ein »Kommentar zu der Art, wie Jesus *von den religiösen Führern* des Volkes denkt ...« (Eugen Drewermann, Das Markusevangelium, Bd. 2, Seite 192). Will man die Feigenbaumperikope in die Predigt einbeziehen, scheint mir die von Drewermann selbst hervorgehobene Differenzierung zwischen Volk und Führern wichtig zu sein. Pauschalformulierungen wie »Jesus kündigt das Gericht über Israel ..., das einem unfruchtbaren Baume gleicht, ... an ...« (L. Goppelt, *peinao,* in ThWNT, Bd. 6, Seite 20), führen leicht in eine antijudaistische Sackgasse. Sie entsprechen auch nicht der Bedeutung des Symbols: Im Lukanischen Gleichnis vom Feigenbaum wird dieser ja als *ein* - womöglich sogar deplaziertes - Gewächs im Weinberg Israel vorgestellt (Lukas 13,6).
Das Psalmzitat in Vers 16 ist wohl der Grund, weshalb die Perikope für den Sonntag Kantate ausgewählt worden ist: Dem übermütigen Krakeelen der Kinder lauscht Jesus das Lob Gottes ab, das Hosianna der Jesus-Fans im Tempel wird zum Prototyp des Kirchenliedes. Mehr noch: Selbst das ahnungslose Lallen und Brabbeln der Säuglinge wird in Gottes Ohren zum Lobgesang. Auch die unartikulierten Laute eines Behinderten. Auch das Johlen eines Fußballfans? Das Zwitschern der Vögel? Möglich! Dann auch da Jaulen der Hunde? Das Rauschen der Bäume? Das stoßweise Atmen eines Sterbenden? Wie weit darf man die Linie ausziehen? Allemal - es ist die unorthodoxe, gar unartikulierte, aber authentische Äußerung des Lebenswillens, der Jesus hier den Vorzug vor allen Äußerungen der Rechtgläubigkeit gibt. Er erinnert an ein Gut, das uns in der Epoche der Unterhaltungselektronik weitgehend abhanden gekommen ist: Das Singen mit eigener Stimme - ungebrochen, spielerisch, aus purer Lebensfreude. In der pointierten Zusage Jesu an die Kinder steckt für die Kirche heute soviel Substanz, daß sich der folgende Predigtentwurf auf die Kernverse 14-17 der vorgeschlagenen Perikope beschränkt. Den Kontext - Einzug, Tempelreinigung - wird er lediglich narrativ streifen, um die Szene lebendig werden zu lassen.

Vorschläge zur Liturgie

Sündenbekenntnis
Gott des Lebens, von Anbeginn hast Du allem was ist, einen Rhythmus eingepflanzt: Das Kommen und Gehen des Lichts, das Blühen und Welken der Kreatur, das unablässige Rauschen der Brandung, das Schlagen des Herzens.
Wir Menschen haben vieles davon aus dem Tritt gebracht - mit dem Takt unserer Maschinen, dem Staccato der Terminkalender, den Frequenzen der Schrittmacher, dem Stampfen unserer Rhythmen. Soviele »neue Lieder«, Gott ... Es täte uns so gut, wenn wir zurückfinden könnten in das *alte* Lied, uns einfügen könnten in den ursprünglichen Rhythmus aus Wachsen und Ruhe, der uns umgibt. Herr, erbarme Dich!

Gnadenspruch
Psalm 32 Vers 8: Ich will Dich unterweisen und Dir den Weg zeigen, den Du gehen sollst. Ich will Dich mit meinen Augen leiten.

Kollektengebet
Gott des Lebens, noch immer ist unser Kopf voll von den Mißklängen und Dissonanzen der letzten Woche. Wir bitten Dich: Bring zur Ruhe, was noch in uns lärmt. Komm zu uns, rühr eine Saite in uns an. Versetze uns in Schwingung. Bring Dein Wort in unserer Seele zum Klingen. Führ uns zur Harmonie mit Dir, mit uns, mit der ganzen Schöpfung. Amen.

Fürbittgebet
Gott, Du rufst uns beim Namen, Du kennst unsere Stimme. Du freust Dich an unserem Lied. Du hörst, wenn wir nun zu Dir kommen und singen: Herr, erhöre uns (diesen Gebetsruf sollte die Gemeinde singen - mögliche Melodie: EG 178.10).
Wir bitten Dich für alle, in deren Land Militär oder Krieg herrscht: Verwandle Du die zackigen Märsche und Kampfparolen in neue Lieder: Kinderlieder, Friedenslieder, Freiheitslieder. Wir kommen zu Dir und singen: Herr, erhöre uns.
Wir bitten Dich für unser gesellschaftliches Zusammenleben: Laß neue Lieder unter uns wachsen, deren Einklang die Gegensätze untereinander unwichtig macht. Hilf, daß wir Volkslieder finden, die uns nicht von anderen abgrenzen, sondern uns verbinden. Wir kommen zu Dir und singen: Herr, erhöre uns.
Wir bitten Dich für unsere Kirche: Schenk ihr neue Lieder. Lieder, die unsere Gedanken und Gefühle ausdrücken, unsere Worte sagen, die Melodien unserer Zeit wiedergeben, so daß wir Dich von Herzen loben können, wenn wir singen. Wir kommen zu dir und bitten: Herr, erhöre uns.

Lieder:
Über das vorgeschlagene Eingangslied (EG 287) und Hauptlied (EG 243 oder 341) hinaus paßt das Lied Du meine Seele singe (EG 302) zu den Gedanken der Predigt. Ein ungeheuer schwungvolles Lied ist: Singt dem Herrn, alle Völker und Rassen, gefunden in Mein Liederbuch 2 – Ökumene heute, tvd-Verlag Düsseldorf. Vielleicht sind Chor, Kantor und Gemeinde an diesem Tag bereit, es einzuüben. Es lohnt die Mühe!

Vorschlag zur Predigt

Möglicher Anfang
Und er ging hinaus zur Stadt und ließ sie stehen ...
Wie Jesus damals die Hohenpriester, so läßt uns dieser Predigtabschnitt zurück. Kurzangebunden und knapp. Er fängt mitten in einer Geschichte an. Er hört ebenso abrupt auf.
Hier kann die Predigerin/der Prediger eigene erste Eindrücke zum Predigttext verarbeiten, evtl. Elemente aus den Annäherungen aufnehmen.

Im weiteren Verlauf deutet folgende mögliche Passage den Text narrativ aus:
Gegen Ende seiner Wirksamkeit kommt Jesus zum letzten Mal nach Jerusalem. Anders als sonst vollzieht sich sein Einzug nicht in aller Stille, sondern unter dem lauten Jubel der Menge.
Sein Weg führt ihn geradewegs in den Tempel. Auch hier erregt er Aufsehen. Er wirft die Tische der Wechsler und Händler im Vorhof um und jagt die Geschäftemacher zum Tempel hinaus. Doch so wie er die Allianz aus Macht und Geld ablehnt, wendet er sich den Opfern dieser Koalition, den Außenseitern, zu. Es kommen Blinde und Lahme, »und er heilte sie«, erzählt der Evangelist. Die Menschen im Tempelvorhof, in dem das alles geschieht, wundern sich. Vielleicht *be*wundern sie Jesus auch. Es ist gefährlich, sich mit den Funktionären und Geschäftemachern anzulegen. Sie haben eine schlagkräftige Truppe an der Hand, die Tempelwache, die im Betrieb um Geld und Kult für reibungslose Ordnung sorgt. Ist es eine Unaufmerksamkeit, daß sie Jesus bei seinem Zornesausbruch gewähren läßt? Schützt ihn seine Popularität? Schützt ihn am Ende die heimliche Hoffnung, die sogar die Hohenpriester teilen: Daß er *wirklich* der ist, der da kommen soll im Namen des Herrn, Jesus der Messias? Von ihm geht tatsächlich eine Kraft aus, eine Entschlossenheit, Macht, fast Gewalttätigkeit. »Mir ist gegeben alle Gewalt im Himmel und auf Erden ...« Ist es die Macht Gottes, die Jesus verkörpert? Wenn man das nur wüßte! »Hosianna dem Sohn Davids!« Vielen liegt der Ruf auf der Zunge. Doch sie verbeißen ihn sich. Die Situation ist noch unüberschaubar, der Ausgang ungewiß. Es wäre unklug, verfrüht Partei zu ergreifen. Nur die Kinder mit ihrem feinen Sensorium spüren, daß da ein Aufschrei in der Luft liegt. Sie lauschen ihn

förmlich der spannungsgeladenen Atmosphäre ab. »Hosianna dem Sohn Davids!« Aus welchem Mund kam der Ruf zuerst? Dann hätte man wenigstens noch die Eltern haftbar machen können! »Hosianna dem Sohn Davids« – nun klingt es schon aus zwei Dutzend Kehlen. Und es werden mehr. Ist er es? Ist er es nicht?

Die Hohenpriester und Schriftgelehrten wollen es wissen. Sie sind bereit, dem Messias zu huldigen, wenn er sich zu erkennen gibt. Sie sind ebenso entschlossen, den Tumult zu unterbinden, wenn er sich als haltlos erweist. »Hörst Du nicht, was die Kinder da rufen?!« Sie stellen Jesus zur Rede, nehmen ihn ins Kreuzverhör: »Du bist ein Erwachsener! Du läßt Dich von Deinen Jüngern mit Rabbi anreden. Hosianna dem Sohn Davids! Du mußt doch wissen, daß das eine hochbrisante Gotteslästerung ist. Warum schreitest Du nicht ein?!«

Wenn er wirklich der Messias ist, dann muß Jesus jetzt Farbe bekennen. Dann muß er sich äußern! »Natürlich habe ich gehört, was die Kinder rufen. Aber Ihr: Habt ihr nie gelesen, was geschrieben steht: Aus dem Munde der Kinder und Unmündigen hast Du dir ein Lob bereitet!« Damit läßt Jesus die Frager stehen ...

Eine weitere mögliche Predigtpassage erläutert, auf welchen Ebenen man die Antwort Jesu verstehen konnte und kann:

Zunächst einmal kann man sie als einfache Parteinahme Jesu für die Kinder verstehen: Legt nicht auf die theologische Goldwaage, was sie sagen. Nehmt vielmehr ernst, daß es Kinder sind, mit denen ihr es zu tun habt. Auch die gehören in den Tempel. Gott möchte sie in seinem Hause hören. Nicht nur die Disziplin der Gelehrten hat in Gottes Augen einen Wert, sondern auch die ungebrochene Spontaneität der Kinder. Nicht an den wohlgesetzten Worten der Großen, sondern auch am Singen und Spielen der Kleinen hat er seinen Gefallen. Ein Tempel, der die Kinder außen vorhält, durch strenge Regeln, langatmige Gebete, schwerverständliche Lektionen – dem fehlt etwas Wesentliches. Ihm fehlen die Stimmen der Kinder, aus denen sich Gott ein Lob bereitet.

Jesu Antwort kann man auch auf einer anderen Ebene verstehen: Ich sage Euch, was die Kinder rufen ist wahr!

»Hosianna dem Sohn Davids ...!« Tausende von Pilgern werden mit diesem Ruf jährlich in Jerusalem empfangen. Doch Jesus ist es wirklich. Er ist der langerwartete Messias. So sind die Kinder – ohne daß es ihnen bewußt ist – der Wahrheit viel näher als die Hohenpriester, die glauben, daß sie ewige Wahrheiten hüten. Sie sind mit ihrem Schreien auch der Wirklichkeit Gottes näher, als so mancher, der sich dem Ewigen in wohlgesetzten Worten und liturgisch einwandfreien Gebeten nähert. Die Kinder wissen nicht, was sie tun – aber in diesem Moment haben sie das getan, was jeder Gläubige hätte tun müssen: Sie haben dem Sohn Gottes zugejubelt und ihn als Herrn über Israel und als Herrn über das eigene Leben bekannt.

Der mögliche Schluß spitzt den Pedigttext auf den Sonntag Kantate zu:
Aus dem Munde der Kinder und Säuglinge hast Du Dir ein Lob bereitet ...
Am Sonntag Kantate dürfen wir diese Antwort noch auf einer ganz anderen Ebene verstehen. Mit diesem Vers gibt Jesus dem unbeschwerten, absichtslosen Singen, ja sogar dem Brabbeln und nervenaufreibenden Schreien der Säuglinge eine große Bedeutung: All das nämlich dient zum Lob Gottes. Auch Erwachsene dürfen in dieses unwillkürliche Lob mit einstimmen. Wir brauchen keine gewählten Worte, müssen keine anspruchsvollen Melodien komponieren, damit Gott uns zuhört.
Wir dürfen es. Aber wir müssen es nicht. In allem was singt, spielt, summt, brummt, pfeift, zwitschert, raunt und rauscht schwingt etwas mit, dem Gott ein Lob zu seiner Ehre abzulauschen vermag. Diese selbstvergessene Art, Gott zu loben ist in unserer Gesellschaft - auch unter uns Christen - dünn geworden. Wer singt schon noch selbst, mit eigener Stimme, aus eigenem Antrieb, für sich?
In unserem Gemeindehaus geben sich in den letzten Wochen Handwerker die Klinke in die Hand. Fast alle lassen während der Renovierungsarbeiten das Radio laufen. Einer nicht. Der hat einen Tag lang den Keller verputzt - in absoluter Stille. Nein. Still war es eigentlich nicht. Der Mann hat selbst Musik gemacht. Jedesmal, wenn ich ins Foyer komme, höre ich ihn. Mal pfeifen, mal summen. Und wenn er sich unbeobachtet glaubt, läßt er es sich nicht nehmen, laut zu singen. Woher hat der Mann nur diese Musik? Ich frage ihn. »Ach, die kommt mir einfach so in den Sinn«, antwortet er. »Die fällt mir so ein. Manches habe ich mal hier mal da gehört. Manches singen wir auch mittwochabends im Gesangverein. Und manchmal wird man ja morgens mit einer Melodie im Kopf wach, die wird man den ganzen Tag über nicht los. Kennen sie das auch? So ein Lied muß 'raus, den Tag über. Finde ich jedenfalls. Wenn es innen drin stecken bleibt, tut das nicht gut.«
Wir singen zuwenig. Wir lassen zuviel singen.
Aus Lautsprechern, Boxen, Kopfhörern dröhnt uns unablässig fremder Gesang entgegen. Beim Autofahren. Beim Einkaufen. Bei der Küchenarbeit. Er zerstört die Melodien, die wir selbst im Ohr, im Sinn haben. Wir gönnen uns die Stille nicht, in der unsere eigenen Melodien wachsen könnten, in der sich eigener Gesang wieder entfalten könnte. So kommen wir selbst zu kurz. Und so kommt Gott zu kurz, der sich ein Lob bereiten will aus dem Klang unserer Stimmen.
Wohin geht die Kirche in den nächsten Jahrzehnten? Was ist ihre eigentliche Aufgabe?
Vielleicht ist die Antwort viel einfacher als unsere Zukunftsprognosen und Planspiele: Kantate. Singt. In guteinstudierten Darbietungen, ja. Aber ebenso in euren unfertigen und dilettantischen Liedern. Summt. Pfeift. Stimmt ein in den unwillkürlichen Gesang der ganzen Kreatur. Das alles zum Lobe Gottes, zum Lob Jesu Christi - wie damals im Tempel die Kinder von Jerusalem: Hosianna dem Sohn Davids.

Rogate

Annäherungen an den Predigttext Lukas 11,5–13

Christian Fuhrmann

In einer Jugendgruppe und mit den Ältesten unseres Kirchspiels kommen wir mal leicht und mal schwer ins Gespräch.

Zunächst bleiben wir in beiden Gruppen recht lange an dem ersten Teil (Verse 5–9) hängen. Die Ältesten empfinden die »Unverschämtheit« zunächst mehr auf der Seite dessen, der seinem Nachbarn und Freund nicht aus der Klemme helfen will. Denn im Orient bedeutet die Gastfreundschaft zu verweigern mehr als bei uns.

Das ist doch keine einfache Ehrenrührigkeit, und von einem wirklichen Freund kann man schon erwarten, daß er mir hilft, die selbstverständlichen Dinge des Lebens zu bewältigen. Einen Gast hatte man ordentlich zu bewirten - egal, wann er erscheint. Für die Jugendlichen ist es kaum eine Frage, denn auch vom schon schlafenden Freund kann man in derartiger Lage schon erwarten, daß er hilft, denn ich selbst würde doch auch helfen. Protest wird gegen diese Parteinahme laut, weil die ganze Familie des Nachbarn gestört wird. Die »Unverschämtheit« liegt so gesehen doch auf der Seite dessen, der ohne Rücksicht auf andere nur seine eigene Sorge sieht und andere mit in seine Problemlage hereinzieht. Er scheint nur an sich zu denken und die Unannehmlichkeit, die er so für seinen Freund hervorruft, einfach zu übersehen.

Hat Bitten nicht immer ein Quentchen Unverschämtheit in sich? Denn wer bittet, der ist eigentlich in der schwächeren Position und kann nur durch »Ausspielen seiner Notlage« den anderen dazu bringen, ihm etwas zu geben oder zu helfen. So gesehen wäre ein »Hilf mir doch, ich habe dir auch geholfen!« kein Bitten, sondern schon eine Form der Entlohnung.

Dem wird weitgehend zugestimmt und schon sind wir im Gespräch mit den Ältesten beim Betteln angekommen, das uns in der Gemeindekirchenratssitzung zuvor durch einen Bettler an der größten Kaufhalle in unserem Gemeindebereich intensiv beschäftigt hatte. Betteln wird als »Reinform« des Bittens verstanden, weil der, der hier bittet, nicht den geringsten Anspruch stellen kann.

Und doch: »Wird nicht vom Bettler zurecht unsere Mitmenschlichkeit beansprucht?«

Bitten braucht Vertrauen - ich gehe doch nur zu demjenigen, um etwas zu erbitten, wo ich auch das Vertrauen habe, daß er mich nicht abweist oder sogar meine Notlage noch ausnutzt. Allerdings weist eine Gesprächspartnerin darauf hin, daß wir doch oft so bitten, daß wir dem Gebetenen eine Wiedergutmachung oder den Ersatz versprechen. Wenn ich am Sonntag Abend kein Brot mehr habe, dann gehe ich doch zu meiner Nachbarin und bitte mit dem Versprechen, daß ich ihr das Brot am Montag nach der Arbeit wiedergeben werde. Vielleicht - so ein Ältester - ist alles noch kein echtes Bitten. Bitten ist erst dann echtes Bitten, wenn du in einer Notsituation jemandem vertraust, ihn bittest ohne jemals Wiedergutmachung in Aussicht stellen zu können. Solche Notsituationen kennen wir heute vielleicht zu wenig. Die Not aber verursacht in dem Bittenden dann wohl die Kraft, daß er unablässig bitten kann und sich nicht gleich abweisen läßt. Ist unsere Welt durch den weit verbreiteten Wohlstand nicht fast ausschließlich zu einer Welt des Bezahlens geworden?
»Ja«, so schließt eine Älteste dieses Gesprächsteil ab, »Bitten gehört in Notsituationen, weil wir sonst immer denken, wir könnten alles allein durch unsere Kraft oder unser Geld.«

Die Jugendgruppe bleibt beim Bildteil hängen, der »typisch biblische Lehrsatz« stimmt mit unserer Welt nicht mehr überein. Es stimmt nicht, daß dem, der bittet auch immer gegeben wird. Als Beispiel werden Zigaretten, Utensilien der Schule u. a. genannt. Mein Versuch, mit der Gruppe über Vers 9 noch weiter nachzudenken, scheitert. Lebenserfahrung gegen Bibel? Vielleicht - so denke ich jetzt - fehlt ja diesen Bitten das Notvolle.

Im Kreis unseres Gemeindekirchenrates wird dann das erbetene Brot mit dem Heiligen Geist in Verbindung gebracht. Beides ist lebensnotwendig, das Brot für den Leib, Gottes Geist für unsere Seele. Wir müssen lernen, um Gottes Geist als etwas Lebensnotwendiges zu bitten, so wie wir bitten und betteln würden, wenn wir kein Brot mehr haben, um unser leibliches Leben zu erhalten. Wer nicht bittet, der kann im Leben auch nichts erwarten - außer das, was er oder sie sich selbst verdient. Aber - wie wenig ist das schon.
Dann wird Bitten wieder mit Vertrauen in Verbindung gebracht. Zum Beten zu Gott, so eine Älteste, gehört das Vertrauen, daß Gott nach meiner Bitte gibt; aber oft gibt er anders, als ich es mir vorstelle. Wer Gott bittet, erweitert vielleicht seinen Horizont hin zu Möglichkeiten, die er sonst gar nicht sehen kann. Wer Gott bittet, lebt in der Gewißheit, daß es irgendwie weitergehen wird - auch darin zeigt sich, wie eng Bitten mit Vertrauen verbunden ist.

Protest regt bei beiden Gruppen das »die ihr böse seid« in Vers 13 an. So ist das nicht wahr, ein typischer biblischer Ausspruch, der uns Menschen erst klein macht, damit wir dann auf die wohltuende Botschaft anspringen. Wir sind keine Engel, nicht rundherum gut aber ebensowenig schlecht - wozu

das also hier? Bringen die Verse 11 bis 13 noch etwas Neues? Nach einigen Versuchen können wir uns darauf einigen, daß dieser Abschnitt aus »pädagogischen« Gründen so formuliert wurde. Gott ist doch »besser« als wir, und wenn sogar wir dann und wann aufgrund von Bitten anderen aus ihrer Not heraushelfen, dann können wir das umsomehr auch von Gott erwarten. Und tatsächlich haben wir alle Erfahrungen mit abgelehnten Bitten unter uns Menschen gemacht. Wir kennen den bösen Schmerz, auch die Scham und Erniedrigung, einfach stehen gelassen zu werden. Bei Gott werden wir nicht im Regen stehen gelassen.
Als wir abschließend nach einer Überschrift suchen, kommt im Kreis der Ältesten sehr spontan und mit allgemeiner Zustimmung der Vorschlag: »Wir sind Bettler vor Gott, und der Evangelist Lukas ermutigt uns zum Betteln.«

Zum Gottesdienst

Dieter Schupp

Exegetisch-homiletische Skizze

Gerhard Schneider in »Das Evangelium nach Lukas« (GTB 1977, Seite 259) beginnt seinen Kurzkommentar mit den Sätzen: »Das Gleichnis ist Sondergut des dritten Evangeliums. Möglicherweise handelt es sich um Q-Stoff, den Matthäus weggelassen hat. Im dritten Evangelium unterstreicht das Gleichnis den Charakter des Vaterunsers als Bittgebet ...« Folgerichtig lautet der letzte Satz: »Das Gleichnis handelt also nicht vom beharrlichen Gebet, sondern von der Gewißheit, daß Gott das Gebet der Bittenden erhört.«
Luk 11,5-13 ein Gleichnis? Schneider - und nicht nur er - behauptet das. Mit gutem Grund, denn nur unter dieser Voraussetzung kann er in seinem Kommentar auf das Thema »Beten« kommen und zu der Aussage, daß das »beharrliche Gebet« von Gott erhört wird.
Den Abschnitt Luk 9-13 beginnt er mit diesen Sätzen: »Ging schon die Aussage des vorangehenden Gleichnisses auf das vertrauensvolle Gebet hin, dem Erhörung zuteil wird, so wird dieser Gedanke nun weitergeführt. V. 13 ist der Zielpunkt des Stückes und zeigt, welche Gabe Gott den Jüngern vornehmlich zugedacht hat und schenkt.«
Wenn schon - so Schneiders Schluß - wir Menschen, »die erfahrungsgemäß ›böse‹ sind, ihren Kindern Gutes ›Güter‹ zu geben wissen, dann wird erst recht Gott den Bittstellern (d. h. den Jesusjüngern) keine schlechte Gaben, sondern eben ›gute Dinge‹ schenken (so Mt 7,11 mit Q)«.

Joachim Jeremias in »Gleichnisse Jesu«, Vandenhoeck & Ruprecht, Seite 138 geht davon aus, daß »der im Schlaf gestörte Freund« im Mittelpunkt der Erzählung steht. »Wenn schon der Freund, mitten in der Nacht im Schlaf gestört, nicht einen Augenblick zögert, die Bitte des in Verlegenheit geratenen Nachbarn zu erfüllen, obwohl die ganze Familie durch das Öffnen des Riegels aus dem Schlaf gerissen wird, wieviel mehr Gott. Er hört die, die in Not sind. Er hilft ihnen. Darauf könnt ihr Euch mit aller Gewißheit verlassen.«

Da wie dort und sonst wo auch wird Luk 11,5–8 stereotyp als ein Gleichnis bezeichnet. Ein Gleichnis? Nur einen Geschichte. Aber was für eine! Jesus erzählt hier die Geschichte von einem Mann, der um Mitternacht seinem Freund gar nicht einmal aus Freundschaft, sondern einfach um den Störenfried loszuwerden, seine Bitte erfüllt. Und er erzählt sie, um auf ein Verhalten hinzuweisen, das sich in den normalen Fällen menschlichen Miteinanders ereignet. Allerdings in einer gesteigerten Form, denn der, der an die bereits schon verschlossene Tür klopft, bittet nicht, sondern er dringt förmlich mit ›Gewalt‹ darauf (»wegen seines unverschämten Drängens«), ihm zu helfen.

Normalerweise reagieren wir im privaten Leben genauso: Mit Unmut und Unwillen wehren wir uns – Freund hin oder her – gegen die Zumutungen. »Mitten in der Nacht reißt der mich aus dem Tiefschlaf! Hau endlich ab, und gib Ruh! Zieh Leine, und laß mich schlafen!« Und dann steht man halt doch auf, stöhnend und fluchend, und man gibt, was man geben kann, einfach um den naßforschen Bittsteller loszuwerden. Also kein Einsehen und auch kein Nachsehen, kein Deal und auch kein Freundschaftsdienst, nur »wegen seines unverschämten Drängens« hilft der im Haus dem, der im Freien steht.

Was Jesus offensichtlich damit sagen möchte, ist: daß – wenn jemand so unerschrocken, so stur und so dringlich vorgeht, so »gewalttätig« auf einen losgeht – er aus Not so handelt. Ich will hier nicht spekulieren, feststeht jedoch: Es steht viel mehr dahinter. Und es ist einfach eine Frage nach der Zeit, die wir für andere uns nehmen, nach dem Mitgefühl mit denen, die niemanden in ihrer Nähe kennen, wohin sie sich in ihrer Not wenden können, außer uns. In den Stunden, wo alle Türen verschlossen sind und wo man sich sehr allein fühlt, braucht man einen Menschen, von dem man sicher weiß: Er oder sie wird mich nicht allein lassen. Vielleicht muß er sich dazu überwinden, aber er kann mir helfen und irgendwie wird er oder sie es auch tun.

In den Versen 9 und 10 nennt Jesus selbst – leicht faßbar – die Pointe der Geschichte und bekräftigt, worauf es ihm und in der Gemeinschaft mit ihm ankommt. Nichts anderes wollte er als ein Stück Güte, wie diese auch immer zustandekommt. Und die Verse 11 bis 13? Die kann man vergessen. Offensichtlich wollte schon Matthäus mit seiner Interpretation in V. 13 verhindern, daß die Jesus-Geschichte nur eine Geschichte sein soll und nicht mehr. Er komponierte daraus ein Lehrstück über das Gebet und über die Gnade Gottes, und dieser frühchristliche Kommentar hat - mit Unterstützung der Kirche (Sonntag Rogate!) - bis zum heutigen Tag sogar auch die Geschichte der theologischen Wissenschaft bestimmt.

Vorschläge zur Liturgie

Eingangswort
Bittet, so wird euch gegeben; suchet, so werdet ihr finden; klopfet an, so wird euch aufgetan.

Psalm 95,1-7a im Wechsel

Lieder
EG 383 und alle Psalmlieder im Gesangbuch

Fürbitten
Für alle, die nirgendwo willkommen sind - die vor verschlossenen Türen stehen - zur falschen Zeit kommen - gezwungen sind, Dinge zu tun, die ihnen selber peinlich sind - auf andere angewiesen sind - ihren Mitmenschen auf die Nerven gehen.
Für alle, die unter Druck geraten sind - eine Not zu überstehen haben - denen das Wasser bis zum Hals steht - es alleine nicht schaffen - gezwungen sind, sich nach Hilfe umzusehen - die mit leeren Händen da stehen - nur noch einen Ausweg kennen.
Ermutigen: zum Bitten, zum Suchen, zum Anklopfen - der Zweck heiligt im Notfall auch eine Unverschämtheit - wer wirklich etwas will, weil er es braucht, findet einen Weg - keinen Stolz mehr haben, nur noch Interessen - Not macht nicht nur erfinderisch, sondern auch egoistisch.
Ermutigen: zum Aufwachen und zum Aufstehen - andere um ihren guten Schlaf zu bringen - der Notfall geht über die Rücksichtnahme - der Druck des Augenblicks ist stärker als die Beachtung des rechten Zeitpunkts - sich das Recht herausnehmen, in einem anderen meinen Nächsten zu sehen, nur weil ich ihn gerade brauche - es gehört zum Christsein, sich im Schlaf stören und sogar aufwecken zu lassen.

Vorschlag zur Predigt

Möglicher Anfang
Wie werde ich mich verhalten, wenn es bei mir um Mitternacht an der Haustür klingelt und ich aus dem Schlaf aufgeweckt werde? Ich vermute: Erst unter die Bettdecke kriechen, dann so tun, als würde mich das Geklin-

gel überhaupt nicht stören, wenig später aber heftig fluchen und schimpfen, schließlich doch aufstehen und aus dem Fenster schauen: »Was, du? Um die Zeit!? Ja bist du denn verrückt geworden? Von mir kriegst du nichts! Fertig und aus! Gute Nacht!«
So, aber jetzt trollt sich der andere nicht, gibt nicht auf, klingelt wieder und wieder, rüttelt, klopft und ruft; macht überhaupt keine Anstalten wegzugehen. Was jetzt?
Wieder aufstehen, rüber in die Küche, den halben Kühlschrank geräumt und mit all dem vor die Haustür. »So! Nimm's und hau ab! Ich will endlich meine Ruhe haben ...«
Szenenwechsel: Was würde ich tun, wenn ich - auch noch zu einer Unzeit - unbedingt jemanden bräuchte, der mir in meiner Not beisteht und hilft? Wohin ginge ich, und von wem würde ich mir etwas versprechen? Es fallen mir Namen ein und Orte, nicht so ganz weit weg von meinem Haus die einen, weit entfernt von hier die anderen.
Aber ich brauche die Hilfe, die Lösung, die Stütze jetzt gleich und nicht irgendwann einmal. Nicht später. Jetzt!
Wenn das so ist, so dringlich, dann ginge ich auch zu Hinz und Kunz und Sonstwohin. Sicher, meine Erziehung, meine Hemmungen, meine anerzogenen Anstandsregeln und meine rücksichtsvollen Bedenken, sie alle hindern mich daran, aus mir herauszugehen und auf andere zuzugehen. Ja, - aber wenn das Problem, die Not oder die Peinlichkeit so groß und so schlimm ist, daß man sie wirklich alleine nicht lösen kann, dann braucht man eine »gute Adresse«. Klar, man kommt nicht immer gerade gelegen, aber wenn man nur noch die Kraft hat, um sich - zum anderen - hinzuschleppen, dann aber auch mit wirklich aller Kraft: kühn, stur und eigensinnig. Dann darf man keinen Stolz mehr haben, es zählen nur noch die eigenen Interessen.

Zum weiteren Verlauf
Ermutigen, zu bitten: den Abiturienten, der in Mathe mindestens vier Punkte braucht - den jungen Mann, der mit seinem fehlerhaften Verhalten den Zorn aller auf sich zog - die Sprechstundenhilfe, die nicht den Mumm aufbringt, ihren Chef um zwei unbezahlte Urlaubstage anzugehen ...
»Bittet, so wird euch gegeben.«
Ermutigen zu suchen: den Bankangestellten, der sich immerzu nur bedeckt hält und der darunter leidet - die 32jährige Mutter von zwei Kindern, die sich nicht abfinden will mit dem Leben, das sie gerade führt - Ingo, Hauptschüler mit Abschluß, der schon nach der vierten Absage es aufgegeben hat, daran zu glauben, einen Ausbildungsplatz zu finden...
»Suchet, so werdet ihr finden.«
Ermutigen anzuklopfen: Sarah zum Beispiel, die immer noch Mirko liebt - der Nachbar, der einfach nur will, daß man wieder miteinander redet - die Akkordarbeiterin bei Opel, die es bis jetzt noch nicht über sich gebracht

hat, sich bei ihrem Vorgesetzten über die Männer zu beschweren, die mit ihren täglichen Anzüglichkeiten ihr das Leben schwer machen - die alte Frau, die es nicht wagt, dem Vermieter ihre Beschwerde zu sagen ...
»Wer da anklopft, dem wird aufgetan.«
Ermutigen, bestärken, aufrichten und aufrütteln, beleben und begeistern, anfeuern und anstacheln, Hoffnung geben und kühn machen, das ist alles, worauf es im Christentum ankommt.
Nicht nur den anderen - wie die Kirche es verkündet - eine Nächste, ein Nächster sein, sondern auch die Erlaubnis, von anderen einfordern zu dürfen, daß sie mir eine Nächste, ein Nächster sind.

Möglicher Schluß
Reiner Kunze, ein Dichter, den ich ganz besonders schätze, hat einmal ein Gedicht geschrieben, das nur aus drei Zeilen besteht. Die Überschrift des Gedichtes: Selbstmord.

Die letzte aller türen

Doch nie hat man
an alle schon geklopft.

(Quelle s. u.)

Wenn ich jetzt daran ginge, etwas über dieses Gedicht zu sagen, es zu erklären, um den Zusammenhang zum Text und zur Predigt deutlich zu machen, würde ich nichts anderes tun als einst der Evangelist Matthäus: Nicht stehen lassen können, was aus sich heraus einsichtig und verständlich ist. Das wäre einfach zu einfach. Christentum - heißt es seit fast zweitausend Jahren schon - ist doch mehr! Viel mehr! Also ist man im Raum der Kirche ständig im Begriff zu meinen, man müsse mit eigenen Worten den Leuten erläutern und erklären, wie sie dies und das verstehen müssen und zu glauben haben.
Jesus: »Klopfet an, so wird euch aufgetan.«
Es mag sein, daß wir - in einer Not - da und dort, bei diesem und bei jedem Menschen gewesen sind. Sie aber schliefen weiter, ließen sich verleugnen, öffneten nicht die Tür, wendeten sich schweigend von uns ab, waren nicht wachzukriegen, zeigten die kalte Schulter, -
Reiner Kunze:

Die letzte aller türen

Doch nie hat man
an alle schon angeklopft.

(in: Reiner Kunze, Selbstmord. Aus: ders., Gespräch mit der Amsel. © S. Fischer Verlag GmbH, Frankfurt am Main, 1984

Kontexte

»Ich suche nicht. Ich finde.«
(Soll Picasso gesagt haben)

»Was man sucht, es läßt sich finden. Was man unbeachtet läßt, entflieht.«
(Sophokles: König Ödipus)

»Alles auf Erden läßt sich finden, wenn man nur zu suchen sich nicht verdrießen läßt.«
(Philemon, Fragmente)

»Wenn du etwas Geringes findest, das zu nichts nütze ist, so wirf es doch nicht weg, bevor du es zehn Männern gezeigt hast, denn sie nehmen daran vielleicht etwas wahr, was du nicht erkennst.«
(Bidpais, Fabeln)

Die Autorinnen und Autoren

Pfarrer Bernd Ahrens, Oberhonnefeld; Pfarrerin Gisela Arp-Kaschel, Esgrus; Pfarrer Wolfram Braselmann, Rehburg-Loccum; Pfarrerin Sabine Bäuerle, Frankfurt/M.; Pfarrer Hans Hermann Blettgen, Essen; Pfarrer Kurt Dohm, Bremen; Pfarrer Gerhard Engelsberger, Wiesloch; Superintendent Christian Fuhrmann, Aschersleben; Pfarrer Wolfgang Gerts, Neustadt am Rübenberge; Pfarrer Bernd Giehl, Wiesbaden; Pfarrerin Ute Gothmann-Kollath, Glinde; Pfarrer Klaus Guhl, Flensburg; Pfarrer Reiner Jansen, Ch Frenkendorf; Pfarrer Dr. Klaus Johanning, Schwerte; Pfarrer Ulrich Haag, Aachen; Superintendent Hans-Jürgen Kant, Wernigerode; Pfarrer Dr. Reinhard Kirste, Nachrodt-Wiblingwerde; Pfarrer Christian Kollath, Glinde; Pfarrer Helmut Marschall, Dorum; Pfarrer Frank Niemann, Lehrte-Arpke; Pfarrer Jürgen Rogler, Nürnberg; Pfarrer Ernst-Walter Rohmann, Stadecken-Elsheim; Pfarrerin Bärbel Schäfer-Goetz, Karlsruhe; Pfarrer Christoph Schmidt-Ehmcke, Münster; Pfarrer Dieter Schupp, Kaiserslautern; Pfarrer Helmut Siegel, Hildesheim; Pfarrer Traugott J. Simon, Wehrda; Pfarrer Dr. Gunnar Sinn, Nürnberg; Pfarrer Jobst v. Stuckrad-Barre, Göttingen; Pröpstin Helga Trösken, Frankfurt/M.; Pfarrerin Monika Walter, Grünstadt; Präses Hartmut Wenzel, Nürnberg; Pfarrer Dietrich Zeilinger, Neckargemünd; Pfarrer Helmut Zeilinger, Freiburg